RAFAEL HELIODORO VALLE

EL ESPEJO HISTORIAL
ITURBIDE VARÓN DE DIOS
FLOR DE MESOAMÉRICA

ERANDIQUE

COLECCIÓN

EL ESPEJO HISTORIAL
ITURBIDE VARÓN DE DIOS
FLOR DE MESOAMÉRICA
RAFAEL HELIODORO VALLE

©Colección Erandique
Supervisión Editorial: Óscar Flores López
Diseño de portada: Andrea Rodríguez-Lilyana Gálvez
Administración: Tesla Rodas
Director Ejecutivo: José Azcona Bocock

Primera Edición
Tegucigalpa, Honduras—Agosto de 2024

ÍNDICE

OTRO VALLE DE TALLA MUNDIAL

En Honduras, Valle es un apellido ilustre. Y, en el caso del sabio José Cecilio, y del maestro Rafael Heliodoro, sus escritos trascendieron más allá de nuestras fronteras y pusieron en alto el nombre de nuestro país.

A sesenta y cinco años de su fallecimiento (se cumplieron el 29 de julio), el nombre de Rafael Heliodoro Valle es mencionado con respeto y admiración en los círculos intelectuales latinoamericanos.

Para recordar al exquisito ensayista, historiador, cuentista y poeta, en Colección Erandique decidimos publicar tres de su grandes obras en un solo tomo: Espejo Historial; Iturbide, varón de Dios; y Flor de Mesoamérica.

En esta edición, el lector podrá descubrir la versatilidad del maestro Valle. Mientras en Espejo Historial nos deslumbra con pequeño relatos históricos, en Iturbide, varón de Dios, demuestra toda su capacidad como ensayista con un escrito que resume la vida, obra y personalidad del Emperador.

Flor de Mesoamérica es un retrato con olor a tierra fresca y jazmín, hojarasca de pinos y café. Aquí también queda plasmado el amor que Valle tuvo siempre por Honduras.

"La exaltación de la geografía y de la naturaleza por parte de Rafael Heliodoro Valle es propia de la perspectiva romántica de concebir una nación, que se expresa en el amor a la naturaleza fuerte y salvaje; en la grandiosidad de sus montañas y valles", señala el escritor, sociólogo y académico, Rolando Sierra Fonseca. [1]

El paisaje hondureño, según Valle —agrega Sierra Fonseca— se define por su intimidad, su hechizo.

Lo que Rafael Heliodoro Valle dejó como legado literario también nos hechiza. No es de extrañar que muchos lo consideren como el segundo escritor más importante de Honduras del Siglo XX, después de Froylán Turcios.

---

[1] Rafael Heliodoro Valle y la hermenéutica del paisaje hondureño Revista de la Academia Hondureña de la Lengua, número 13. Julio-diciembre de 2005.

Con delicadeza, Valle nos lleva por un recorrido histórico que inicia con la llegada de los españoles a lo que llamaron Nuevo Mundo (mundo que no tenía nada de nuevo, pues las culturas precolombinas vivían en él desde tiempos inmemoriales).

Es un mundo doblemente mágico: la de nuestros ancestros, creadores de historias con seres mitológicos; y la de Rafael Heliodoro Valle, capaz de contarlas como si él hubiera estado allí.

México se enamoró de Rafael Heliodoro Valle, y Rafael Heliodoro Valle se enamoró de México.

Sin saberlo, al zarpar el 6 de febrero de 1909 en el barco Luxur con destino al puerto mexicano de Salinas Cruz, Valle, con apenas dieciocho años, navegaría por las corrientes de la inmortalidad. Esa decisión cambiaría su vida… y la de la literatura hondureña.

¿Cómo se dio ese viaje del jovencito Rafael Heliodoro a México?

"Valle escribió un artículo sobre Benito Juárez que hizo que el general José Manuel Gutiérrez Zamora, embajador de México en Honduras, lo llamara a su despacho para felicitarlo y para ofrecerle su gestión para una beca que le permitiera viajar a su país".

El relato es del recordado poeta, editor y diplomático, Óscar Acosta.

El presidente Miguel R. Dávila también le prometió su ayuda, algo que no concretó, pero "esto no impidió —narra el poeta Acosta— que Rafael Heliodoro Valle, con el apoyo pecuniario de su familia, que era de escasos recursos económicos, abandonara el suelo patrio.

No fue a pasear. Fue a "contagiarse" de la cultura, de la historia, de la grandeza literaria de México, y se convirtió en un gigante de las letras.

Parte de esa grandeza la encontramos en esta publicación con tres de sus joyas. Es una forma de recordar a ese ilustre escritor que fue Rafael Heliodoro Valle.

ÓSCAR FLORES LÓPEZ
Editor Colección Erandique

EL ESPEJO HISTORIAL

VIAJE DE CORTÉS A LAS HIBUERAS

Para Froylán Turcios

Así que don Hernán Cortés notó la tardanza de su primo Las Casas, a quien enviara a las Hibueras, resolvió ir en persona a castigar a Olid. Aquella tierra era pingüe en minas de oro, en aves de cetrería y en maderas espléndidas, y aunque no estaban dominados los gentiles de la Nueva España, era urgente hacer el viaje, que fue fastuoso como los de los gentileshombres de la época, y lírico porque las sierras se pusieron hirsutas de indios bravos, de chubascos y de largas tardes con sol. Iban con él muchos escopeteros y ballesteros, varios soldados venidos últimamente de Castilla, un mayordomo que se tuteaba con el maestresala, un repostero que cuidaba fielmente de las vajillas de oro y plata, un médico, un barbero, un camarero que sabía todos los decires y los chismes, dos cazadores con halcón, muchos tañedores de sacabuches, dulzainas y chirimías, los mozos de espuela que le cuidaban las espaldas, los pajes que le sonreían en la siesta y le escanciaban el vino de miel, y a más del caballerizo y de otros leales un sortílego que tenía muchas mañas y se las pasaba disputando aplausos al titiritero.

Sobresalían en medio de tal cortejo el triste Guatimotzín, el Señor de Tacuba y otros príncipes mexicanos. Nadie hubiera creído que tal viaje fuese el de un hijodalgo de escudo exornado de aves de rapiña y no el de un aventurero que hacía pocos años esperaba en la antesala al Gobernador de Cuba. Y para completar el esplendor de aquel escenario en que él hacía de protagonista, llevóse a Doña Marina, su india blanca, y a varios predicadores franciscanos, un clérigo y un fraile de la Merced, todos, gente que hablaba en oro cuando no en romance.

Contar las sorpresas que lo esperaban en el tránsito "fuera cosa maravillosa". Entreteníale el fastidio un tal Salazar, que se le juntó en el camino y que se quitaba la gorra hasta el suelo para prodigarle venias, mientras canturreaba en palabras melancólicas:

¡Ay, tío, volvámonos!
¡Ay, tío, volvámonos!

Y don Hernán le respondía:

Adelante, mi sobrino,
y no creáis en agüeros
que será lo que Dios quiera...
¡Adelante, mi sobrino!

Ya para llegar a Orizaba, —donde fueron las bodas de Doña Marina con un soldado de la expedición— Cortés pasó bajo los arcos de pino y palma real que le había preparado Bernal Díaz, y era recibido con simulacros de batallas de moros y cristianos, con fuegos de artificio que aumentaban el encanto de las noches serenas y con otras cosas que alegraban a los andariegos. Iban a través de ciénagas donde pululaban los mosquitos; bajaban hacia las hondonadas donde la vegetación se mantenía en olor de virginidad; y de vez en cuando, ya para atardecer, mientras flotaban en lo gris del cielo las aves de presa que siguen a los ejércitos hambrientos, salían los indios con las manos llenas de oro macizo y flores deliciosas, y, lo que es mejor, con maíz tostado y miel de abejas.

En Coatzacoalcos les dieron un mapa dibujado sobre un lienzo de henequén y al pasar cerca de las ruinas de Palenque hubo que comer las raíces venenosas de quíscamo ("quequexque"). A lo largo de las montañas los viajeros se abrían paso con el filo de la espada, y muchas veces, después de tres días de no ver más que el cielo y de encaramarse a los árboles más altos para divisar, volvían al lugar de donde habían partido. Los caballos se atollaban hasta las cinchas. La brújula servía de algo en el mar verde y sin orillas de la naturaleza tropical. Y más hubiera valido "tener maíz que comer, que tener música", pues aunque el tañedor de la chirimía conjuraba los enojos del general, el hambre no se contentaba con hojas de esmeralda ni con la dádiva de los cogollos melíferos.

Sobre la epidermis sagrada de las ceibas los expedicionarios se entretenían grabando, como en hojas de papiro, la frase más bella de la aventura: **POR AQUÍ PASÓ CORTÉS.** Un día se supo que los caciques habían asado a dos guías, y fue por ese simple ensayo de la culinaria que don Hernán mandó ahorcar a Guatemotzín, mientras los frailes predicaban "cosas muy santas y muy buenas". Envió enseguida a la costa del norte a encontrar bizcochos suculentos, aceite y vinagre, tocinos y toda suerte de vituallas que le llevarían en dos navíos mandados de la Villa Rica de la Veracruz, y para entretenerse, el general comía al par de su gente la carne de la iguana, que es tan sabrosa como la del pescado de agua dulce, y las frutas cogidas al azar en las cementeras o junto a las trojes de las cabañas. Se construyó un puente que tenía casi una legua, de troncos tumbados y de ramazones que se reventaban al paso de la caballada. Cierta vez, Bernal Díaz salió a encontrarlo con cargas de maíz, gallinas de la tierra, frijoles y frutas; y como sucediera que la tropa presintió el arribo de tal cargamento, hubo más de un golpeado al querer llegar primero que el general y éste se quedó oliendo el dedo. Pues como venían atrás unos cerdos que eran ya redondos de tan gordos que estaban, la tropa murmuraba contra los glotones de la corte ambulante; y don Hernán se querellaba amargamente: "¡Oh, señor hermano Bernal Díaz del Castillo, por amor de mí, que si dejastes algo escondido en el camino, que lo partáis conmigo!", y el soldado—cronista le contestó con unos jarros henchidos de miel y con dos indias que amasaban un pan muy sabroso.

Otro día llegaron unos mensajeros que besaban la tierra y la tocaban con respeto y luego arrojaban gajos de flores que el aire agradecía. Dormían los soldados en despoblado aunque la noche fuera de aguaceros, pues techos no había, si bien llevaban pechugas de gallina o perniles de venado. Por el camino iban quedando las luminarias que hacían con los troncos en que zumbaban las abejas que dan fiebre y el carpintero cuida en su hueco a la parvada multicolor y vocinglera. Y era de ver a los expedicionarios, en torno a las fogatas, bajo el cielo cuajado de luceros divinos, acampando al rescoldo, diciendo episodios de la Conquista de México, o entregándose a dulces memoranzas si entre la lumbre tropical ya parecía surgir el canasto de pan dorado o el cuero que se reventaba de vino...

Cortés fue saludado como un rey en la tierra de los Petenes: allí había casas blanqueadas de cal; hubo misa cantada, bajo un toldo de ramas, con música de chirimía y sacabuche; y el cacique, al dejarse bautizar, pidió una cruz y besó la tierra en señal de pleitesía. Fue entonces cuando Doña Marina repitió en la lengua de los naturales los sermones predicados aquella vez. El cacique petenero regaló a Cortés lo que allí daba la tierra: aves de corral, ambrosía, mucho oro y unos caracoles rosados que eran como alhajas. Cortés correspondió tal agasajo con un banquete en que rebrilló la vajilla ilustrísima. Antes de proseguir el viaje dejó su caballo enfermo en poder de los indios para que se lo cuidasen mientras volvía, y cuenta el cronista que el infortunado bucéfalo murió de hambre en manos de sus médicos, porque le recetaban, como a distinguido paciente, el corazón de la miel y la carne de la gallina.

En eso llegó la Navidad y la expedición escapó de dejar los huesos en la sierra de Chol. "Dimos muchas gracias y loores a Dios", dice Bernal Díaz. "Miren los lectores qué pascua florida podíamos tener sin comer, que con maíz fuéramos muy contentos". Pasó el ejército a la sombra de los vastos cacaotales, cortando legumbres y ayotes que a Cortés se le antojaron melones del país; y se rumora que comieron lagartos y otros animales que no eran para los manteles del príncipe. Bernal escribió una vez a su jefe sobre el cuero de un tambor, con tinta hecha de cáscaras amargas: en ella le decía que saliera a encontrarlo a varias leguas, pues le llevaba buenas provisiones para el menú de año nuevo: cacao, sal, chiles, maíz, carne salada. Después de atravesar serranías asoleadas y de vadear lagunas en que se quedaron hundidas muchas monturas y arneses incrustados de plata, el ejército divisó la primera población de Honduras.

Ya para llegar a la desembocadura del Río del Golfo Dulce, unos soldados que se habían adelantado para informarse de lo que pasaba en Nito, vieron a cuatro españoles cortando zapotes en una huerta que florecía junto a un estero caudaloso. Allí supieron que Olid había muerto a manos de Las Casas y que éste se hallaba en camino para la Nueva España. Un tal Alonso de Ortiz corrió a dar las albricias a Cortés y éste le regaló un caballo. Los aventureros, con el rostro quemado por el sol de dos años, llegaron a Nito, donde hallaron tortas muy blancas y muy suaves ("el cazabe"), zapote de médula ríen acendrada, aguacates que chorreaban mantequilla y un pescado que era capaz de conceder cuarenta días de indulgencia al cardenal que lo probara allá para las Carnestolendas.

Es fama que don Hernán Cortés dio a los indios de aquel litoral los cerdos que llevaba desde México. en cambio de unas canoas llenas de pescado, y la leyenda abre flores a la luz de la luna y hace tremular perlas de oriente momentáneo al pasar la india blanca cuyas trenzas oscuras copiaron la nostalgia de las noches de las Hibueras.

LOS VENADOS ESBELTOS

Para Gabriel Martínez Montes de Oca

Gozo de nuevo el releer la crónica de mi viejo amigo Bernal Díaz del Castillo y me detengo, absorto, cuando le oigo decir, muy cerca de mí a pesar de los cuatro siglos que estremecen su voz:

Como salimos del pueblo cercano que así le llamábamos desde allí adelante entramos en un bueno y llano camino y todo sabanas y sin árboles y hacía un sol tan caluroso y recio que otro mayor resistero no habíamos tenido en todo el camino y yendo por aquellos campos rasos había tantos de venados y corrían tan poco que luego los alcanzábamos a caballo por poco que corríamos con los caballos tras ellos y se mataron sobre veinte y preguntando a los guías que llevábamos cómo corrían tan poco aquellos venados y si no se espantaban de los caballos ni de otra cosa ninguna dijeron que en aquellos pueblos que ya he dicho que se decían los mazatecas que los tienen por sus dioses porque les ha parecido en su figura y que les ha mandado su ídolo que no les maten ni espanten y que así lo han hecho y que a esta causa no huyen y en aquella caza a un pariente de Cortés, que se decía, Palacios Rubios, se le murió un caballo porque se le derritió la manteca en el cuerpo de haber corrido mucho..

La luz de la lámpara cobra de súbito un brillo íntimo y evocador como el de aquella copa de vidrio que Cortés envió con los mensajeros a Moctezuma, y que era de vidrio de Florencia, "labrada y dorada, con muchas arboledas y monterías que estaban en lo copa". De repente, mientras Bernal clava sus pupilas hondamente en el milagro de su juventud andariega, el criado nos anuncia una visita. Es Fr. Francisco de Burgoa, el autor de la célebre "Palestra Historial", quien no cabe de gusto porque su obra ha sido nuevamente editada por el Archivo General de la Nación. Fr. Francisco se sienta en un equipal forrado de cuero antiguo. Su conversación se diluye en recuerdos de aquella tierra de Oaxaca en donde tuvo tiempo y alegría de sobra para revisar papeles confidenciales. Intrigado por la mansedumbre de los venados mazatecas, interviene en la conversación:

—Sabrán ustedes —nos dice saboreando el dato pintoresco— que cuando Fr. Luis de San Miguel anduvo entre los indios que habitaban los montes de Santa Cruz de Oaxaca, les halló grande inclinación y ejercicio a la caza y montería de animales campesinos, en especial de venados, de que abundan con admiración aquellos montes, y con el interés que sacan de la carne que venden y pieles, se han cebado en frecuentar con lazos, trampas y redes aquellos collados, y unos corriendo y espantando con grande vocería y ruido, otros por los estrechos y pasos atajando, y otros cercanos al lazo, y encubiertos para acudir veloces no se escape el bruto de la prisión...

Pero lo que más sorprendía a nuestro interlocutor no era tanto la agilidad de los venados oaxaqueños, sino que los indios antes de emprender sus aventuras cinegéticas, hacían sacrificios y ceremonias

y también ayunaban y se abstenían de placeres, yendo la víspera de su salida al monte y a bañarse a un río para purificarse, sin que los ojos indiscretos los vieran desnudos, porque entonces sería imposible levantar buenas presas en la montería.

—Aquellas costumbres—dice Burgoa—eran tretas del demonio y Fr. Luis de San Miguel resolvió acabar con ellas, bendiciendo las armas de los cazadores.

—¡Oh qué cosa tan trabajosa es ir a descubrir tierras nuevas! —es todo el comentario que hace Bernal Díaz, mientras yo veo a contraluz la copa de vidrio de Florencia.

LA MALA SOMBRA DE DON NUNO

Cuando llegó don Nuño de Guzmán, el feroz licenciado don Nuño, a tierras de Michoacán —tierras de pescado— exigió al señor indígena, el rey Caltzonci, que le entregara sus mujeres y sus tesoros. Caltzonci apenas pudo darle ochocientos pesos de oro y mil de plata, y como don Nuño se enojara más que de costumbre, creyendo que era burla, le mandó atormentar dos veces, con fuego, a la par que a otros caciques, y después de arrastrarlo a la cola de un caballo, quemó al agonizante.

Muchos otros atropellos increíbles perpetrar don Nuño: saqueos, tormentos de muerte, robos menudos, violaciones, encadenamiento de esclavos, incendio de pueblos, despedazamiento de indios azuzando perros bravos. Pero su crueldad no respetaba ni a su misma gente: ahorcó a un español por ser judío, cortó un pie a uno de los mozos de espuela y seguía exigiendo oro, indios de carga y víveres; seguía matando caciques, herrando esclavos, azotando y aporreando. Seguía insaciable más allá de la codicia, pidiendo, exigiendo oro, más oro.

Cuando llegaron a tierras de Jalisco, se desató una epidemia de viruela entre los indios, que hizo tantas víctimas o acaso más de las que hubo cuando "el grano divino" llegó de Cuba con el negro traído por Narváez. Y para colmo de desdichas los ríos se salían de las márgenes e inundaron un pueblo, arrastrando el campamento de los españoles, y entonces sucumbieron, ahogados, más de mil indios virolentos, y a consecuencia de peores calamidades, más de treinta mil.

Como no bajaban las aguas, no era posible proseguir. la caminata. Hambrientos, llevando inutilizadas las armas por la continua humedad, despedazados los vestidos, rotos los pies, teniendo que treparse a los árboles para librarse de la inundación y soportando una plaga de sapos y otras innumerables sabandijas, comían los inmundos animales, y hubo entonces una gran epidemia de disentería, que ocasionó muchas muertes. Todo esto sucedía en septiembre de 1530, y, sin embargo, don Nuño continuaba exigiendo oro, más oro.

EL HERMANO PEDRO

Un hombre descalzo, de ojos azules, pelo como el de Quetzalcoatl, se hospeda en el antiguo palacio de los señores de Texcoco. El hombre parece luz del cielo caída sobre la tierra mexicana en un momento anunciado por las profecías. Se llama Pedro, habla poco el español, muy bien el flamenco y vino de su ciudad de Gante. Trajo cartas que se sospecha son de Carlos V. Desde Veracruz hasta la altiplanicie hizo el viaje a pie.

Pedro de Gante ha fundado en México la primera escuela primaria que hay en América, el primer orfeón, los primeros talleres para enseñar artes y oficios. Ha reunido a los niños de los caciques para enseñarles lectura, escritura y canto, y jugando se ha puesto a aprender el idioma mexicano. Y como es muy hábil para dibujar y pintar, se pone a enseñarles el Padre Nuestro en latín, con símbolos tomados de los códices. De luz a luz, Pedro de Gante se ha puesto a trabajar y un buen día son tantos los niños que ya no caben en la escuela.

Cuatro años después el hermano Pedro se ha trasladado a México a una capillita de paja con muy pobre. portal, y sobre ella comienza a levantar la iglesia magnífica que le servirá de estímulo para construir muchos templos y talleres, para seguir trabajando y cantando. La nueva escuela detrás de la capilla muestra espaciosas aulas, limpios dormitorios, sitios de recreo.

Pero no está contento el hermano Pedro con que sólo vayan aprendiendo los oficios de Europa y pronto habrá sastres, pintores, herreros, carpinteros, escultores, tejedores. Y los adiestra maravillosamente en artes y trabajos manuales, y forma aprendices, oficiales y maestros, y todo lo hace sin dinero, porque para él primero hay que trabajar para ser dueño de la riqueza y que estar alegre en el trabajo.

Necesita muchas esculturas para enriquecer los templos y no tiene recursos para pedirlos a Europa. Hace venir modelos para los talleres de bellas artes que instaló, sin desechar la técnica de los indios para fabricar colores, pero enseñándoles a no usarlos vivos y estrepitosos. También enseña el uso del hacha, monta aserraderos, pone mesas de carpintería, dota de instrumentos a los canteros y los zapateros y hace fabricar atabales, flautas, rabeles, monocordios, arpas, guitarras y cítaras. Y al mismo tiempo trae semillas y matas de árboles frutales y adorna huertos y jardines. Esa muchedumbre de trabajadores, de cantores, de danzantes, de hortelanos, de artífices, puede ser pretexto para una de las estampas del siglo XVI del insigne grabador poblano. Diego de Valadés quien, según parece, es su discípulo.

EL LEBREL DE ÉBANO

—Allí estuvieron los piratas.

Tornel me refiere que bien pudo haber sido una caña del timón de la nave en que anduvo Sir Francis Drake, pues a bordo de ella lo armó caballero la Reina Isabel aquel día que fue a bordo, a visitarlo.

Y nos hemos puesto a calcular el tonelaje del barco ladrón: probablemente era de 200 toneladas. Quizá fue dejado en la costa en una de las huidas de Drake, cuando salían a recibirlo con piedras y palos, mientras llegaban tropas del virreinato. Andando el tiempo fue sacado a flote y pasó a ser del Profesorado de la isla del Carmen. No la conocen sino poquísimas personas, porque ha habido intentos de robársela o de adquirirla por medios ilícitos. Hasta se sabe que un general, de cuyo nombre no hay que acordarse, la quería traer para regalársela al Presidente Obregón. Ahora no se dice en dónde está, por más que las malas lenguas aseguran que ya se fue para Yanquilandia, a enriquecer un museo.

Y la serpiente sigue oprimiendo el lomo del lebrel, como si fuera leyenda pirática labrando en ébano su magnífico dolor.

JUEVES SANTOS FAMOSOS

Para Antonio Mediz Bolio

En aquel tiempo Bernal Díaz deseaba un vaso de vino lauretano, porque el pescado que le servían las indias era mejor que la trucha capellán de Juan de Grijalva o que las "doradas" que el Padre Gage pescó en el golfo azul. Bernal no usaba anteojos para ver la sierra de oro. Tenía una mísera encomienda y unos nietos que le veían llevarse la mano a la frente cuando quería que se le aclararan los recuerdos. Su voz tenía un cálido acento de concavidad. Y como era tiempo fragante a palmas de Jerusalén, hablamos de la Semana Santa de 1519.

—Era Jueves Santo el día que llegamos a San Juan de Ulúa. En la nao capitana se izaron los estandartes del rey y era de verse cómo flameaba de alegre el de don Hernán con sus llamas blancas y azules. Así que las naves quedaron seguras del norte, llegaron mensajeros de Moctezuma y el señor capitán les regaló vino y unas cuentas como zafiros. Todo era azul aquella alba: el cielo, el mar, la alegría de don Hernán. El viernes desembarcamos la artillería y los caballos en los médanos de arena de la costa; el artillero Meza hizo unos disparos y luego preparamos un altar para la misa y chozas y enramadas para Cortés y los capitanes. Ya el sábado el sol nos daba recio en la cara, pero el mar brillaba como si fuese de ópalos; llegó otro embajador trayendo gallinas pingües, pan tierno de maíz y unas ciruelas que tenían toda la melodía de la tierra...

Creo que también traían unas joyas de oro, pero no estoy seguro, porque aquel día el aire era tan de oro que nadie se acordaba de las joyas. Cortés mandó a Moctezuma una gorra carmesí y una medalla en que se veía al caballero San Jorge matando un dragón.

$$***$$

Y un fraile que se llamaba Motolinia, llevándose la mano al pecho en que rutilaba un alacrán domesticado, a guisa de pectoral, habló "cosas muy santas y muy buenas", y como tenía tiempo para todo, como en el Eclesiastés, y la memoria la tenía encendida, dijo:

—Estas manos que se comerá la tierra, bendijeron las palmas de aquellos domingos, y daba gusto ver a los indios llevando ramos verdes y alzándolos como si encima de ellos se moviera un jardín. En los árboles había niños que cortaban flores y las arrojaban cuando pasábamos con las cruces de hojas y corolas, y otros cantaban y todo era entusiasmo en los caminos. El jueves por la noche había en la iglesia como veinte mil indios y eran tantas las teas encendidas, que el aire era un solo esplendor.

***

Y como era día de recuerdos y en la ciudad estaban dormidas las campanas, otro monje, de apellido Mendieta, puso grato aroma al pescado cuaresmal:

—Perdonen su reverencia y el señor capitán, pero me estoy acordando de la "Ceremonia del Mandato" cuando en nuestra muy noble y muy leal ciudad de México había rosas rojas hasta para los léperos de las atarazanas. Acabado de cantar el Evangelio, los monjes lavaban los pies de los mendigos más enfermos, porque, según los indios, los sanos eran ricos; les daban ropas nuevas y les ponían pan y gallina en los manteles. El Domingo de Resurrección era la procesión de las imágenes doradas y vistosas y como hasta los mendigos parecían vestidos de lino pascual y de alegría, el virrey Enríquez quedó encantado de la fiesta.

***

Y como ya anochecía y por los cristales entraba luna abrileña, a Bernal se le inundó el alma de una momentánea melancolía. En la calle no rodaban carruajes ni trotaban caballos: parecía estar vigente la orden del virrey Mayorga para tener en silencio a la ciudad los tres días santos.

Y como las campanas de la Catedral creyeron que ya era Sábado de Gloria, tan clara era la luna, repicaron solas. Y Fray Jerónimo y Fray Toribio se arrodillaron y el aire se llenó de ángeles.

TLAXCALTECAS EN QUITO

Iban muchos indios tlaxcaltecas en el ejército que llevó don Pedro de Alvarado a disputar con Pizarro la conquista del Perú. Después de vicisitudes a través de los Andes, le salió al encuentro el Mariscal don Diego de Almagro; pero antes. quiso adormecerlo con engaños, enviándole embajada con Lope de Idiáquez, que había vivido en Guatemala, y aunque hasta allí la situación de Alvarado era la ventajosa, escribió éste al Mariscal con tal comedimiento que estaba seguro le ablandaría. Almagro se apresuró a tomar posesión de Ríobamba, no dando oídos a don Pedro, y como los dos trataban de engañarse, no descuidó decirle su pena por las que había tenido al pasar la cordillera, y el que sus agentes, dando informes de las maravillas del Cusco, deslizaran cautelosamente la conveniencia de abandonar al Adelantado, que era la aventura, por seguir a Pizarro, que era la realidad. Eludiéndose facilidades y allanándose cortesías don Diego y don Pedro, urdía éste la manera de desbandar a su enemigo, pasándosele nada menos que Picado, el secretario del Mariscal, y su intérprete Felipe.

Mal andaban, a la verdad, los de Almagro; pero muy bien la perfidia. El alcalde de Ríobamba requirió a don Pedro para que no diese escándalo; el Mariscal exigía la entrega de su secretario, y don Pedro, que conocía o los suyos y medía el alcance que podía tener una lucha con don Diego, y las resultas de haberse hecho sordo ante las cartas del Rey y de la Audiencia en México, entró en conciertos. El Lic. Caldera y el capitán Moscoso fueron sus emisarios; y en Ríobamba se le recibió con suma cortesía, antes de conferenciar. Propuso don Pedro se formara la sociedad en comandita Pizarro, Almagro y Alvarado, a la que prestaría seguridades de bonanza el matrimonio de su hija doña Leonor con el hijo del Mariscal; pero a la postre convino en dejar a Pizarro la escuadra y el ejército a cambio de cien mil pesos de oro.

Y una vez que la paz quedó sellada, fueron el Adelantado y el Mariscal a Pachacamac, donde estaba Pizarro, quien, al saber el desenlace, dio a su huésped fiestas de bizarría y donosura, no sin alargarle muchos joyeles que eran a maravilla para anudar el pacto.

El Adelantado se volvió a su gobernación. Las crónicas evocan al navío "San Pedro", uno de los cascarones en que se lanzó a la aventura y en el que más tarde fue hasta Valparaíso el genovés Joan Baptista Pastene, marino intrépido.

LA REINA GIGANTA

Días maravillosos del siglo XVI, cuando los hombres, a pie, iban por tierras que nadie conocía, buscando rutas para llegar a la entraña encendida del oro, soñándose reyes con palacios más ricos que los que entreveían más allá de la imaginación. Caminatas alegres entre los resisteros, acompañados de intérpretes maliciosos, guiándose a veces por una brújula o por la posición de alguna estrella. Sueños de grandeza, exaltados por lejanías fascinadoras, que eran otro imán para la brújula de la codicia. Y adelante, radiando como joyas que a instantes cintilaban en la dicha del aire que comenzaba a refrescar, los muros de plata de las aldeas ilusorias.

En el libro que sobre la conquista espiritual de la Baja California ha escrito el R. P. Constantino Bayle, se recuerda que Cardona habla de las relaciones de Oñate con la Reina Giganta; ésta tenía tan copiosa plata que se la llevaban sus vasallos desde unas sierras muy altas a las que había que trepar por peñas en donde las cortaban a pedazos, como si de ese modo fueran mejor los presentes; y dice el mismo cronista que si las serranías de California parecían estériles, era porque en ellas no había más que metales de plata y que se daban unas perlas tan grandes como avellanas, con las cuales la reina solía "hacer polvos de ellas y mezclar en las bebidas". Ni más ni menos que como Cleopatra en sus festines insignes, cuando quería deslumbrar de verdad a los huéspedes.

El 24 de junio de 1632 Cardona presentó al Conde—Duque un atlas con 47 mapas y planos de puertos, siendo tan primorosos los dibujos, que no quedaba la menor duda de que el señor capitán debía ser un excelente pendolista. Había hecho viajes audaces a lo largo de las aguas oceánicas, en busca de tierras que entreveía en diarias alucinaciones; y lo que es más, se dio el placer de acompañar a Sebastián Vizcaíno en su gira por aquel inédito litoral, y por su cuenta repitió más tarde la jornada, obteniendo como galardón un flechazo que le dejó seña indeleble en la ceja izquierda. Decía Cardona que el reino de California era una isla, lo mismo que afirmaron los descubridores de Yucatán mucho antes de que se diera vuelta a la península hasta los términos de Campeche. Tantas cosas decían Cardona, que para repetirlas habrá que tener un buen impresor que las perpetúe en un libro con grabados que vigile un dibujante de puertos bien acondicionados para calafatear los buques.

Nos gusta saber que Francisco Cali fue otro de los navegantes atrevidos de aquella época, que anduvo por aquellas aguas briosas, y que una de tantas ocasiones vino desde Macao hasta la Nueva España, pasando por el Japón, y para que gozáramos de su testimonio publicó lo mejor de sus noticias en el "Derrotero de Indias".

Pero más nos gustaría conocer, aunque fuese en un grabado en madera, el rostro de aquel pintor, que, según asegura Manuel Toussaint, fue comisionado por el virrey de Nueva España para que acompañara a Francisco Vázquez de Coronado en la increíble expedición en que había de darse con Nuevo México, pues bien valía la pena de que un pincel fidedigno trajese la viva imagen de alguna de las Siete Ciudades de Cíbola, de aquellas que tenían los muros altos y resplandecientes porque eran de plata, de neblina y de sueño.

PARÁBOLA DEL ÁRBOL DEL PERÚ

Para Amy y Máximo Soto Hall

Una mañana, yendo a visitar el antiguo monasterio de Tepozotlán con el Ministro del Perú señor Mugica y su bella esposa —mis excelentísimos amigos—tuve el gusto de presentarles el "árbol del pirú". Contábales la historia entretenida de cómo envió las primeras semillas el virrey don Antonio de Mendoza desde la ciudad de Lima con un saludo en que se le reprimían las lágrimas, y les explicaba el milagro que nace en todos los climas de las comarcas mexicanas por donde pasó fray Antonio Margil de Jesús, apoyado en un báculo, desparramando en versos, que los indios cantan aún, su divino "Alabado".

—El árbol siempre está alegre como los pájaros que llevan a todos los rumbos sus semillas y da sombra a los caminantes y las bestias, en la lluvia o el sol...

Y la noble dama limeña, con una sonrisa que identificaba la poesía del paisaje, hizo este comentario que bien vale una prosa:

—Así es todo lo peruano: de agradecido, acogedor y cordial...

He aquí, mis amigos, la parábola del árbol que más amistades ha hecho desde el Perú hasta México. Yo la anuncio para que sigamos dispersándola en el viento, como la semilla que envió el virrey y que no se cansará de dar, porque es lección humilde enseñada a los hombres de buena voluntad.

UN BIBLIOFILO DEL SIGLO DE ORO

Uno de los ejemplares de la Biblia Políglota que editó el Cardenal Cisneros en España, fue traído a México por Fray Alonso de la Veracruz, quien lo regaló al convento agustino de Charo y más tarde estuvo en el Colegio del Estado de Puebla. Fray Alonso había llegado a esta tierra en 1536 y vivió en ella cincuenta años de actividad inteligente, sirviendo cátedras, predicando, escribiendo libros y cultivando con golosa afición el buen gusto por los ejemplares raros y sustanciosos.

Había sido amigo íntimo de Fray Luis de León y en su clase de Hermenéutica, en la Universidad Real y Pontificia, de la que fue el primer doctor, tuvo que rebatir las tesis de Erasmo, Lutero y otros humanistas protestantes, seguramente basándose en largos y variados estudios de letras humanas, latinas, griegas, hebreas y aramaicas.

Antes de pasar a México, a enseñar artes y Teología a los frailes jóvenes de la orden agustiniana, dejó puestos honoríficos en Alcalá de Henares, donde se había distinguido por su aprovechamiento, y así también, con esa misma humildad, tuvo que renunciar más tarde a ser Obispo de Camagüey en Cuba o de León en Nicaragua.

Cuando regresó de España en 1560, deseando que el Convento y Colegio de San Pablo en esta capital tuviese una biblioteca digna de verse y más que todo, de leerse, trajo más de sesenta cajones de libros, a los cuales marcó con el hierro que proclamaría la propiedad, quemándolos en los cantos, y no se los leía, sino que los devoraba, los anotaba rápidamente, cual puede verse en muchos que pasaron por sus manos, y luego, sin dejar que se enfriara su entusiasmo, los examinaba y los comentaba, delante de sus discípulos, con un deleite único, colocándolos después en el anaquel de un salón amplio, donde había también cuadros, esferas y mapas de esos en que el cartógrafo hizo dibujar monstruos marinos del tamaño de las islas.

Y tuvo tiempo para escribir un plan de estudios y dedicarse a la arquitectura de conventos y de acueductos, porque deseaba que las poblaciones agustinianas tuviesen agua abundante para las huertas que plantó en ellas, por ejemplo la huerta de San Agustín de Morelia y los cedros de Yuriria ("Don Juan Trombón" y "María Patueca") que todavía promulgan su grandeza.

"Allí está en su península de un verde original, sobre el lago de Cuitzeo, aquel glorioso convento del siglo de oro, la mejor y más artística mansión eclesiástica que en México conocemos", dice el P. Mariano Cuevas, S. J., en su espléndido ensayo "Los orígenes del humanismo en México".

PERLAS DE LA BAJA CALIFORNIA

Kokichi Mikimoto, brujo de las perlerías, contrajo el ceño cuando le dieron la noticia: "Una perla de más de 17 quilates, valuada en $17,000.00 acaba de ser sorprendida en la Baja California". El señor Almirante de las Islas y el Mar Océano, escribía acalenturado su tercera carta, haciéndolas irradiar con un brillo que viene más allá de la Biblia y del Cipango: "y muchos traían piezas de oro al pescuezo, y algunos atados a los brazos algunas perlas: procuré de haber aquellas perlas, y envié las barcas a tierra..."

De dónde eran las perlas que la pobre María de Marcayda, llevaba en soguillas aquella noche última, ¿cuándo la mano brava de don Hernán las reventó apretándole el cuello? Manos de marqués, perlas caídas, y un grito en la noche obscura: él creyó que estaba acariciando la curva gentil de la tizona.

Los holandeses de Spilberg llegaron a Zacatula, abordaron el navío que capitaneaba Juan Iturbi, y es la primera vez que la leyenda se aturde al ver las perlas de la península que llevaba la nave (1615). Dice el P. Pérez de Ribas que Felipe II acababa de dar permiso al sevillano Tomás Cardona para armar aquellos navíos, llevar buzos y pescar perlas en el mar de la hechicería. Anduvo Juan sondeando los comederos de conchas, aunque en muchas no pintaba bien el molusco, pues al comenzar la Primavera no es el tiempo de su cría, y una vez que se había alejado el pirata vio desde la barca chata que fabricó en Sinaloa, cómo los indios ponían fuego a la concha sólo para rescatar el ostión; pero qué escándalo cuando encontró una perla de tal excelencia que, dice el P. Alegre, sólo de quinto pagó al Rey 900 pesos. A nadie le era permitida la pesca en aquellas lontananzas, sin la licencia virreinal que debía mostrarse al capitán de la península para pagarle el impuesto con puntualidad religiosa: así habla Clavijero.

Y ya que de pícaros y de perleros hablamos, quiero pensar un instante en el Padre Gage, aventurero encantador, que, según confiesa en su relato, había juntado 4,000 pesos en piedras finas y perlas para volverse a su tierra, y cuando ya se iba, los muchachos de Pie de Palo, que hacían entonces travesuras en el mar, le quitaron todo, dejándolo sin cuartilla.

Los 87 hilos de perlas deliciosas de la Virgen de Guanajuato (1781), las del Arzobispo Manso y Zúñiga, que sólo en ellas, plata y oro dejó la bicoca de 800,000 pesos—¡aquellos tiempos! — y los dos granos pescados en el presidio de Loreto cuando Branciforte escribió a España que él mismo los llevaría en persona para que se guardasen en un museo o se pusieran a la garganta nívea de la reina. Entonces era muy chic que las damas llevaran aretes de diamantes con una perla al aire ("Diario de México", 29 de agosto de 1810).

Ya comprendo el estupor de Mme. Calderón de la Barca cuando supo que un lépero devoto de la Virgen de los Remedios al besarla mordió la gran perla que adornaba a la imagen y desapareció. Mathieu de Fossey se quedaba bobo ante las que lucían las señoras del México ceremonioso del siglo pasado. Y ya entonces habían eclipsado su esplendor las de doña Ana de Iturbide.

SEMANA SANTA MONTARAZ

Ya estaban maduros los melones en el Valle de Oaxaca. El Padre Ponce salió para el Sur a prima noche, no sin antes haber rezado su rosario. Le esperaban en la travesía algunos cerros altos aguas crecidas y noches con locura de grillos. No bien había salido de San Miguel, se encontró con las veintisiete vueltas de una cuesta, y como no lo había hecho la noche anterior, quiso dormir en un prado seco donde ni siquiera había yerba para las bestias, pero era tanto el calor que no le fue posible consolarse y tuvo que reanudar la marcha cuando ya la luna se había escondido y las veredas estaban borrosas entre el alba.

Era Martes Santo, a la salida del sol, en un llano sonoro por las campanas de un convento de dominicos: aquel lugarejo se llamaba Nejapa; pero como el Padre tenía mucha prisa de seguir adelante, no se detuvo en aquella santa morada, sino que, atravesando pedregales y rompiendo matas, llegó a un pueblo de indios zapotecas, en donde halló ruin albergue y algo de calma para rezar.

La luna seguía dulcificando las asperezas de los montes altos. Y el Padre Ponce volvió a calzarse las sandalias. Después de pasar un río que se alborotaba, loco de espuma, llegó a un rancho en que se había aposentado el Obispo Marroquín al regresar del Concilio de México, y como la noche era de claridad ardiente y en las laderas se habían adormecido los arroyos, el Padre se puso a contemplar aquel desierto y aquel monte, y cayó de rodillas para darles las gracias.

El Miércoles Santo vadeó otro muy peligroso, el que años antes se había ahogado un fraile. A poco encontró una casita de dominicos, donde oyó misa y tomó su desayuno. Un guía le extravió más adelante, y otro indio que regaba su milpa, ya asomando la luna, le condujo amablemente al camino real. No pudo conciliar el sueño ni gozar el frescor en aquel rumbo hasta la mañana del jueves, que llegó a Tehuantepec.

Como el día era grande y temible, mandó el Padre Salcedo a llamar a los indios para decirles la misa en Juchitón, pues llevaban hostias, vino y misal. La misa no fue posible porque no había ara y al Padre Ponce le sorprendió el aguacero bajo los árboles. A once leguas de Juchitán había otro pueblo. Durmió aquella noche sobre la yerba.

27

En el contorno rumiaban las vacas alegres y las yeguas golosas. La campanita de Izuatlán llamaba a la misa del Viernes Santo. En los caminos había huellas de leones y venados y sobre las bardas se ahogaban en miel las piñas. Oyó misa y se reconfortó.

Para el Sábado, después de atravesar ciénagas, llegó a la hacienda "La Gironda", donde había prometido decir misa. La vieja ama de llaves de la hacienda se alborotó al ver tantos frailes y dijo que el Obispo de Guatemala le había mandado, so pena de excomunión, que sin su permiso no dejara misar a los frailes transeúntes, pero la hija del ama era de contraria opinión, porque sería pecado pasar sin fiesta aquella Pascua.

Por ese tiempo hacía un norte loco en la sierra. Los caminantes se agarraban bien a las bestias, para no ser lanzados de las monturas. Y como el monje estaba en Soconusco se embelesaba aspirando el aroma del cacaotero montaraz.

EL CUERVO DEL MESÓN

Para Fernando Ocaranza

Año de 1602. En el camino de Veracruz a México había un mesón de puertas magnánimas, con sus grandes patios; y cuando el gallo de Castilla se paseaba como un señor feudal, fluía de la atmósfera el aroma de las colinas que se coronaban de misterio ante la lontananza de esplendor.

Bajo aquellos aleros se hospedaban los monjes mendicantes, los paladines que dejaban las proezas de Flandes por la molicie de los edenes cálidos, y los arrieros que conducían sal y azogue, los vagabundos que contaban historias hasta que la luz se moría en los candiles.

Qué descanso sedante en la hostelería hospitalaria, después de recorrer, a lomo de mula, montañas sin fin, entre el vaho de horno de los resisteros, sin divisar una casona con pan, jergón y luminaria. El mesón tenía el bienestar y el encanto de los recodos geórgicos. El vino se escanciaba en los cántaros; el pavo lucía en la nitidez de los manteles; el queso daba su ingenua flor; y en la compotera se ofrecían el plátano secado al sol y la piña odorante.

Por los aposentos iba y venía un cuervo. Era un pájaro de ciento cincuenta años, al que los abuelos habían recortado la lengua para enseñarle a preguntar los nombres de los huéspedes. Un pájaro inmemorial; algo así como un símbolo cincelado en acero, como un personaje de fauna peregrina, cuyo desdén y andar eran los de un gentil hombre. Trataba de tú a los obispos, los cómicos y los bachilleres; miraba con desprecio a los que le halagaban, y, según las viejas del vecindario, empezaba a entristecer cuando maduraban las frutas y al ver las niñas de quince años se ponía sibilino y avizor.

—Cómo te llamas?

Si por broma le respondían, el animalucho se trastornaba de gozo cual si le embriagase el propio vino. Y así rasgaba el silencio de las horas, con su crueldad de ídolo tornasol que fuera dueño de una voz arrancada a los abismos de la media noche.

Cierta vez llegó al mesón un bélico sujeto, que sólo por sus modales denunciaba ser guerrero de alcurnia. Don Juan de Celis y

Dávalos era un cetrino veterano de los que —según el cronista— peleaban gentilmente.

La santa morada, en aquel atardecer, como que sabía que entre sus cuatro paredes estaba un paladín: la copa que sólo conocía los labios de los grandes huéspedes, se portó con elegancia; y en la mesa de nogal desplegaron, en forma de banderas vencidas, los manteles con encajería que únicamente albeaban a la llegada de un obispo.

Pasada la tertulia, don Juan —a quien en su casa llamaban Juanito— se retiró a su aposento y después de las oraciones apagó la vela. Entraba por una ventanilla el soplo de la noche bucólica, y mientras en el corral mascaban los trotones, se esparcía en lo obscuro el maleficio letal de los sueños. Don Juan se hallaba semidormido, cuando sintió que una voz de caverna le interrogaba por su nombre. Creyó el campeón que le engañaba el oído; pero de nuevo resonó, pausada y tétrica, la pregunta:

—¿Cómo te llamas?

Aquel varón de hazañas, que no había conocido el miedo en el vivac, tuvo hielo en la sangre; sus cabellos se electrizaron de pánico; una garra invisible le asía del cuello; y esperó.

—¿Cómo te llamas?

—Juanito, señor. ¿Para qué me quería?

Y olvidándose de su espada, al sentir el paso del fantasma, salió del aposento, dando voces. Se despertó el vecino, gritó la dueña, se levantaron todos los pasajeros, hubo escándalo entre las gallinas, se azoraron los patos, ladró el mastín.

Don Juan, medio desnudo, a pesar de que los viejos del mesón reían, pidió. antorchas para buscar al aparecido...

El cuervo, acurrucado en un rincón, mostraba su plumaje de tornasoles milenarios. Una maravilla astral magnificaba el firmamento y. en el aire del monte languidecía el aroma de los rosales donceles.

AGUA DE LUZ EN TAZA DE AZULEJOS

Agua de luz en taza de azulejos: eso bebo este día. Sobre mi corazón pone sus labios azules el cielo de Puebla. Más ricamente exornados me parecen sus templos y sus casas, más nuevas sus calles, más frescos sus porrones de Talavera. El facistol que labró Pedro Muñoz para la basílica, abre todos sus misales miniaturados en la larga cuaresma. Hasta aquí llegaron las esmeraldas de Colombia, el cacao de Guayaquil, la seda de los galones inverosímiles que más tarde iba trocada por otras preseas del telar a los colonos ricos del Perú. Bendigo al buen Dios que señaló a Esteban de Zamora el ventero, el sitio para poner su banco de herrador en el mismo paraje que más tarde prefirió Motolinia para que se detuvieran las recuas y comprar el tocino y el bizcocho, matalotaje de las naos. Todavía —como él dice en su crónica— el trigo es aquí muy bueno, "tal parece que los vecinos de esta ciudad siempre comen pan de boda". Aun alabaría González Dávila en este amanecer de Jueves Santo, los frutos de Castilla que aquí se cortan, las legumbres que las amas de llaves vigilan con devota paciencia cuando la olla suelta el hervor.

Se derrama la dulzura de los bronces matinales en la humildad de esta mañana santificada de Cristo y de sol. ¡Buenos días, oh Jerusalén! Sobre los campanarios coloridos pasa a caballo San Ignacio Zaragoza.

Aquí cinceló Antonio de Villafaña una custodia, Diego Larios dio el último toque a la lámpara que se estrenó un Corpus; Fr. Miguel Navarro repujó una custodia, construyó un órgano y labró una pila bautismal para el convento de franciscanos. Aquí se trabajó antaño el carey, el tecali y el marfil y se hicieron armas —"las más selectas de la Nueva España" según Villaseñor y Sánchez— de aquí eran la lana y el algodón, los platos y las tazas que alabó Mendieta ("de la Puebla el jabón y la loza, y no otra cosa"), los cueros adobados que ensalzó Humboldt, el trigo que según Vetancourt rendía de 80 a 100,000 fanegas, las 50 tocinerías y las alhóndigas y las ladrilleras que ponderó Bermúdez de Castro, el lujo que loó en ditirambos el fraile Villasánchez.

De aquí eran la Peralta, cuya alma pajarera vagabundeó de amor sobre la marea del canto; Carmen Unda, que al decir el "Ave María" era como si se encendiesen todas las velas del tabernáculo. Aquí pensó

Barreda, se desveló Antuñano, se asomó Manuel M. Flores al mirador de madreselvas de la poesía patética.

Veo al obispo Palafox al resplandor de las teas que mandó a encender para que hasta en la noche gimiera el cincel en las canteras, y sonríe, detrás de un biombo florido de madrigales, la cara picarona del obispo Pérez y Martínez, cuando al volver de España trajo en su séquito lavanderas guapas.

Al ver estas casonas pienso en el abuelo que jugó al tresillo con Su Ilustrísima, tenía bastón de caña de Indias con puño de oro y regulaba su digestión con ese reloj de cadenota que los miniaturistas no olvidaron en los retratos de familia. Pienso en las puertas broncas que dan hacia los patios que refresca el surtidor y alegra el azulejo feliz; en los plateros, los mercaderes de libros, los monjes que cultivaron la gula y el latín, el pícaro Martín Garatuza que por aquí anduvo, el monseñor que se recogía el traje fastuoso para no ajar los nardos que la beata sembró.

La ciudad luce y vibra como una tacita de Talavera en que juega el agua de luz para que bajen a cantar en ella los pájaros de encaje o se abreven los venados que brincan en la leyenda santa. La bruma se ha puesto melancólica, meditabunda.

Y mientras Carlos de Gante me relata una historia de risa y de alboroto, —él, lector de gacetas, que se mesa la barba como los tipógrafos antiguos en los grabados de madera— yo busco las manos femeninas que hicieron dulces de pecado mortal y dibujo en el aire los perfiles de aquellas damas de relicario que reaparecen cuando la sombra cae más allá de los naranjos en flor.

Y este Mesón de Sosa, donde Carlos de Gante me cuenta las peripecias del tesoro que su primer dueño enterró en la escalinata. Y las velerías que vienen desde 1700, y los baños de aguas sulfurosas, y la monja quinceabrileña que se hizo alondra nocturna de tanto cantar en los maitines, mientras el maestro ceramista encendía el horno para los azulejos....

LA MONJA ALFÉREZ

Aquí desparramó su alegría la brava doña Catalina de Erazu, a quien las historias de caminantes y perdidos reservan la alharaca del comentario. Tuvo en el virreinato del Perú una pendencia con dos hombres, a quienes hirió, y estuvo de cabeza en un cepo; sentó en Lima plaza de soldado; y cuando pasó a Chile se batió contra los indios en el asalto de la villa de Valdivia, donde ganó el alferazgo. En el Potosí no la pasó mal como arriero, mas riñendo en Charcas, a donde había ido por carga, hundió la espada en su amo dejándole muerto.

Huyendo al Potosí pudo ayudar al corregidor Ortiz a meter en cintura al levantisco Ibáñez, lo que le valió la ayudantía de sargento mayor. Más tarde enganchóse para la conquista de El Dorado, reino ilusorio que bien merecía su bravura, pero habiendo herido a un hombre tuvo que recluirse en una iglesia; y así prosiguió la hembra malhadada, ora en escándalos que incitaban la atención, ora azuzando a la pendencia, hasta que mal herida en una casa de juego, se vio en telas de cucaracha, porque la muerte ya estaba tan fastidiada de ella como la justicia; y aun no acababa de sanar cuando hizo frente a unos alguaciles, matando a uno e hiriendo a varios, no siendo desarmada sino por más gentes que acudieron.

La habían condenado a muerte cuando el confesor descubrió su sexo y tomándose muy en cuenta sus 24 años de servicios al Rey e intercediendo por ella el obispo del Cusco, fue regresada a la Península, con hábito de monja. Años después trasladóse a la Nueva España, siendo virrey el Marqués de Cerralvo, a continuar sus donairosas andanzas, bien enamorando a una doncella y desafiando a su rival, bien arreando recuas en el camino de Veracruz, donde fue sorprendida por los irresistibles alguaciles de la Muerte.

NINFAS Y FAUNOS EN LA INQUISICIÓN

Para Luis Garrido

Dónde hubo ese libro que denuncian, a que personas lo ha enseñado y con qué fin, y si ignoraba que por sus figuras y textos no le era. permitido retenerlo ni leerlo, aun teniendo licencia para leer libros prohibidos.

Esto era lo que más intrigaba a los inquisidores Mier, Bergosa, Prado y Perea, que el 11 de marzo: de 1794 recibían la formal denuncia de que el señor doctor don Diego Suárez Marrero, prebendado y medio racionero de la Catedral de Morelia, tenía un libro cuyas estampas alarmaban aun a quienes no sabían latín. Tratábase de reprimir en lo sucesivo tan enorme escándalo y la orden iba en derechura al libertino lector, invitándole a que entregara libro tan apetecido por curioso.

La denuncia la hizo doña Manuel Marín al rectoral don Ramón Pérez Anastaxis, Comisario del Santo Oficio en Valladolid, expresándose así: "Los escrúpulos de mi conciencia junto con los mandatos de mi confesor me obligan a ocurrir a Ustedes como Comisarios del Santo Tribunal de la Inquisición en esa Ciudad para significar a Ustedes por medio de esta ya que no puedo de otro modo que hará un año que el señor don Diego Suárez me enseñó un libro que contenía estampas que representaban cosas muy torpes y obscenas con su correspondiente explicación según entiendo en la lengua francesa, etc".

Y decía en su denuncia la señora Marín que el doctor Suárez Marrero le había mostrado el libro, sin especificar con qué objeto.

Al recibirse carta del Secretario de la Inquisición, licenciado don Matías López Torrecilla, el doctor Suárez mostró una obra de Quinto Curcio, en la que había unas estampas (Baco y Ariadna, El Triunfo de la Patria, el Coro de las Bacantes y una danza dionisíaca). Faunos y ninfas, citaristas y flautistas, decoraban aquella "historia fabulosa", habiendo en los bailes—a su juicio honestos— unas figuras que mostraban el decaimiento de la razón en que pone la embriaguez. Deleitábase el mitólogo doctor leyendo el texto en latín, "muy crespo y no común", sin palabras que tocaran lo indecente, y aseguraba que el único que lo había hojeado con su permiso era el presbítero don Juan de Verde, quien, por ser catedrático de Latinidad en el Seminario, tenía la dura obligación de "que se instruyese de la legitimidad de las cláusulas cursianas".

¿Cómo llegó ese libro a Michoacán? Siendo el doctor Suárez capellán mayor de la Real Armada, haría cosa de diez años que lo había recibido de su apoderado en Madrid, fijándose en que las estampas eran alusivas "a un punto de erudición fabulosa", y alguna vez quiso rasgarlas, pero no se atrevió, acaso por indiferencia, por olvido o bien por buen gusto. No es remoto que haya sido uno de los coleccionistas de libros raros, de esos libros que —como decía el personaje shakesperiano— están lujosamente empastados y hablan de amor.

Para la historia de la bibliofilia estos datos son incitadores. Ese libro estaba impreso en Batavia en 1724, en folio menor: lo tenía el doctor Suárez en su biblioteca, en el estante que lucía este solemne título: "Libros prohibidos". Lo enseñó —según dijo más tarde— a varios literatos, para que admirasen las notas gramaticales, y hasta se dignó prestarlo al Padre Provincial de San Francisco, quien llegó una vez a visitarle con el padre Santamaría y se permitió registrarle confianzudamente los estantes.

La conducta del doctor Suárez había dado pábulo a ciertas hablillas, pues para algunos era sospechosa cierta correspondencia que sostuvo con más de una persona, y al levantarse información acerca de su modo de ser, de su vestir, de la calidad de sus modales, para que ante el Santo Oficio quedara diáfano como cristal en el aire, se llegó a la conclusión de que, cuando por la noche salía de la ciudad o de su casa, su traje encarnado y sus medias blancas nada tenían qué ver con la indumentaria dé un eclesiástico, y que así lo habían visto en cierta ocasión en la representación de una comedia.

Por orden de los señores inquisidores, que no disimulaban su curiosidad de leer tal joya bibliográfica, el libro fue devuelto al doctor Suárez, pero sin las estampas; advirtiéndosele que quedaban poco satisfechos de que hubiera procedido ingenuamente en su declaración, por haberlas enseñado a una persona que no era ninguna de las que él había aludido y, además de urgirlo a que entregara otros libros inmorales que tuviera en la biblioteca, se le quitaba la autorización para leer obras prohibidas. Anotado que fue su nombre en el registro, el escándalo se dio por concluido.

Este proceso tiene mucha miga para la historia del teatro, del grabado, de las costumbres, de la bibliofilia. El doctor Suárez, si viviera, se asombraría de ver en nuestros teatros y corralones no sólo o Baco, sino a las ninfas, entregados a peores danzas que las que hace más de un siglo la Inquisición sorprendió en un libro de gramática. Y su asombro sería mayor que el de Sor Juana Inés de la Cruz si le contáramos que fue en México una de las primeras que se peinaron a la "bob".

CARABELAS Y FALUAS

Para Gustavo A. Rodríguez

**...Y estuvieron mirando por un
buen rato los navíos. —Bernal Díaz.**

Cuando Juan de Grijalva divisó la isla de Sacrificios notó que había buen surgidero, y echados los bateles al agua, fue con muchos de los soldados a ver la isla y halló casas de cal y canto bien labradas. Se alzaron las anclas y se dieron las velas, y estando frente a Veracruz desembarcaron, hicieron chozas, sondaron bien el puerto y tenía buen fondo. Los indios les dieron unos cañutos con perfumes que parecían de estoraque y benjuí y aunque les ofrecieron pan y gallinas de la tierra no las comieron porque era viernes (20 de junio de 1518), y por desgracia el pan cazabe que traían estaba amargo y mohoso.

La tierra —como la de Yucatán, a que se refiere el autor del "Itinerario"— les pareció muy deleitosa. En la torre de la capitana el alférez sostenía de pie el estandarte español. Seguía el señor don Juan diciéndoles que no quería más que oro; y si en los árboles había panales en las colinas retozaban conejos. Los aventureros estaban alucinados porque un día, al ponerse el sol, habían divisado una torre muy blanca.

Estuvieron allí diez días y en todos ellos, antes del alba, los indios ya estaban en la playa poniéndoles enramadas para que tuvieran sombra, y les abrazaban, les hacían fiestas y trajeron al capitán "una india tan bien vestida, que de brocado no podría estar más rica". Eran cinco los navíos —dice Gómara—con 200 españoles, pero Bernal alega que cuatro. Iban allí Pedro de Alvarado, que estaba loco de amor por una cubana y que mandaba el "San Sebastián" —que volvió con Cortés y cuyo nombre puso a uno de la flota que llevó más tarde al Perú— y a más de Francisco de Montejo, se hallaba también el piloto mayor Antón de Alaminos. A pesar de las señales convenidas para las farolas en la noche, se les rompió la antena de una nave. El capitán escribió al Rey contándole que había descubierto una isla llamada Ulúa, en la que había gentes que se vestían con ropa de algodón, habitaban casas de piedra, tenían leyes, adoraban una cruz de mármol blanca y grande, con una corona de oro encima y que en ella murió uno que era más lúcido y resplandeciente que el sol, y como eran gente ingeniosa, usaban vasos de oro y adornaban con figuras de pájaros las mantas que tejían.

***

Era Jueves Santo cuando Cortés llegó, el 21 de abril de 1519. En los 11 navíos traía más de 700 soldados, de los cuales 100 eran marinos y más de 32 ballesteros, 13 escopeteros y 4 falconetes, mucha pólvora, muchas pelotas y 16 caballos que Bernal describió maravillosamente. El capitán venía en la nave capitana, que era de 100 toneladas, y sobre la cual flotaba su bandera de fuegos blancos y azules con la cruz colorada en medio y el signo "Vencerás". En las otras, que eran de 70 y 180 toneladas, iban gobernando Francisco de Morla, Ginés Nortes, Alonso Hernández de Portocarrero, Francisco de Montejo, Cristóbal de Olid, Juan Velásquez de León, Diego de Ordaz, Cóbar el paje, Alaminos el piloto mayor, Alvarado que volvió en la "San Sebastián" y Escalante que cuidaba el pan cazabe. Traían también muchas baratijas para regalar, muchos puercos, garbanzo, habas, vino y aceite "y otras cosillas". Dos nombres sonoros: Ortiz el músico y Francisco Orozco, el artillero que había guerreado en Italia. Al surgir frente a Ulúa, que los nativos llamaban "Chalchiuhcuécan", los estandartes reales flotaron en la capitana, y luego se acercaron dos canoas en busca del capitón, con saludos del Tendilli, el embajador de Moctezuma. Cortés les hizo llegar a la nao, les dio una colación, vino y conserva, y al siguiente día saltó, haciendo sonar los cañones y caracolear los caballos.

***

El 15 de septiembre de 1568 el inglés John Hawkins o Hawkings (el padre Alegre dice Juam Jaween, Lerdo de Tejada escribe Jawen y el vulgo lo llama Aquines Acle), apareció frente a San Juan de Ulúa, y el 16 entró al puerto al frente de 6 buques, entre ellos el "Judith", que comandaba Francis Drake. Creyendo los españoles que era la flota real, llegaron a bordo de la capitana y el señor almirante les trató cortésmente. No había tropas con qué rechazarlos. La flota (de 13 navíos, dice Lerdo de Tejada; que comandaba el general Francisco Luján, agrega Cavo) llegó al siguiente día con $1.800,000 libras esterlinas (?) y en ella venía don Martín de Enríquez y Almanza, nuevo virrey.

Después de recoger tributos a los habitantes de la vieja villa y de saquear las tiendas, el inglés se volvió a sus barcos. Entró el virrey en pláticas de paz, pero secretamente reunió1,000 hombres entre la gente de la guarnición; la fortaleza y la flota, y el 24 violó su palabra de honor, asaltando a los piratas, poniéndolos a la desbandada. Muchos prisioneros fueron colgados de los brazos en los topes altos de las naves, y los que escaparon costa arriba tuvieron penalidades horribles, pues tuvieron que comer perros, monos, ratas y pericos. El 8 de octubre tomaron tierra en lo más retirado del Golfo.

Entre los prisioneros estaba John Chilton, de quien es el relato que aparece en "Varios viajes de ingleses" traducido por García Icazbalceta, y algo más se lee en la "Historia" de Girolamo Benzoni, de 1572.

**

La víspera del 18 de mayo de 1683, a dos leguas de tierra a barlovento se vieron dos navíos de alto bordo. A las cuatro de la mañana los piratas de Lorencillo sorprendieron Veracruz, dando grandes voces de "Viva el Rey de Francia". Tomaron los baluartes, abrieron a hachazos las puertas de las casas, y los vecinos, que estaban a medio, vestirse, fueron llevados a la iglesia (6,000 personas, dice Riva Palacio, siguiendo el relato del cura Villarreal).

La expedición se componía de 11 barcos, siendo sus capitanes Nicolás Banoren (o Van Horn, como escribe Núñez Ortega), que era almirante de mar; el almirante capitán Lorenzo, o Laurent Graff o Jácome y el general de tierra Monsieur Ramón (o Agramont, como dice Lerdo de Tejada). Tuvieron a los prisioneros a bizcocho y agua, golpeándolos y apaleándolos; torturaron a los amos y los esclavos para averiguar dónde estaban los tesoros; y a los navíos hicieron conducir, a espalda de los negros, los jamones, bizcochos, harina, vino y aceite que había en la ciudad, no sin olvidarse de los caudales, joyas, plata labrada (1,000 arrobas dicen el P. Alegre), mercaderías (grana, añil, caldos, lencería), 1,500 esclavos y regalos que esperaban la flota. Entre las alhajas valiosas se llevaron los serafines de plata del Santo Cristo de la Consolación, Se apreció el total del botín en 600,000 pesos (sólo de rescates 150,000), a más de las guapas mozas.. Amenazaban a los cautivos poniéndoles cuchillos en la garganta y acarreando leña y pólvora, porque decían que iban a volarla iglesia; los frailes y las mujeres fueron llevados a la isla de Sacrificios y algunas malparieron. El hereje Nicolás gritaba que no había Dios, y estando ebrio tuvo un rifirrafe con Lorencillo, quien le puso patas arriba. Los sacerdotes, arrodillándose, pedían de comer a los negros, y bebían agua salada de la isla. El 29 se marcharon los piratas cuando de la metrópoli ya iban saliendo las tropas virreinales, bajo el balcón de Palacio, desde donde el virrey le despidió a la sombra de un parasol. ("Diario" de Rivera.)

***

Habiéndose presentado el 10 de agosto de 1808,la barca "Bayllant", que venía de Bayona con bandera tricolor, se le hizo fuego desde el castillo de Ulúa, obligándola a retirarse de la canal: la nave puso entonces bandera blanca y se le permitió que entrara, pero arreando la francesa. Acercósele una falúa del puerto, a cuyo comandante entregó el capitán M. Chapantier una voluminosa correspondencia del Rey José para Iturrigaray, confirmándole el puesto de virrey y dándole el cordón de la Legión de Honor. Traía además pliegos para el señor arzobispo, los obispos del reino, la real audiencia y las autoridades establecidas; pero toda esa correspondencia fue llevada a tierra, abierta e incinerada.

El comandante del apostadero de marina Ciriacc Ceballos, poco antes de ese acto inquisitorial, tuvo la imprudencia de fijar un cartel en la puerta del muelle, imponiendo pena de la vida. al que se acercara a la barca o habiendo recibido noticias las repitiese. Tanto se irritaron los marineros que, instigados por algunos díscolos, comenzaron a amotinarse, lo cual pudo contenerse muy bien, si el gobernador don Pedro Alonso hubiera sido más enérgico; pero dejó crecer el tumulto y la chusma marinera entró a la casa de Ceballos, arrojó sus muebles a la calle, le quemó el quitrín (carruaje de la época) y robó sus planos de la Comisión Hidrográfica que había levantado.

Crecía el desorden, y fue preciso sacar en procesión al Santísimo Sacramento y llevarlo a casa de Ceballos, pero a poco se dejó venir un aguacero que todo lo apaciguó. (P. Cavo.) Por aquel tiempo se llegaba de Cádiz a Veracruz en 44 días ("Gaceta Extraordinaria del Gobierno de México", 1º. enero 1810.)

**

Convite memorable el que Sir John Phillimore, comandante de la fragata de S. M. B. "Thetis", fondeada en Sacrificios, dio en honor del Presidente general Guadalupe Victoria el 17 de enero de 1824. Cuando Su Excelencia llegó a bordo, fue saludado por la artillería con la descarga de ordenanza, se enarboló el pabellón mexicano en el palo mayor de la fragata y al empavesarse el buque se oyeron dos descargas. Dijo el periódico "El Sol" que al retirarse el general Victoria a las diez de la noche, la bahía estaba iluminada por feérica pirotecnia. Una carta privada contó a pocos días al público que a bordo de la "Thetis" se había brindado por la felicidad de México y que hallándose presentes dos militares del Castillo de San Juan de Ulúa, que todavía estaba en poder de los españoles, el capitán inglés había dicho que no brindaría de ninguna manera por Lemaur, pues era un hombre bajo e incapaz de alternar en ninguna sociedad. El 3 de febrero la fragata salió del amarradero de Mocambo, rumbo a Londres, haciendo escala en la Habana.

UN RELOJ DE ORO PARA EL JAPÓN

Una vez que don Luis de Velasco, Virrey de la Nueva España, tuvo en su poder un mapa de las islas japonesas, decidió mandar una embajada que encabezaría Sebastián Vizcaíno, la cual daría las gracias por las atenciones para la gente del galeón "San Francisco" que había naufragado en aquellas costas.

En compañía de Vizcaíno iban el piloto mayor, capitán y maestre don Benito de Palacios; el segundo Lorenzo Vázquez, los religiosos franciscanos Ignacio de Jesús, Diego Ibáñez, Pedro Bautista y tres legos; el escribano Alonso Gascón y Cardoña y un japonés llamado Josukendono, que había tomado el nombre de Francisco de Velasco y estaba en México desde 1610. El 22 de marzo de 1611 se hicieron a la mar, el primero de junio llegaron a las Islas de los Ladrones y el 9 al puerto japonés de Urangaba. Vizcaíno escribió al Emperador, anunciándole que deseaba pasar a "besarle la mano".

Cuando Vizcaíno se presentó ante el Emperador, le entregó un reloj, un traje impermeable, un rollo de papel, los barricas de vino español, dos juegos de utensilios de halconero, un carrete de listón con galón de oro para calzado, dos sillas de montar y tres cuadros pintados con figuras españolas.

Advierte Martínez Montes de Oca que en los documentos de la época se hace mención del reloj de oro, llamándolo "campana que toca sola" y conservándose tal alhaja en el templo de Kini-San, cerca de Shizuoka, hasta nuestros días. El cronista añade que así nació en el Japón la industria de la relojería, que tiene pocos émulos.

En cambio, el Embajador recibió para presentarlo al Virrey, un mapa del Japón, cinco pares de biombos dorados y tres armaduras japonesas de rica he chura. Así quedaron iniciadas las relaciones diplomáticas entre los dos países. En 1613 el Emperador envió a España una embajada que, pasando por México, se componía del capitán de arcabuceros de su guardia, Rokuyemón Jasekura, en cuya comitiva figuraban su familia, dos franciscanos y 150 criados japoneses. Todos llegaron a Acapulco el 25 de enero del siguiente año.

Fray Luis de Sotelo encabezaba aquella misión opulenta, que después de haber sido atendida y agasajada en la ciudad de México, salió de Veracruz, rumbo a España el primero de junio de 1614.

EL PIRATA DE LOS PIES ALADOS

Del pirata Cronwell todavía en la Baja California las viejas dicen historias que asustan a los niños. Se le ve cruzar con el puñal listo a la matanza, el ojo fiero y azul, la presteza en los movimientos y, además, la manera de mandar a su horda temible en aquellos litorales. Entonces los barcos eran de vela, se carecía de caminos y de agua potable como ahora en aquella península, y solamente los jesuitas y los japoneses se adaptaban intrépidamente a la vida cruel que allá se vive. El pirata conocía bien, como si fuera la palma de sus manos, las cartas de marear, los parajes donde podía aprovisionarse, los sitios en que le era fácil entrevistar a sus espías.

Y después de recorrer a sus anchas las costas que van desde Panamá a California, el pirata se hacía al Alto Mar Océano, al encuentro de la Nao de la China en donde venían las cosas más codiciadas del Oriente.

Un día fue difícil a las viejas pronunciar en inglés el nombre del pirata y lo llamaron en vez de Cronwell, "Coromuell". La equivocación se propagó rápidamente en toda la península, dándose el último nombre al viento fresco que a eso de las cinco de la tarde se goza en la bahía de La Paz y así lo llamaron porque cuando empezaba a soplar se aprovechaba de ese momento favorable para salir de la bahía el airoso pirata, sin que fuera posible que le dieran alcance.

Se oyen otros nombres desde a bordo de algunos barcos fantasmales que la imaginación mira balancearse sobre aquellas aguas atormentadas por los pescadores que llegan desde mares remotos y los contrabandistas que hacen fortuna. Saunders y Green se hicieron tan célebres como Cronwell, el de los pies alados.

LA VIRREINA DE LA ESMERALDA

Para Arturo Arnáiz y Freg

...y otras que por acá se dicen chalchihuitl; las finas de estas son esmeraldas. —Motolinia.

Se desbordaba el vino añejo en el pichel de plata y la fruta se helaba en la fuente de cristal. Trajeron los pajes el chocolate Soconusco.

Comentaban el virrey y el oidor las insolencias del pirata y bajo las pestañas del visitador se hundían —como en noche lóbrega— los halcones ariscos de sus ojos. El padre confesor charlaba con la virreina y el médico acariciaba con la lengua el prócer vino carlón. Todos miraban de hito en hito al señor capitán que en el lienzo llamaba la atención por la sortija de la esmeralda. Era una insólita piedra, de alucinante dulzura, que sólo cintilaba en las noches en que las estancias virreinales encendían todas las arañas.

La virreina se embobaba lindamente al mimarla con los ojos, y en vano el médico buscaba en los libros de Monardes y de Hernández alguna yerba o piedra de maravilla para calmarle aquella angustia. Era, en verdad, una mínima gema, en la que el pintor concentró su más húmeda nostalgia: los inquisidores, por creerla endemoniada, la hubieran quemado en un auto de fe; los capitanes de las naos la habían visto arder en las lontananzas del mar, revuelta con el ámbar; el padre confesor, haciendo la señal de la cruz, aseguraba que era una de las del oratorio de Moctezuma o quizá de las que guardaban, entre los ritmos y colores de la mitología, como presea de Quetzalcoatl.

Pero el virrey, que era muy aficionado a los libros en que se habla de comarcas de fábula, sostenía, atusándose el bigote, que la piedra había sido quitada a la cabeza de un manatí, porque era santo remedio para el mal de la ijada como las que un encomendero había encontrado, al caer el crepúsculo, en la montesina Oaxaca.

Clara, verde, madura, la esmeralda de la virreina abría surcos de luz en la tierra y en el mar como las farolas de las carabelas... Se acordaban todos de las máscaras de turquesas que el cacique de

Tabasco regaló a Grijalva; y el visitador, arreglándose la gola de encaje de Malinas, exclamó sobresaltado:

—¡Y la que el cacique de Pasto dio a Pizarro, tan grande como un huevo de paloma! ¡Y la que Cortés envió al César potentísimo, quebrada y piramidal como un trofeo de brujería, y tan grande como la que Diego de Ordaz halló en una canoa surcando el Marañón!

El padre confesor interrumpió:

—Fueron 99 las que Cortés mandó al rey con los procuradores y engastados en oro iban cuatro esmeráldicas. ¡Fueron 7,000 las que repartió Jiménez de Quesada entre sus soldados locos! Según los indios, en ellas residía una divinidad. Los tarascos y los peruanos las empleaban como preseas funerarias y los conquistadores las quebraban a veces con martillos para ver si de verdad eran esmeraldas...

La gema sortílega infundía en la sala una claridad amaneciente. Sin duda alguna que el pintor había sido también lapidario y si los indios la hubieran sacado de la veta después de sacrificios y ceremonias, él la habría cincelado con un buril purificado, como ella, por el tiempo.

Entre las arandelas se apaciguaban las nueve de la noche. Los pajes trajeron aguas de olor. En el abanico de la virreina palpitaba la frescura de una de aquellas esmeraldas que —según Cervantes de Salazar— eran "muy probadas para la embriaguez" o resplandecía el color de la isla de Mindanao como en aquella de que habla el padre Jiménez.

—Las esmeraldas —dijo el médico, pidiendo la venia—, dan inquietud y alegran el sombrío amor y las mejores son las que se hallan más al levante y más abajo de la línea equinoccial. Algunas veces las encuentran ya ochavadas y "los artífices no las podrían labrar mejor". ¡Sus Excelencias saben que en Tenochtitlan había orfebres que las engastaban y labraban muy bien!

Sonreía pícaramente el confesor, evocando a los cronistas eclesiásticos. Por los espejos azogados parecían desfilar carabelas al sol, en busca de especierías y joyeles... La virreina movió displicentemente el abanico delicioso... En el ventalle de pluma verde con argentería de oro temblaba un cuco de oro célebre. Entusiasmado, el erudito confesor hizo revelaciones que asustaron la luz.

—La Asunción de Catedral, lleva al pecho una esmeralda de todos colores que vale más de 1,000 pesos, eso sin contar las 3,257 del tesoro; la custodia de Borda sostiene 2,653; el cáliz del arzobispo Rubio y Salinas lleva 312; Nuestra Señora del Rosario 442;la corona de la Soledad de Oaxaca y el traje de San Francisco casi no se ven al peso abrumador de sus gemas; en el copón que regalaron los jesuitas de San Pedro y San Pablo brillan 139; el obispo michoacano Escalante, lucía un pectoral de 62 esmeraldas vivas...

De pronto, el virrey, pidiendo un poquito de canela para su Soconusco, añadió:

—Pues ese pectoral llevaba tantas como las del bastón que uno de mis antecesores regaló a su médico Dumón. Después de todo, ¿qué vale la sortija de esmeralda que le embargaron al pobre caballero don Alonso de Ávila?

—Sería esa —repuso el visitador atónito— una de las que se perdieron en la Noche Triste cuando murieron muchos cristianos y 56 caballos a más de la yegua brava del señor capitán? ¡Se imaginan Sus Excelencias a los soldados heridos y famélicos, pero cargados del oro y las joyas de Sus Altezas! ¡Estas son palabras mayores de Juan Ochoa de Eleazalde!

El paje, tomando graciosamente la mancerina de plata, le puso el ingenuo comentario de la canela.

—Ahora sí —exclamó el virrey— quiero contarles el episodio que yo llamaría de las esmeraldas capitanas". Es algo que debiera grabarse en la raíz de caoba de un bargueño o cincelarse en una copa de oro de la Valenciana. Yo creo que es algo breve pero espléndido y que cabe en un gobelino, en un azulejo, o sobre la tapa de un arcón.

Cuando Cortés cruzó el mar para casarse con Doña Juana, llevó 5 esmeraldas finísimas, que bien valían 100.000 ducados: una era como una rosa, otra como pez de ojos de oro, otra ya no me acuerdo cómo, por las que unos genoveses le ofrecieron en la Rábida más de 40.000ducados; pero la que bien vale una nueva Conquista era aquella en forma de campanilla, badajo de rica perla y el lema "Bendito quien te crio".

Era más de medianoche. En el claro cielo de la Nueva España diríase que brillaban todas las pedrerías. La virreina entreabría los ojos para embriagarse con el dulzor de la esmeralda imposible, mientras en la pluma verde del ventalle ardía el cuco de oro. Apenas se retiraron el visitador, el médico y el capellán, los pajes cerraron las ventanas por donde se entraba la frescura grata de la noche. Se habían apagado en el aire los últimos ecos de las campanas que anunciaron la llegada del galeón de Manila, y allá lejos, en las lamparitas de aceite votivo, se purificaban las ánimas en pena. Pasaba el último furlón.

CENTINELAS FANTASMAS

A la entrada del viejo Fuerte de Perote, vigilándolo día y noche, sin saber que ya no hay rey de España ni virrey, los dos centinelas de piedra están, inmóviles, luciendo a la intemperie sus uniformes de infantes del viejo tiempo en que había piratas merodeando en el Golfo de México.

—¡Quién vive! —se les oye decir, sea clara la noche o haya norte en Veracruz.

Castillo que se yergue en la vasta meseta en que hay lagunas embrujadas y pueblecitos con mercado bullicioso el domingo. Castillo que fue para poner a raya a los piratas, si es que lograban adueñarse del puerto. Aun muestran sus fosos y sus compuertas, que eran para llenarse de agua en caso de ataque; y también están en pie el puente levadizo, los muros de más de metro y medio de ancho, los torreones ariscos. Y a la entrada del orgulloso edificio, las figuras de los dos soldados que fueron fusilados no se sabe por qué...

En el patio grande hay un enorme aljibe que tiene agua suficiente para sostener un año a diez mil hombres sitiados. Se dice que hay un subterráneo para poder abandonar la fortaleza cuando ya es difícil resistir. Y en donde antes era la capilla del Fuerte y ahora es la carpintería, estuvo la tumba del primer Presidente de México, el Gral. Victoria.

Impávidos, como si esperaran de un momento a otro advertir que los piratas herejes van llegando, se escucha, entre el silencio de la noche el "¡quién vive!" de los centinelas fantasmas.

SUICIDAS

No era costumbre india la de suicidarse. Por eso llama la atención el caso del cacique desesperado que al ver cómo sufrían sus súbditos, bajo la férula del gobernador de Pánuco don Nuño Guzmán, al salir de la cárcel se ahorcó con su tilma, caso tan horrendo —asegura el Padre Cavo— que no tenía ejemplar en aquella "culta nación".

Se nos aparece en el trémulo plenilunio, balanceándose en un árbol de aquella huerta del monasterio de la Concepción, suspensa de un largo cordel, la infortunada María de Alvarado, hermana de los Ávilas, que hacía tiempo estaba muerta de amor por el mancebo Arrutia. La evoca el maestro de "Vetusteces", "vestida con halda y corpiño de terciopelo verde, bordado de seda e oro, y cubierta la cabeza, con tocado del mesmo género, la cual hacía resaltar el apiñonado tinte del cutis, las encendidas mejillas, el óvalo virginal de la linda cara, e los ojos grandes e negros, entre amorosos e tristes".

Un suicidio era tan escandaloso como la llegada del pirata. El suicida no era sepultado en campo santo, a menos que —como de María de Alvarado aseguraba una monja— se hubiera arrepentido en la agonía. Tal sucedió en 1649 cuando en la cárcel de Corte un portugués, que había matado a un alguacil, fingiéndose enfermo se bajó a las secretas, y se suicidó mientras oían misa los otros reos: como era día de Santo Tomás castigaron el cadáver montándolo en una mula, y, a voz de pregonero y ruido de trompeta que proclamaban su delito, lo pasearon así por la calle del Reloj y frente a las casas arzobispales, sosteniéndolo un indio que iba a las ancas; y luego lo llevaron a la horca pública donde fue ejecutado con las ceremonias que se empleaba al ahorcar a los vivos (menos la presencia del crucifijo), y allí lo dejaron muchas horas, habiéndolo bajado los ministros de justicia que lo arrojaron a la albarrada después de que lo apedrearon los muchachos de la vecindad, mientras hacía aire fuerte y el polvo se arremolinaba en la ciudad, y haciéndole cruces lo creían Satanás.

El 18 de mayo de 1675 una negra esclava del licenciado Antonio de Acosta se arrojó de alta azotea y dio en el callejón de Bilbao, y ya echando sangre por la boca apretó la mano al doctor Yáñez en prueba de que se arrepentía. "El Tapado", o lo que es lo mismo don Antonio de Benavides, estando procesado (1683) quiso ahorcarse con un pañuelo, pero se lo impidió el carcelero; y al año siguiente echaron en la albarrada, donde se lo comieron las aves famélicas, al negro que se degolló en la calle de San Francisco; y lo mismo hicieron al otro negro, ya viejo, que amaneció ahorcado junto a San Jerónimo; y no así al monedero que se dio de puñaladas, porque, como era "melarchico" lo enterraron. Los diarios curiosos mencionan también al "gachupín" cacahuatero, que estando haciendo cuentas, se degolló en la esquina de la Profesa (1694) y al mulato Benito que, al verse en quiebra, aunque se dijo que también estaba con los sesos fuera de su órbita se ahorcó en la tienda junto a Porta Coeli (1698). A fines del siglo XVIII, en un acceso de furor se disparó un balazo el señor intendente de Guanajuato don Andrés Amat y Tortosa, quedando en estado muy grave, pero el efemeridista Marmolejo no dice si murió de ello (1790).

Estando cautivo en la Inquisición, el capitán francés Juan María Maugier, "hereje y apóstata" (1794) hízose enfermo y habiendo acudido su médico el Dr. Francisco Rada, quien iba armado, el prisionero atrancó bien la puerta y lucharon desde las once a la mañana hasta las cinco de la tarde, sin que el médico pudiera aplacarle: llegaron piquetes de tropas, pusieron soldados hasta en la claraboya, y acorralado Maugier se clavó en el corazón la espada que portaba el médico, desoyendo las súplicas de los inquisidores que "clamaban a Dios para que lo absolviera".

Otro francés, el médico Dr. Moret (Morelli dicen los diarios), que también estaba prisionero del Santo Oficio, se mató en febrero del año siguiente, y en el auto de fe de dicho año los dos suicidas fueron castigados en efigie.

Mas no fueron esos los últimos europeos que armaron escándalo así, pues a las 11 de la noche del 3de junio de 1803 riñeron los alemanes Karman que en Guanajuato eran conocidos con el nombre de "Los Carcamanes", muriendo Nicolás y suicidándose el otro, habiendo sido arrojado el cadáver al Río de Pastita.

El suicidio del general Manuel Mier y Terán, cerca de la tumba de su amigo Iturbide, fue de gran notoriedad; y todavía en 1864 la prensa comentaba el caso de una muchacha que se arrojó desde una azotea de la calle de San Agustín haciéndose papilla.

LA CAPA DE GRANA

Para Artemio de Valle—Arizpe

Por el camino lleno de sol naciente va don Andrés de Ortega, en su caballo blanco, a la manera de un santo en busca de un dragón. El caballo relincha como aspirando céfiros de epopeya y en el monte dormido entre la neblina se parece a los bucéfalos de las historias bravas. Don Antonio va pensando en sus locuras de la víspera; y rememora aquel amanecer de abril, cuando venía de Tlaltenango y sorprendió en el recodo encendido de girasoles, a la vaquera más linda, la que parecía un arcángel descalzo. Moza tan *fermosa non vio* en la frontera. Y la sangre del día se derrama de las venas rotas del aire.

Es el 22 de diciembre de 1650. Tras los montes lontanos erige Zacatecas sus campanarios con bruma y las estrellas abren aún su flora sin mancilla en una heráldica de azul.

La noche fue clara, con canto de gallos y arder de leña en las cocinas. Está muy adornada la catedral. Entre la neblina hay un loco tintineo de campanas. El señor de Ortega se halla de rodillas, junto a la sillería de nogal antiguo: una sillería con efigies de doctores y beatos que se reaniman en la adolescencia de la aurora.

Con su capa caballeresca, sus guantes de ámbar, su indumentaria prócer, el de Ortega, después de la misa, sobresale en el atrio con la insolencia que muestran los grandes duques ante los divinos pintores. Y mientras pasan las linajudas y pálidas, Escobedo viene en pos, atusándose los bigotes de comendador envuelto en su capa de grana. Don Andrés de Ortega le sale al paso; le arranca la purpúrea prenda y con burla le dice:

—De cuándo acá los mulatos usan las prendas de los caballeros?

—Malhaya sea la grosería, —contestó el agraviado—. Devolvedme la capa, bandolero y bellaco que merecéis la muerte por castigo...

—Dios os proteja, ¡señor mulato, que no sabéis lo que ha dicho la lengua!

51

Resplandecieron las espadas entré el remolino de los chambergos infanzones. El cura amenazó con poner en entredicho a la ciudad; y el de Ortega se fue con su pandilla, a cortejar a las mozas y a beber.

Días después llegó Escobedo ante la Audiencia de Guadalajara a pedir desagravio. Los Oidores reales declararon que no tenía mácula de mulatez y que podía sentarse al lado de los caballeros. Y como al acusado se le advirtiera que debía desdecirse en público o pagar dos mil castellanos para las lanzas del Rey, en la misma fecha el de Ortega dijo que estaba entendido y se ratificó y firmó".

El 2 de marzo de 1651 llegó con sus arreboles de maravilla, sus undosas arboledas. Zacatecas estaba congregado en la plaza mayor para ser testigo de la desafrenta. Enmedio se levantaba un estrado de madera, donde tenían sitial los caballeros del episodio y el señor juez. Y mientras el místico rosa del poniente se disolvía en la inmensa dulzura del cielo, el gentil de Ortega mostraba su perfil de soberbia.

Un pregonero leyó la sentencia de los Oidores de Guadalajara, e hidalgamente el acusado dio un paso al frente para hablar al gentío, siguiéndole tres pajes que portaban talegas de onzas de oro.

—Ya habéis oído, —exclamó—lo que contra mi honor y fortuna mandan los jueces de la Audiencia. Todo por haber llamado "mulato" (y con voz estentórea subrayó la palabra) a este hombre. Y digo que me place. Y ahora no sólo digo (mirando a Escobedo) que este es un "mulato", como el otro día se lo hice saber: dígole que él es un "mulato" viejo, su señora una "mulata", sus hijos unos "mulatones" y sus nietos serán unos "mulatitos". Acérquense, —dijo a los pajes—, que no sólo puedo dar dos mil castellanos, sino todas esas talegas para que sirvan a las lanzas del Rey...

Y el señor de Ortega, después de hablar así, marchóse a casa escoltado por su pandilla, retorciéndose los bigotes bandoleros. Aquella tarde salió de la ciudad, rumbo a su hacienda; y al verlo en su caballo brioso bajo la suavidad de la noche, creyérasele escapado de una hazaña para pasar bajo el arco de hierro de un romance.

COSAS GRANDES Y MARAVILLOSAS

Para Francisco Orozco Muñoz

La campana tintinea feliz en el crepúsculo y el aroma del azahar postrimero llega hasta las azotehuelas. Hora sexta en el refectorio. Una canción hiere el fino corazón del milagro. Y al abrir el menologio que puso en mis manos el bibliotecario del convento, me llama la atención una mayúscula purpúrea.

Durante toda la cuaresma el beato Gregorio López se alimentó solamente con dos garbanzos. Las aves de paso le daban agua para beber cuando la canícula estaba reverberando más. Abro bien la ventana del aposento monasterial porque ya las estrellas dulcifican su lloro, y veo pasar, bajo la lluvia, a Sebastián de Aparicio, que "fue casado —asegura Ponce de León—, pero nunca conoció su mujer ni durmió con ella, porque era niña".

Aquel que ya no puede andar es Fray Pedro Cardete, de quien Cogulludo afirma que le gustaban mucho las guayabas que había en un convento de Yucatán y como le bastaban dos al día, el árbol se acostumbró a complacerle mientras vivió, pero fue secándose al morir el monje.

Sé muy bien que el Diablo pudo hacerse manjar frutal para ser grato a Fray Pedro. No así Fray Bartolomé de Honorato, que una media noche llamó a su esclavo Martín y le preguntó: "¿oyes aquel canto?" Y el negro imbécil repuso: "Señor, yo no oigo nada". A lo que el beato dijo: "Anda con Dios, que tú nunca oyes".

Pérez de Ribas sabe muchos secretos. No se sorprende que a Santa Rosa le salga al camino un toro feroz, porque Cogulludo refiere que a Fray Juan Salinas le sucedió lo mismo, pero que amonestándolo con el cordón de su hábito: "Anda, vete, bestia, ¿qué quieres?", le preguntó; y el toro se alejó haciéndole una salutación. Al P. Juan de Ugarte, que más tarde anduvo por la California, consolando marinos con úlceras y derribando árboles broncos, se le apareció un león en mitad del bosque, y saliendo al encuentro de la fiera, la derribó de una pedrada, obligándola a que le rindiera vasallaje.

Yendo de viaje en una noche tempestuosa, el Padre Diego Díaz de Pangua encontró un río: se le presentó un amigo misterioso, quien no sólo le señaló el vado, sino que, llevándoselo a una estancia, quiso agasajarle con cena y luminaria, pero no pudo ser su huésped, a pesar de que el caminante comprendía que aquel no era otro que el Ángel de la Guarda.

En cambio, Juan de Aldana pedía agua al cielo —como si todo el tiempo estuviera en Sayula— de esa que fascina a los pajaritos cuando llega la canícula, y dándose azotes, exclamaba desesperado: "Señor, o ha de llover o aquí ha de quedar Aldana". Y el aguacero era la respuesta de Dios, mientras Fray Pedro de Velasco estudiaba de rodillas las cuestiones de Santo Tomás o agonizando en la celda el Padre Suárez de la Concha, decía suavemente al enfermero, atreviéndose a dar clamores: "Perdóneme, hermano mío, que no puedo más..."

Algunos, como el ermitaño Juan González, en Ahuehuetlán, convertían en dulce el agua salada de un manantial con sólo revestirse de estola y sobrepelliz y ponerse de rodillas. Otro, el fraile montaraz Francisco Tembleque, sabio en arquitectura, era famoso en cincuenta leguas más allá de su eremitorio, porque vivía en compañía de un gran gato pardo, que todos los días le traía un conejo en tiempo de conejos y una codorniz en tiempo de codornices (Vetancourt), y cierta vez —agrega el maravillado cronista—estando de visita un alcalde de Corte el gato entró con un conejo lucio y gordo, y como Fray Francisco le ordenara traer otro para el huésped, el felino obediente regresó al monte y así lo hizo, con asombro del huésped.

En el patio de la biblioteca se arremolina el azahar. Y en la noche dorada se han dormido las campanas que al día siguiente estarán contentas en la gran alegría azul.

EL ENCANTO DE LAS FUENTES ABUELAS

Para Demetrio S. García

Está la fuente abandonada al amor de la tarde. Ya el agua no se queja ni la hiere el sol, y las viejas no se persignan al verla ni los vagabundos la saludan a la hora del Ángel del Señor. Calle abajo —entre el polvo que es el oprobio de la ciudad antaño luminosa— no se ve ya el aguador que entraba a las casas diciendo: "Buenos días". Está la fuente sin rumor: ni el lépero ni el santo —como en los grabados antiguos— se detienen ante ella, porque ya nada tiene que dar. No pasa la calesa pomposa que en el virreinato iba a los toros, ni cruza por allí el señor oidor de la barba blonda a ver morir el día en los ramajes, ni siquiera late —como en aquella de Chapultepec— con su arrullo de paloma escondida en la penumbra, el agua doliente en que caían las hojas más altas y se llenaba de brillos de coquetería la pupila del atardecer.

Eso fue, la ciudad rezadora y feliz: campanas muy remotas, abanicos de marfil y de ilusión, fuentes que ya no cantan. Eran 61, dice suspirando el cronista, en aquel tiempo en que el sol abría brecha a las naos en el mar nebúleo de las Filipinas, mientras aquí el "sereno" anunciaba en lo hondo de la noche, el mal tiempo, al pronto asomo de la luna argentina. Eran unas de piedra color de rosa, con la imagen guadalupana; otras vestidas de azulejos que ardían en color de santidad; y una de tecali, la de Santa Isabal de Tola, en la aldehuela de los francisanos, con su San Francisco de Asís echando agua por el costado, mientras los helechos dibujaban su exquisito blasón en los brocales. Eran 61 cantando y alabando c Dios desde la Tlaxpana hasta San Juan de Letrán: por sus gárgolas, como por los tubos polífonos de las catedrales, se escapaba el tumulto triunfal de una algaraza.

"El pan nuestro", decía el inquisidor metiendo sus manos entre las mangas del hábito. "El agua nuestra" clamaban la dalia judaizante y el clavel hereje. "Cristalina sor, gárrula hermana gongorina", — empezaba la letanía del poeta cuyo nombre no sabemos, que a hurtadillas veía pasar sobre los naranjos, monja descalza, loca de amor, la luna llena.

En el paseo de Bucareli las vio irisarse el mariscal que fue terror de los piratas en el Golfo; y el agua lucía sus crinolinas fastuosas, sus corpiños de aljófar, sus peinetas de carey, para inquietar de envidia a las señoronas de la casa con gobelinos o del alcázar de tezontle en que soñó un reino el marqués.

En la quietud del jardín
un hilo de agua fluía.
Era el silencio tan puro
que ni la fuente se oía.

De lejos llegaba la onda cansada de reflejar paisajes, se apresuraba resbalando sobre las arquerías, caía muriéndose de sueño sobre las piedras en que la tarde era una larga y dulce claridad.

Le eran fieles el mendigo que buscaba monedas con la cara del rey, el enfermo que huía del hospital de los juaninos para lavar sus llagas en el aire libre, y el aguador que para la fiesta de la Cruz se enfurecía en el fandango y en la noche del Viernes Santo era desmelenado nazareno.

Ya no están el abuelo que sembró esos naranjos, el fraile que pulió esa hornacina, la beata que daba de beber al sediento, el vecino prócer que hizo saltar el hilo de agua canora entre el óbolo de la risa y un cantar de vihuela. Se detiene el caminante y no hay ahora que beber; pasa el erudito y copia la epigrafía borrosa, y aprende el ironista el encanto de las fuentes abuelas releyendo este gay decir que contó el cronista:

HAY ARCOS DESDE LA TOMA ACA 12,133. EL QUE LO DUDARE, QUE CUENTE O MIDA.

Ni el lépero ni él santo llegan al brocal; ni las piedras gimen como cuando blasfemaba el sediento; y en el ópalo íntimo del día no hay una dulzura de campanas devotas, ni lágrimas de virreinas viudas, ni adioses de peregrinos que pasan.

En la fuente ya no se lava los caballos dorados el sol.

LA NOCHE BUENA DEL VIRREY

Por aquellos días una de las damas de la virreina, despés de quebrar un espejo, huyó. Las viejas contaban, peinándose los cabellos, que por la Lagunilla había aparecido un basilisco en un montón de estiércol y que mataba a cuantos veía... Según la superstición popular, cada diez años el gallo ponía un huevo y si alguien lo quebraba, el peligro quedaba conjurado; pero en caso contrario el animalito feroz mataba a uno de la familia. Las viejas tenían más que motivos para armar escándalo desde sus taburetes.

Malos signos eran esos en vísperas de Nochebuena; más la virreina, que estaba para dar a luz en aquel mes, se aquietaba oyendo al padre confesor. En el salón del besamanos los alabarderos, con uniformes de amarillo y golillas, parecían tallados en madera como las estatuas que sostienen antorchas. Los soldados vestían nuevo paño azul con mangas y medias encarnadas y sombreros de tres picos. Iba a celebrarse en Palacio la noche pascual, con una fiesta que duraría hasta las dos de la mañana; y por algo el cocinero había salido muy temprano a escoger el pescado y el perejil y los criados estaban afanados desde la antevíspera, limpiando pantallas y arandelas, enflorando las jarras nuevas.

Se habían estrenado ya la colgadura de damasco carmesí, con galón y flecos bordados de oro; las sillas forradas de terciopelo y damasco y los candiles de cristal; lavadas estaban las vidrieras de las cuatro ventanas del salón; y junto al escritorio embutido de plata, sonreían rosas de llama.

La ciudad era una luminaria. En los balcones daban su luz tradicional los farolillos; las calles se hallaban alborozadas de muchedumbre; y en un ángulo del salón palatino, todo florido e iluminado como en la noche en que cantaron las estrellas y se hizo puro el oro en las manos del rey mago, se veía un grupo de imágenes traídas de Guatemala, con la sonrisa más ingenua que la del imaginero al estofarlas. Llegaron los otros reyes, el uno con el cacao, que huele a sol, y el otro con el copal, que tiene brillos de luna. Los pastores, llegaron después cantando villancicos, y traían en las alforjas los finos dulces de Puebla de los Ángeles.

Cantaban los gallos en la claridad joyante de la noche. Los niños de los pobres y los niños de los ricos bailaban cogidos de las manos en torno de las luminarias; y en los lejanos basureros reventaban entre el estiércol todos los basiliscos.

Pasó la misa de gallo en la Catedral. La dulzura de los repiques se desbordó en la neblina. Era una noche de retablo con pastores de pastorela y luces que se desmayaban sobre los altares. A la una en punto entró la alegría al palacio virreinal: era un niño de ojos más garzos que los del mar en la obscuridad.

La noticia corrió por toda la ciudad, y el virrey, que era muy amigo del arzobispo, acudió feliz a dársela en persona, yendo en la estufa forrada de terciopelo con flecos de plata y vidrios claros.

SAGRARIO DE LAS GEMAS

Para José de J. Núñez y Domínguez

...había una que emularía los más raros y fúlgidos diamantes, según era de grande, nítida y prodigiosa. Y todo el mundo se dió a comprar esmeraldas.—Porfirio Barba—Jacob.

De la carta que en mayo de 1824 dirigió al Supremo Poder Ejecutivo de México desde Culiacán, don Carlos Espinosa de los Monteros, copiaré un párrafo: "En el mineral de Cuitavoca, como a 20 leguas de la Villa de Sinaloa en dicha Provincia, se han descubierto a las vertientes de un cerro varios placeres de piedra exquisita que aparece con todos los síntomas de amatistas. Cavando aquellos placeres se halla la veta o cinta de que por la Estafeta dirijo a V. A.S. unos pedasillos en unión de la piedra exquisita de los placeres, acomodada en un caxoncito. Si por fortuna fueren verdaderas amatistas, no enviará este hallazgo a las minas de oro y plata así por abundancia en los placeres; y si no fuere de aprecio la producción, me conformaré con acreditar a V. A. S. el patriotismo que me anima".

El 26 de mayo, por orden del señor Presidente, se le avisó al señor Espinosa de los Monteros que le había llegado el cajoncito con las piedras sospechosas, que se le daban las gracias y que se esperaba siguiera buscando más.

Se deslumbra López de Gomara describiendo las célebres esmeraldas de Cortés: "Traía Cortés cinco esmeraldas, entre otras que hubo de los indios, finísimas, y que las apodaron en cien mil ducados. La una era labrada como rosa, la otra como corneta, y otra un pece con los ojos de oro, obra de indios maravillosa; otra era como campanilla, con una rica perla por badajo, y guarnecida de oro, con "Bendito quien te crio", por letra; la otra era una tacica con el pie de oro, con cuatro cadenicas para tenerla, asidas en una perla larga por botón, tenía el bebedero de oro, y por letrero, Inter natos mulierum non surrexit major. Por esta sola pieza, que era la mejor, le daban los genoveses en la Rábida, cuarenta mil ducados, para revender al Gran Turco; pero no las diera él entonces por ningún precio; aunque después las perdió en Argel, cuando fue allá el emperador..."

¿Cómo sería la célebre lagartija de esmeraldas que tenía la Virgen del Socorro, o de la Piedad, que presidió la fundación de la primera ciudad de Guatemala? Fue la primera escultura llegada de España, pues Francisco de Garay la trajo a México y de allí la llevaron a aquella tierra.

El P. Gage estaba embobado cuando habló del oratorio que tenía Moctezuma: en la bóveda de oro macizo campeaban las esmeraldas en medio de cornalinas y ágatas; y añade que Tezcatlipoca y Huitzilopochtli tenían sus imágenes "enriquecidas de esmeraldas, turquesas, calcedonias y otras piedrecillas finas que ocultaban con una tela de muy fina fábrica llamada en lengua del país "necar", pero que, quitado el velo, pasmaban por su hermosura, y despedían un resplandor maravilloso".

La esmeralda triunfaba como gema eclesiástica, y, por ejemplo, San Felipe Neri (1673) lucía cn su templo de esta capital un fastuoso collar de dichas piedras, a más de brillantes (Marroqui). Una de las cruces del Obispo de Puebla estaba cuajada de ellas; y el de Michoacán, Dr. Manuel Escalante, regaló al San Fedro de esta Iglesia Catedral, un rico pectoral de las mismas. La custodia de Catedral lucía varias en su cuerpo de oro y ámbar y en otro de oro nada menos que 1,400; eso sin olvidar la que llamaban de Borda que tenía 62. También las ostentaba el vestido de Nuestra Señora de los Remedios y el niño de la capilla de la Purísima, que estaba orgulloso de sus 22 esmeralditas, y San Pedro Nolasco en una de cuyas joyas de oro fulguraban 1,000 piedras.

Siguen los cronistas dando datos: la custodia que servía en la Catedral de Puebla para la festividad del Corpus y el jubileo circular, era de oro, con un reverso tachonado de esmeraldas y fue estrenada en junio de 1727 y había otra con las mismas piedras, obra fastuosa de José Insunza y Antonio de Villafañe, que se expuso por vez primera en 1803 (José Manzo). En 1729 la corona imperial del niño de Nuestra Señora de Loreto, de la capital, tenía engarzadas 72 del más delicado esplendor, más de 9 en forma de aguacates. San Juan de Dios hacía gala en 1730 de una custodia palpitante de esmeraldas; y es notorio que la imagen de la Asunción llevaba en el traje 24, en la corona 3, en la media luna de la peana una muy grande, y en el pecho otra, pero sexavada, tamaño de una pulgada, en fondo de oro y con valor de

1,000 pesos. Eran dignas de atención las que una rica custodia dio a conocer en la fiesta de San Francisco en 1739, gracias al artífice Zenteno, según la "Gaceta de México".

El curioso diarista Castro Santa—Ana hizo constar en 1753 que al nombrarse protomédico al médico francés Dr. José Dumon recibió de su protector, el hije del virrey, un "pulido bastón de una hermosa cana, con guarnición de oro y sesenta y cuatro esmeraldas de todo color".

Y sigue el derroche de las esmeraldas: en la vestidura de San Luis de Francia, patrón de los franciscanos, que iba cuajada en la fiesta de noviembre de 1756; en el cáliz de 312 de todo color que ese año regaló a la Metropolitana el señor arzobispo Rubio y Salinas (Sosa, "Episcopado Mexicano"); en las ropas finísimas de San Francisco, al conmemorarse aquí la canonización de San Juan de Dios; y la corona del Santo Niño con 187, y la de Nuestra Señora del Rosario en el convento de Santo Domingo que poseía 255, y Nuestra Señora de la Asunción de la Catedral, que, según el inventario de 1780 estaba sobre una peana en que fulguraba una esmeralda grande de todos colores, lo cual da pálida idea de lo que en esas piedras tenía el templo, pues en ese documento del Archivo General de la Nación se da un total de 3,247. No se quedaba atrás Nuestra Señora de la Soledad de Oaxaca, porque la corona de oro que el 14 de octubre de 1782 llevaron a enseñarla al virrey, —como dice el diario de Gómez— estaba tan enriquecida de ellas, que se le calculó un valor de 10,000 pesos. Por último la Santa María Magdalena de marfil, que tenía en su casa el Conde de Regla en 1781, rutilaba de esmeraldas en el cinto de oro. (Documento del Marqués de San Francisco.)

Y el prodigio se adormece en cuanto asoman, esparciendo sobriedad, las amatistas que llevan fuego de melancolía. Era de oro el copón de los jesuitas de San Pedro y San Pablo, y entre sus 130 esmeraldas se advertían 20 amatistas. El sagrario del Jueves Santo en la Catedral mostraba 128, y en la custodia que regaló al templo el deán Dr. Juan José de Salcedo podían gloriarse 25 amatistas y 48 esmeraldas. En "La Estrella del Norte" el padre Florencia habla de aquella sarta de 37 piedras violetas, engastadas en oro, que doña Ana de Laínes, viuda del oidor Manuel de Escalante y Mendoza, regaló a la Virgen de Guadalupe, "las cuales se pusieron en el pie del viril del Santísimo para que acompañaran las piedras del vicel y las de la cruz que todas son amatistas". Conforme al inventario de 1780, de que hemos hablado, la Catedral era dueña de 142, y si en la custodia del Santísimo, que servía para el Corpus, había 106 (Efemérides de Pérez) y la de Borda era como una aurora, en el sol de la custodia que estrenó Nuestra Señora de los Ángeles (1785), un poeta lírico podía bañarse el corazón en la luz de aquellas 900 amatistas que languidecían entre granates y topacios.

¿Sería esmeralda o acaso amatista a la que se refiere el autor del "Itinerario de Grijalva" ?: "Creemos que esta tierra es la más rica y más abundante del mundo en piedras de gran valor, de las que se trajeron muchas muestras, en especial una que se trajo para Diego de Velázquez, la cual se presume, según su labor, que vale más de dos mil castellanos."

EL DUQUE DE MIER EN LA ANTESALA

Conversando la otra tarde con mi amigo el arquitecto Luis R. Ruiz, que tiene charla espejeante, se puso a contarme anécdotas que han sido cuidadosamente guardadas en familia y que se refieren a personajes de gran calado. Anécdotas que se quiebran como efímeras alas de cristal en cuanto las roza el viento o se quedan prendidas en los muros como las telarañas a la intemperie...

Y me decía el arquitecto:

—Usted debe haber oído hablar del Duque de Mier. ¡Seguramente!

—Aquel que tenía en su blasón estas palabras petulantes: "Adelante el de Mier por más valer."

—El mismísimo. Era un hombre de mucho protocolo, con una seguridad de lo que valía en la nobleza española, que a veces era insoportable. Pero tenía que encontrarse con la horma de su zapato. Verá usted lo que le pasó una vez, por cierto algo muy desagradable, gobernando la Nueva España el ilustre Conde de Revillagigedo, el gran virrey que hizo tanto bien, todo el que pudo. Ya quisiéramos un Revillagigedo siquiera para los domingos...

Y don Luis, después de perfilar claramente los distingos entre la ingeniería y la arquitectura y de evocar a los maestros alarifes que lo mismo trazaban una carretera, que alzaban un puente o una casa torreada, me presentó el panorama bullicioso de aquellos días en que la magna obra del Canal del Desagüe del Valle de México era el tema central de las actividades en este virreinato.

—No sé qué incidente se suscitó entre el Duque de Mier y el Conde Virrey, pero es el caso que una gota de agua bastó para que la copa de la paciencia del segundo se desbordara. Y como quien manda, manda, había que demostrarlo. Una buena mañana recibió el señor Duque un billete urgente del Virrey en el cual le decía que se sirviese pasar al Real Palacio para tratarle un asunto que era "en servicio de Su Majestad". Acudió el Duque, se anunció al ujier, hizo espera prudente en la antesala. "Diga al señor Virrey que está aquí el Duque de Mier." Y pocos instantes después repuso el ujier: "Dice el señor Virrey que espere el señor Duque."

Para no traicionar al relato del arquitecto Ruiz, abreviaremos lo que sucedía en la antesala virreinal. Pasó media hora y el Virrey no daba señal de vida. Se impacientaba el Duque, exigía al ujier que se le volviera a anunciar; y todo era un. ir y venir de excusas, pidiendo calma, humillando la altivez del de Mier. Transcurrieron las horas. Llegó la tarde. Ordenó el Conde que esperara más el Duque y que no podía retirarse porque se trataba de "un asunto gravísimo de Su Majestad". Y sin haber gozado su siesta, próxima ya la hora del chocolate, le fue servido éste en la antesala, por orden del Virrey.

Y vino la noche, y todavía esperaba el Duque, quien se vio obligado a estar allí en vigilia, hasta que temprano de la mañana le hizo pasar el Virrey, ordenándole que se dirigiese inmediatamente a inspeccionar las obras del Desagüe en el sitio de Huehuetoca, tomando el coche que ya le esperaba para transportarle entre un grupo de lanceros que le irían custodiando. Y sin permitirle que fuera a su casa para avituallarse y tomar lo necesario para aquel viaje de orden suprema, le hizo marchar a su destino, obligándole a que permaneciera allá, "en servicio de Su Majestad", dos meses. Porque a veces un Conde puede más que un Duque.

LOS SEÑORES PIRATAS

Se borra en las estelas el recuerdo de sus navíos; asoma lentamente la luna en el agua de matices versátiles que desgarró la proeza; yérguese el pendón morado de Castilla en un ínclito afán, sobre la fortaleza Santa María de los Clarines. Y entre la bruma que se desvae en rosa nácar, tan pronto cesa la algarabía de los alcatraces, surge el mástil gentil, y, como en el verso de Espronceda, las olas son de plata y azul.

Pasa Drake, en su navío cargado de tesoros (1577), ansioso de volver al Callao, alegre de tener abordo a un oidor, mientras en la cámara del almirante percute la dulzura del cuarteto que le alegra el yantar.

Ya no se ve la/proa de los barcos holandeses en que George Spilberg (1615) después de merodear en estas costas llegó a Zacatula a tener un rifirrafe con el capitán Nicolás de Cardona, llevándose el pirata las muestras de metales y las perlas de California.

El estupendo "Bigotes" toma prisionero en la sonda de Campeche al gobernador de Yucatán, el maestre de campo don Fernando Meneses Bravo de Saravia, limeño, a quien le exige 14,000 de rescate, que no hubo más remedio que pagar porque no se habrían tentado el hígado para despellejarle.

Pasa George Anson en su viaje mundial que abre surcos en los golfos y agiganta crepúsculos. Se borra en las estelas el recuerdo de los navíos temerarios. La luna apacigua añoranzas, vaciando plata de Guancavelica sobre el desgaire de las olas.

LOS MARAVEDÍS DEL DIABLO

Para Manuel Horta

Es una historia que se cuenta a la salida de la luna, cuando se marchita el aroma de las yerbas mojadas.

Era don Antonio un minero sin fortuna, un aspirante a millonario. En sueños su barro hendía las paredes preciosas y un soplo del misterio encendía en su vela humilde la lámpara de Aladino. Después tendría gerifaltes de oro en sus armas, la señora condesa se aburriría entre joyeles.

Un sábado le faltó dinero para los trabajadores y fue en busca de su compadre el mercader. El niño menor de éste cayó en el empedrado, rompiéndose la columna vertebral.

Y mientras el compadre se atribulaba por el mancebo ensangrentado, metía don Antonio las manos en el arca abierta del bazar. Después vendrían el palacio de tezontle, la vajilla maravillosa, los gerifaltes de oro.

Y seguían la noche en la entraña de la mina, el agua subterránea, los derrumbamientos, la silicosis, la muerte. Mas un día entró la aurora a los recintos negros; faltó la escoria, se hizo de oro la montaña; y era la mina el feérico reflejo de un amanecer encantado.

Cuando sonaban las esquilas en la iglesia del mineral, rompiendo la neblina pasaban coruscando las mulas con barras que despedían claridades de leyenda; y si el pálido minero veía los hornos en faena, ¡cómo le alucinaba el desfile ilusorio de las custodias para las catedrales, los solitarios de terrible belleza, los maravedís del Diablo!

***

Después:

—¡Muy buenos días, señor Conde!

Pasaban el oidor de espejuelos quevedianos, los canónigos de nariz reverenda, el señor Virrey.

En su feliz mansión de la calle de Plateros, el Conde don Antonio distraía sus melancólicos recuerdos de Guanajuato, si desde su gran sala se ponía a contemplar en el fondo del oratorio solariego, al Cristo de blancura espumaría que desfallecía en cruz de palisandro.

Una mañana de 1789 iba el señor Conde en su carruaje adormecedor, a la misa de siete, a la Profesa. La calle de Plateros se vestía de sol. Ante la portezuela en que brillaban gerifaltes de oro, un mendigo alargó la diestra exánime. Aquella faz de Ecce—Homo con miseria, puso en el alma impasible del gran señor la amargura de un recuerdo.

—¡Sube! dijo el Conde.

Y el carruaje regresó.

—¡Ah, señor!, —clamaba el mendigo—. Mi historia, ¿para qué? Fui rico y ahora estoy pobre.

—¡Yo soy el compadre don Antonio! Vamos a casa, compadre, vamos.

Y la sonrisa temblaba en el rostro viril del Conde. El mendigo estaba dentro de la realidad de un cuento azul.

Era el Conde un personaje digno de regalar su perfil a las copas de los orfebres, porque las manos de su mujer cultivaban un patio de "sol, albahaca y alegría".

ESMALTES Y BARGUEÑOS

Oro, rosa, oro de antaño, y también carey y porcelana. Ahora los ebanistas ya no hacen esa silla de cedro, ese escritorio de cedro y marfil, esa silla de laca mexicana, esa cómoda de raíz de caoba, el armario de laca china en que el Conde de Regla puso su buen gusto.

Sobre la consola abre los brazos el crucifijo de madera que los franciscanos de Filipinas hicieron en uno de sus talleres; dentro de la vitrina están los libros armoriales de los Salvatierra y los Terreros, las pastas fastuosas, los incunables, la arquilla en que Silva y Aceves ha puesto deliciosas chucherías. Fue en ese sillón capitular, de cuero bordado con pita de Oaxaca donde el canónigo se sentaba a paladear el chocolate que a Castillo Ledón atolondra. Y el sofá Chippendale, y el sillón frailero, y aquel bargueño con motivos arquitectónicos por dentro y con herrajes dorados sobre guinda por fuera.

Un arcón, un atril, el Cristo estofado que llegó de Guatemala y que hoy perturba la paz de Antonio Adalid, el perfume que vino en la nao, no se entienden sin que este mueble de hechizo nos cuente intimidades.

Casi aéreos, translúcidos, como fabricados con esencias de piedras orientales, robando su elegancia a las mujeres que sólo contemplamos en los relicarios de los miniaturistas, se erigen los tibores siglo XVIII como queriendo humillar a las célebres porcelanas del Retiro.

Alardean unos tejidos toledanos de la Catedral y treman de recuerdos melancólicos la seda, el otomán y el tafetán entre los prodigios del oro y la plata de los vestidos pomposos de hace dos siglos que se copian en los espejos como en las ceremonias del virreinato; y también los abanicos de las colecciones del Duque de Castro Terreño y de Pérez Salazar, y el biombo de la Condesa de Regla, en que hay franceses y españoles que se baten bizarramente.

CASERON DE ANTAÑO

Para Esteban Guardiola

He aquí el caserón siglo XVI, ensombrecido y manso. Al entrar a él me contamina la reminiscencia de las cosas viejas, y me reconcilio con el P. Acosta, con Remesal, que diariamente me dispensan su amistad armoniosa, y contigo, ¡oh, señor Marqués de Bradomínl (que se me olvida), contigo que eres bebedor de "bon vino" y travieso en cosas de amores!

La madera carcomida, la pared de un metro de ancho, las puertas pesadas, rejuvenecidas por los baños de pintura y estas alacenas en que se guardaban antes los melindres y los azucarados bollos que !as monjas amasaban; todo me habla del buen señor que fue su dueño hace un siglo, de las gentes que lo habitaron, de las arcas repletas de oro —que me suenan en la medianoche— cuando sólo hace ruido lejano, apagada la vela, el viejo reloj que avisa las horas con los zureos de su paloma automática; tan resignado, con sus ciento y pico de años, para estar diciendo qué horas son, desde los buenos días del P. Castañiza.

Replegada al rincón la benévola cama de nogal, que ha de extrañar al caballero aquel que lo aderezó con sábanas de lino, para después de las caminatas por cerros y pedregales, con el cuerpo todo molido y doliente, después de ir bajo soles recios y temporales de aguas y nieves, venir a reclinarse en él, a gozar de soledad y tibieza, en tanto que afuera, en el corredor adornado de árboles frescos, el díscolo rucio atropella al entrapajado rocinante. Buen caserón para leer pergaminos marchitos, mientras la luna se desliza por el postigo como ladrona funámbula; para acercar la butaca a la del viejecito de cabello argentado, cuyo decir es una golosina, entretanto el botijo de benedictino luce su inscripción en latín sobrio: "Pauca sed bona."

La otra noche, mientras la candela bruñía su lengua azul y áurea, me puse a pensar en las peregrinaciones del P. Antonio Margil de Jesús, tan largas y tan penosas —¡oh, cosa bella!— por caminos desnudos de árboles y de bohíos, sin un cuenco de agua en toda una jornada, y bajo el sol que hace sudar a mares. En una de sus cartas al

P. Provincial, le dice que yendo para Costa Rica, por una tierra muy linda que llaman ahora de Honduras, después de andar por serranías espesas, se empinaba al borde de los precipicios, junto a los caminos montuosos, para divisar tierra y oír la caída de los ríos que, aunque sonaban como si estuvieran cercanos, se hallaban a muchas leguas. Y que le daba mucha alegría, que después de las jornadas, al ponerse el sol entraba a las cabañuelas de paja que, a falta de mesones o posadas, hay en esas veredas inclementes; que pedía un rincón donde pasar la noche y un poco de agua fresca, y que adivinando los sencillos montaraces, por su vestido, que era misionero, llegaban hasta él con gallinas y frutas de la tierra...

Son hermosas esas hambres en los caminos reales, y que el sol caiga de plano en medio de las rutas sombreadas por pinos que el viento mueve; pero es mejor llegar a las posadas, imprevistamente, en compañía de arrieros abastecidos de carne salada y pinol apetecible. En torno de las brasas donde las marmitas rebosan de hervores, hay que ponerse a soñar, como los andariegos hambrientos, en los navíos que ha mucho tiempo anclaron en Triunfo de la Cruz, cuando Cristóbal de Olid mandaba en las Hibueras: en pipas de vino, en tasajos y pan cazabe y bizcochos y puercos en abundancia como para convites de gente rica...

En esos caminos ásperos, cuando menos se piensa, el tragaleguas se halla en caserones como éste, tan limpios, tan anchos, tan frescos, que dan antojos de dormir hasta que los gallos canten en los patios que dora el sol del día azul. Y me acuerdo que en uno de ellos, un viejo de esos que viven en parajes extraviados, lleno de hijos y con el gastado corazón, me entretuvo una noche contándome que en uno de los montes cercanos, en parte muy solitaria, un padre misionero estuvo varios años haciendo vida de penitente, y se dio a tales ayunos que estaba flaco, y que dormía en el suelo sobre unas pajas, como el ermitaño Gaspar Díaz, quien vivió hace cuatro siglos, entre los pinares de una sierra a donde no entraba hombre cristiano.

Dejémonos de historias, que ya me está dando grima contarlas, en esta noche tan mansa, tan llena de estrellas, en este casucón tan suave que no parece estar en el ruido del siglo por la vejez de sus aposentos. Ni para qué pensar en gentes que se aparecen después de muertas, en riquezas enterradas al abrigo de la pared contigua, en el pobre don

Joaquín Dongo, asesinado muy cerca de esta calle con todos los de su casa, cuando a las doce de la noche llegaba en su carruaje, pensando tal vez en la almohada benévola. De sólo recordar todo esto me da pánico. Sólo en mi cuarto hay luz, y como lejano, el reloj suena junto a la pared, y hasta el viento duerme en el corredor lleno de luna y de almizcle de algún baúl recién abierto.

NO HABLES DE SER CRIOLLO

Para Eduardo Enrique Ríos

(Episodio en que aparecen el Padre Hidalgo y el Intendente Riaño.)

Las malas lenguas de la intendencia de Guanajuato repetían que el cura Muñoz era levantisco y mal hablado, amigo de las mozas y el buen beber, y que más parecía lépero de la alhóndiga que muy señor nuestro y capellán.

Era por aquel año de 1800 amigo de doña María Josefa Gorráez, ricacha de la capital del virreinato, mujer de tierras con trigo y de arcones con oro antiguo. La señora le había comisionado para que fuese capellán en su hacienda La Tlachiquera, en ejidos de aquella comarca feraz: dio le poder para que nombrase mayordomo, pero bajo su inmediata férula; y en cambio del buen aposento, los manteles largos y una renta de 300 pesos anuales, le enviaría todo el encanto frutal y cereal de las tierras: el frijol y la harina, el queso y el maíz. Dábale arroz a la zorra el abad, e Ignacio Rueda fungía de mayordomo. Bajo la lluvia, desde el corredor, veía el señor bachiller la gloria propíncua de las espigas y las frutas felices...

Muñoz llegó, vió y comenzó a malvender: los bueyes y las mulas, los caballos y las yeguas, las gallinas y los pollos y hasta el trigo candeal, el solomo tierno, el requesón pingüe. Pero un día la Gorráez lo supo lodo, y dió poder a otro bachiller, don Manuel del Villar y Gutiérrez, para que recibiese la hacienda y llamase a cuentas al botarate. Al ser requerido, Muñoz alegó que se le debían $1776 por reparaciones a la hacienda; dijo del Villar que se le garantizarían esos dineros, pero dando y dando; y antes del nuevo día ya estaba Muñoz ante el Juez Ordinario de la Villa de San Felipe tomando la ofensiva, pero el Juez Eclesiástico, José María Olbera, que conocía la vida y hazañas del capellán, le exigió por medio del Alcalde de Primer Voto José Velarde, devolviese lo que era de su dueño. Llegó Velarde, saludó al capellán, y éste lo recibió "a grito abierto, delante de la peonada", negándose a reconocer al juez: quiso Muñoz sacar de la hacienda dos caballos lucios y resistióse Velarde, gritó Muñoz e iba subiendo al rojo blanco la reyerta. La autoridad real estaba siendo burlada por un cura pendenciero y ya era necesario llevarle hasta los estrados del Obispo de Valladolid.

Más hoy, más mañana; y Muñoz se negaba a devolver La Tlachiquera; se alteró un día la sangre del Juez y le conminó para obedecer "sin excusa ni pretexto alguno." Contestó el bachiller: "Muy señor mío: quedo entendido del oficio, y orden de V. y ciegamente obedezco el arresto, qe. V. me intima." Ya era agosto de 1801 y la señora Gorráez rezaba el trisagio para que Dios se apiadase. Olbera se dirigía a Velarde casi llorando, pidiéndole auxilio para poner en orden a Muñoz; éste fue llevado a la cárcel, y a la mañana siguiente se fugó y se fue de la villa. Una tarde se presentó en la hacienda, y Velarde le preguntó quién le había levantado el arresto; y del Villar entonces acudió al Juez pidiendo nueva captura del bachiller porque no habían aclarado cuentas.

El 2 de septiembre el capellán escribió al Juez: pidiéndole que intimara la orden de arresto en debida. forma, en momentos en que querían arraigarlo hasta el arreglo de las deudas. Tranquilamente se marchó del Villar a su hacienda, seguro de que el pájaro quedaba en la jaula; y se comisionó al mesonero Lorenzo Pico, dueño del mesón en que se hospedaba Muñoz, para que no le permitiera que sacara sus bestias ni cosa alguna que pudiese servirle para la marcha"; pero a la media noche del 25, ya en todo su esplendor la luna y soñando los gallos, el capellán se levantó y con espada en la diestra abrió la puerta del mesón y dijo que correría la sangre si alguien osaba detenerlo.

Acudió del Villar ante el Dr. Juan Antonio de Tapia, Gobernador Provisor y Vicario General del Obispado de Valladolid, quien ordenó al bachiller que no saliese de la villa hasta no dejar limpias las cuentas. Y decía un auto que tiene una firma que luego sería célebre:

"Villa de Sn. Felipe, y Nobre. 16 de 1801.—Enbista del Anterior Decreto, y para que su contenido tenga en todas sus Partes, su debido cumplimiento; Yo el Ber. Dn. Miguel de Hidalgo, y Costilla, Cura pr. S. M. y Juez Eclesiástico de esta Villa, y su Partido, substitullo todas las Facultades, que en mi residen; en el Ber. Dn. José María Olbera, mi Tenite de Cura, y Juez Eccstco. Substituto, para qe. representando mi Persona, exerza en la materia todas las Funciones conduzentes hasta la decision de la Demanda, con arreglo a lo antedicho, y por este

Auto de Obedecimiento, y Substitución, así lo probé y mandé y firmé; ut supra. —**Migl. Hidalgo.**"

El Juez Olbera dió la voz de alarma a los curas y jueces eclesiásticos de Guanajuato, Santa Ana, Marfil y Silao, pidiendo la captura de Muñoz y que dentro de tres días se presentara en San Felipe. El bachiller se apresuró a ir a la última villa, de donde era vecino; el Juez Eclesiástico, Francisco Uraga, le intimó arresto; pero Muñoz hizo la promesa de ponerse en manos del juez Olbera; huyó a San Felipe, y a los seis días, presentó un escrito exigiendo varios documentos que le urgían y una constancia de que era él quien tenía acusado a del Villar y notificando que en lo sucesivo debían entenderse con su apoderado. Enviado a Guanajuato el escrito, puso Riaño, —el memorable intendente, — un auto que decía:

"Guanajuato 23 de Dbre. de 1801. —El presente Escribano certificará en quanto pueda y deba sobre los hechos que pide esta parte, para que obre, la féque hubiese lugar en dro.: el señor Intendente Corregidor de esta Prova. y Comandante de sus Armas así lo proveyó con Asesor, mandó, y firmó. —Riaño.—Lic.Marañón."

Respondía el capellán al Intendente que Velarde le molestaba inicuamente; quejábase al Provisor y Gobernador del Obispado de que del Villar era impetuoso y que no era cierto lo de aquellas frases endilgadas en una reyerta: "No habías de ser criollo para ser tan malcriado"; decía que las lágrimas de la viuda Gorráez le conmovieron hasta el grado de aceptar la capellanía de su hacienda, quien le dio manos libres para hacer y deshacer, y que no era justo que después de vivir dos años y medio como desterrado en tan "inculta y triste tierra" no se le pagara su "salario espiritual y temporal personal", y añadía que el Lic. Martín Coronel era su defensor en Guanajuato.

—Villar comete la audacia de quebrar a V. S. la cabeza, con informes siniestros, y sanguinarios —decía—. V. S. sabe mi modo de pensar desde que tuve el honor de comunicarlo en México, en casa de mi padrino el Sr. Herrera, que de Dios goce, etc.

Al mismo tiempo escribió al Juez Olbera una carta melosa anunciándole que el 30 de diciembre iría a la villa, con los papeles de marras, "y salir de borucas".

El primero de enero de 1802 el Provisor y Gobernador del Obispado ordenó se levantara el arraigo del capellán bachiller; ya no pensó éste regresar a San Felipe; su causa pasó a manos de del Villar, el alborotador no pagó ni cuartilla; y hasta aquí alcanza la llama del candil, pues se hace la media noche en el infolio donde hallé este episodio.

Días después se supo en la villa que el mesonero Pico refirió al Juez que había dejado salir del mesón a Muñoz por no faltar al respeto a un sacerdote; y que aquella noche, intimándolo espada en mano, se llevó sin pagarlos unos cuantas tortillas y un queso que estaban en la alacena del mesón.

LA CORREGIDORA ILUMINADA

Para Carlos R. Méndez

Pepita Ortiz Girón ——hija de un capitán de regimiento, lirio en orfandad, maravilloso lirio criollo—está dejándose peinar por su hermana María. En el tendedero de enfrente, la criada vieja pone al sol la ropa recién lavada. Buenos días dé Dios a mi señora la niña. Y el lirio tiembla en su dicha de diez años, se pone cada vez más fino, huele a mayo, junio y abril —como en la canción.

No es más morena la paloma que se acurruca en el alero; ni brinda más bondad el pan que la criada vieja trae para el desayuno. ¿Trenzas? Así deben haber sido las de Doña Marina en la doncellez. ¿Ojos? Fueron menos oscuros los de la virreina guapa, aquella que dijo una noche de sarao que los corales de ultramar valían más que las perlas indianas. ¿Risa? La tiene dorada por una remota melancolía y en eso se parece mucho a las amatistas nazarenas. Su perfil recuerda el del pájaro que, por más consentido que está, jamás se conforma con su jaula.

Pepita está cada vez más hermosa. En el Cole—Ya sabe leer, pero no escribir, porque la costumbre es esa. Pero sabe hablar y el oro del sol reluce en sus palabras. Buenos días tenga la niña, repite la maestra del colegio. Que Dios me la ilumine. ¡Dios oyó a la maestra!

El señor licenciado Domínguez ha llegado de visita al colegio. ¡Todo un Corregidor de Querétaro! Eso fue todo. Al día siguiente la pidió para casarse con ella. Se casaron. Y dice la criada que —como en los cuentos— fueron muy felices. Muy felices no, porque también las rosas tienen espinas. El palacio del Corregidor se ha abierto de par en par porque ha llegado la luz. Y vió don Miguel que doña Pepita era buena.

—Un ángel, —gime el enfermo que ella cura.

—Una santa, —añade la mendiga que no ve.

—Querétaro —agrega un viajero de entonces—tiene dos cosas buenas: el agua del acueducto y la señora corregidora.

* * *

Y mientras se toma el chocolate, en casa del corregidor hay tertulia. ¿Qué reuniones son esas? pregunta un curioso. Reuniones literarias, señor; una Academia que preside el Padre Sánchez, para leer la "Gaceta de México", avivar un poco el ingenio y de vez en cuando jugar con una idea...

Pepita quiere aprender a escribir. Sobre papel de China pega las letras que corta de los periódicos y luego ve surgir nombres. Una cohetera le lleva mensajes dentro de los cohetes. ¿Para quién son esos recaditos? La criada vieja dice que uno es para el señor Capitán Allende, que quiere ser su yerno y ha de venir a comer el domingo; y el otro, para el señor licenciado Aldama, quien no debe faltar. ¡Habrá albóndigas!

—¡Alhóndigas! —corrige un historiador ingenuo.

***

Debajo de la recámara de doña Pepita vive el señor Pérez, que será ilustre en la historia. ¡Nada menos que el alcaide de la cárcel!

—¿Qué hora es, Pérez?

—Ya va amaneciendo, mi señora...

Y por esta contestación, ya Pérez no perecerá.

***

—¿Con que las reuniones son para beber chocolate y leer gacetas? Ya lo saben todo —dice el corregidor. Y me ordenan prenderlos. Le echa llave o la recámara y se lleva la llave. Pues la noche está obscura y en vano doña Pepita hace señas a Pérez, por el ojo de la llave le ordena que vaya a buscar a Allende.

A las dos de la mañana se llevan al corregidor al convento de la Cruz y a ella al de Santa Clara. Ya va amaneciendo, Pérez. ¡Por el ojo de la llave se ha escapado la luz! De la puerta para afuera ha comenzado el día. Buenos días le dé Dios, niña, repite la criada vieja.

***

—¡Cobardes! ¡Menguados! ¡Incapaces de comprender! ¡No parecen mexicanos!

—Cállese—gruñe el capitán de esbirros.

—No me callaré. Le han mandado a llevarme, no a callarme...

Y en este diálogo llegan a la puerta del convento de Santa Teresa. Pérez, ya amaneció.

—Tantos soldados para custodiar a una pobre mujer...

¡En verdad os dije que doña Pepita tiene oro de sol en sus palabras!

***

No quiere ser primera dama de honor de la Emperatriz Ana porque ella vale más que una reina en su casa. No le hablen de una pensión para pagarle tantos servicios, porque ella no fue patriota por dinero.

—Ya les dije que son ustedes muy crueles expulsando a los españoles.

Y el señor Presidente de la República, general Victoria, ha tenido que salir de la casa, dejando su sombrero. Doña Pepita está enojada y vuelve a repetir:

—¡Incapaces de comprender! ¡No parecen mexicanos!

***

Calle del Indio Triste, número 2.

—¿Aquí está la señora Ortiz de Domínguez? —pregunta un lego del convento de la Enseñanza. —Que el Padre Calderón la está esperando para que se confiese.

Y aunque ella no le ha mandado llamar, obedece el misterioso aviso.

—Acúsome, Padre, de haberme enojado muchas veces con los que son incapaces de comprender, con los que no parecen mexicanos. Y dígame: ¿fue pecado haber mandado a Pérez con un aviso para Allende?

Siete días después doña Josefa Ortiz Girón de Domínguez, víctima de la pleuresía, en la angustia de la muerte llamaba a Pérez el alcaide para darle otro recado; y se fue quedando adormecida, como cuando en su infancia la hermana María le peinaba los rizos.

ASI HABLARON LOS PRÓCERES

Para José C. Valadés

(Los próceres sintieron el glorioso calosfrío de la luz. Sus huesos se habían quejado mucho en camino a la Columna de la Independencia. En la incertidumbre matinal se oyó la palabra aguda de un clarín.)

Aldama. — Vengo buscando a Ignacio. ¿No ha llegado por aquí?

Hidalgo. — ¿Eres tú, Juan? ¡La lengua guarda el pescuezo!

Allende. — ¡El entusiasmo y brío del amigo don Miguel!

Morelos. — ¡Hermoso día!

Hidalgo. — ¿Y doña Josefa?

El alcaide Pérez. — ¡Mi señora manda a decirles que se levanten!

Pedro Moreno. — ¡Me han cambiado la cabeza creyendo que es la del señor Morelos!

Hidalgo. — Señores, no nos queda otro remedio que..

Aldama. — ¿Señor, ¿qué va usted a hacer? Por amor de Dios que vea lo que hace.

Hidalgo. — Déjate de niñerías, todavía hay tiempo de descansar y comer.

Morelos. — Permítame usted que me fume un puro

Jiménez. — Y a nuestro Dios y su Soberana Madre las más humildes gracias.

Quintana Roo. — Pues qué ¿ya llegamos?

Morelos. — Aquí es el lugar.

Hidalgo. —Aquí hijitos, mi mano os servirá de blanco..

(El cielo comienza a vestirse de claridad. De pronto el cañón dice palabras tremendas.)

Quintana Roo. — ¿También aquí cañonazos? ¿Dónde está doña Leona?

Mina. — ¡Qué, cañones!

Hidalgo. —Falta ver quiénes son los que sobramos.

Victoria. —¡Va mi espada en prendas! ¡Voy a traerla!

Bravo. —Estáis libres; los que querráis seguir con nosotros, podéis quedaros.

Matamoros.— Buenos días, doña Leona. ¿No siente usted frío?

Doña Leona Vicario. —Buenos días, general. Frío el de Oaxacal ¿Ya vió a don Andrés?

El P. Mier.— (Sorbiendo un poco del rapé que le dio Iturbide.) Acabo de llegar. ¡Para frío el de San Juan de Ulúa!

Victoria. — ¿Y cómo va, padre, esa salud?

El P. Mier.— Mis achaques, general, son como los de la Patria: no tienen remedio.

Morelos. — No es ocasión de fulminar censuras.

Hidalgo. — (Repartiendo los dulces que dejó bajo la almohada.) Cojan hijitos, que todo esto es suyo.

Doña Josefa. —Tantos soldados para custodiar una mujer!

Morelos. — Esa llamada es para formar.

Hidalgo. — Por fin ¿nos dejarán en paz?

Pérez el alcalde. — (Entrometiéndose.) ¿Esa es la inmortalidad? Prefiero que me sigan llamando Pérez y que no sepan dónde estoy.

Morelos. — ¡Aquí es el lugar!

Aldama. — ¡Virgen de Guadalupe!

Morelos. — (Buscándose la cabeza.) No mortifiquemos más. ¡Venga un abrazo!

Hidalgo. — Aquí hijitos. No hay más remedio que...

Morelos. — De veras, que hace frío. Esta será mi mortaja, pues aquí no hay otra.

Iturbide. — (Despreocupado.) Tal vez no volvamos a vernos, general. Quiero dejarle como recuerdo mi reloj y esta mascada.

Victoria. — Gracias. Este reloj me servirá para saber la hora. Me pondré la mascada para no sentir este frío.

Guerrero. — Permítame echarme a los pies de Vuestra Majestad...

Iturbide. — No puedo explicar la satisfacción que experimento al encontrarme con un patriota que...

(Las dianas de guerra ahogan sus últimas palabras. El frío de la gloria cala los huesos de los próceres. En la campana azul del día repican a resurrección).

PIERNAS DE CAÑAFÍSTOLA

Acaso pocas mujeres hayan tenido en México la vida vibrante de doña María Ignacia Rodríguez de Velasco, la célebre "güera" Rodríguez. Bajo su sonrisa, como bajo un arco triunfal, pasó el general Iturbide la mañana del 27 de septiembre. He leído en el libro de Mathieu de Fossey una noticia interesante: "La anciana dama Elizalde, más conocida con el nombre de la "güera" Rodríguez, es la mujer más aristócrata que he conocido. Cuando hablaba de las costumbres republicanas, del tono que se daban los advenedizos, era para desternillarse de risa. Se chanceaba con ingenio. Fue la Ninón de Lenclos de su época.

Era encantadora y conservó durante mucho tiempo la belleza. Antes de ser víctima del cólera en 1833, la vi muy seductora en un sarao y aunque frisaba en los 50, había comenzado de 14 su carrera galante. Se dice que en 1804 encadenó a su carro a un sabio viajero (alude al Barón de Humboldt) y que en 1822 Iturbide fue sensible a sus encantos. Tuvo tres hijas, que se casaron, una con el Conde de Regla, la otra con el Marqués de Guadalupe y la tercera con el Marqués de Aguayo. Murieron todas en la flor de la belleza y parecían ángeles".

A la primera de sus hijas le puso el nombre de "Victoria", porque los abogados presenciaron el parto, ya que su segundo marido, don Juan Manuel de Elizalde, exigía sucesión. Traviesa era la "Güera" donde quiera que estaba. En una fiesta que daba Iturrigaray, el ujier anunció:

—¡Doña María Ignacia Rodríguez de Velasco!

Y quien la vio aquella noche contaba que parecía que la Virgen iba entrando a Palacio.

La Inquisición la llamó alguna vez a sus estrados, poco antes de lo de Iguala. La acusaban de haberse expresado contra el absolutismo:

—No, viejecitos —les contestó—, si los conozco... están perdiendo su tiempo...

En la Iglesia de la Profesa armó otra vez un escándalo: el canónigo Beristain salió detrás de ella, y en pos de ambos el canónigo Monteagudo; y como éste no podía alcanzarlos se quitó una chinela para tirárselas.

—¡Ah, qué buenas cañafístolas —le dijo un boticario al mirarle las piernas, y la "Güera" le contestó:

—¡Pero no se purgará usted con ellas!

—¡Mi señora doña María Ignacia! —exclamaba don Manuel de Agreda—, ¿el padre de don José María cuántos años tiene?

La "Güera", levantándose las faldas, le mostró debajo de ellas el hábito de terciaria de San Francisco.

LAS VÍCERAS DEL GENERAL VICTORIA

Hospedado en el Castillo de Perote pasó el prócer sus últimos días. Acaso le fueron amargados por los sufrimientos de México que había presenciado, uno de ellos la primera guerra con Francia que terminó con el tratado de Veracruz que lleva su firma. Sufría ataques de epilepsia, de origen cruel, que lo iban sumiendo lentamente en la noche eterna, y a buen seguro que la incurable enfermedad le ensombreció la vida para siempre. Se dice que a última hora, recordando sus luchas de insurgente, fue presa de lúgubres visiones y le asaltaban manías explicables.

—No quiero dormir en cama —dicen que decía— porque la cama la trajeron los españoles. Por eso mismo aborrezco el vino catalán...

Pero más bien prefería dormir sobre un colchón en el suelo, y se dice que así murió, obligado por los ataques epilépticos. De nada servían las atenciones de los médicos que había en la fortaleza, que rivalizaban para agradarlo. El prócer pasaba días largos sumido en displicencia, rehusando medicinas, desdeñando comodidades. El 21 de marzo de 1843, al medio día, murió después de agonía angustiosa, o consecuencia del aneurisma.

Embalsamado su cadáver y puesto en la capilla del castillo, se procedió a cumplir su postrer voluntad: la de que su corazón fuese llevado a la ciudad natalicia, Durango. Las otras vísceras fueron puestas en aguardiente, vino y otras substancias preservantes, dentro de una caja de zinc, que durante mucho tiempo estuvo sobre su cadáver.

Contaba el cirujano que hizo el embalsamo miento que durante la invasión americana de 1847 unos soldados del ejército invasor, que habían entrado a Perote, abrieron la tumba del general y luego la caja de zinc en que hallaron las vísceras. Como llevaban sed, no tuvieron el menor escrúpulo para beberse el líquido en que flotaban y al día siguiente, intoxicados sin lugar a duda, estiraron la pata y se quedaron en aquel cementerio. Así acabaron los ojos, la lengua y el corazón de quien fue uno de los héroes románticos de la insurgencia.

LA CABEZA FRITA EN ACEITE

La invasión filibustera que al mando de don Francisco Sentmanat —natural de la Habana— llegó de Nueva Orleans a Tabasco en junio de 1844 tuvo desastroso final con la captura de aquél, después del combate en el paraje de "Ahogagatos" en que los aventureros tuvieron que dispersarse en los bosques tabasqueños, y poco después, la mañana del 14 fue presentado el cabecilla invasor a quien gobernaba en aquella tierra, otro habanero, que más tarde figuraría en la guerra de 1847, el general Pedro Ampudia. Los dos cubanos habían luchado frente a frente cuatro años antes, hasta que resultó triunfante Ampudia y su enemigo tuvo que escapar rumbo a los Estados Unidos para volver después a tomar la revancha.

Seguro el vencedor de que estaba en pie el decreto del 17 de junio de 1843, hizo saber a Sentmanat que le concedía el tiempo preciso para que dijese su última voluntad y se confesase, porque había dispuesto fusilarle. Aterrorizado al saber que pocos momentos de vida le quedaban, Sentmanat se puso frenético y profirió gritos y exclamaciones que conmovieron a quienes eran testigos. La ejecución se llevó a cabo sin misericordia y acto continuo Ampudia ordenó que el cadáver fuese llevado a San Juan Bautista en donde iba a exhibírsele en público para que todos se convencieran de que estaba bien muerto.

Permaneció doce horas colgado y descabezado el cadáver del infortunado Sentmanat y habiendo sido advertido Ampudia de que por el excesivo calor tropical pronto entraría en descomposición, ordenó que el cadáver fuese sepultado, pero que la cabeza quedase en exhibición unos cuantos días encomendándose al Mayor de Plaza y al Prefecto del Centro para que poniéndose al habla con los médicos se impidiese la corrupción de ella. Los facultativos fueron de parecer que si la cauterizaban, tocándola sobre un poco de aceite hirviendo, se lograría lo deseado, es decir que aquel trofeo horrible pudiese continuar rindiendo su testimonio.

La operación fue encomendada a uno de los criminales que estaba en presidio, el cual tomando la cabeza por los cabellos procedió a untarle el aceite, el cual saltó quemándole y entonces tuvo que soltar la cabeza dentro del recipiente, quedando perfectamente frita, y tal suceso produjo una consternación que dio lugar a los más ruidosos comentarios, ordenando el señor Ministro de la Guerra que se abriese inmediatamente una averiguación, porque varios periódicos habían escandalizado con la noticia, en momentos en que se sabía también que Ampudia cruelmente ordenó que durante tres días se fusilara a treinta y ocho prisioneros de los cincuenta y tres que formaban la infortunada expedición.

Lo cierto es que el Gobernador Ampudia, tan pronto se dio cuenta de que la cabeza de su enemigo

estaba bien frita, ordenó que fuera sepultada, deplorando que el señor Ministro francés viese con disgusto que se hubiese cortado una cabeza humana, lo cual —según decía en su informe oficial sobre aquella inicua mutilación— "es bastante usual en todas las legislaciones del mundo".

UN MÉDICO DE NAPOLEÓN

Cuando Bonaparte fue enviado a Santa Elena en viaje de placer, el doctor Juan Francisco Regis Macouzet —uno de sus médicos— temeroso de ser víctima de persecuciones, buscó en el mapa un sitio lo más distante de Francia para pasar tranquilamente los últimos días.

El doctor Macouzet fletó un barco a toda prisa y haciendo que la proa se dirigiese rumbo al Atlántico para doblar el Cabo de Hornos, dijo adiós a la dulce Francia. El capitán del barco tenía instrucciones de anclar en uno de los puertos del Japón, tierra que los geógrafos europeos de entonces entreveían envuelta en neblinas de fábula. Todos los días el prófugo doctor se asomaba a la sobrecubierta para columbrar en lejanía las costas mágicas de Oriente. Habían ya cruzado el Estrecho de Magallanes y visto, no sin asombro, la "nieve azul" de que habló el cronista. Litorales de magia, montañas doradas, atardeceres alborotados de pájaros desfilaban ante el catalejo del capitán.

Y un buen día, después de remontar las soledades augustas del Pacífico, no se sabe cómo, arrastrados por alguna de esas corrientes submarinas que parecen impulsos del destino, el barco que iba para el Japón se detuvo frente a una bahía maravillosa, creyendo que habían llegado al país en donde el sol está naciente. Bajados a tierra se dieron cuenta de que estaban en México y así fue cómo el doctor Macouzet cambió de ruta, porque el país no pudo serle más hospitalario, la gente más graciosa y los peligros más seductores.

Emprendiendo el viaje hacia el interior, dispuso residir en la ciudad que antes llamaron Valladolid y hoy es Morelia. No pudo ser más grata la presencia del huésped entre los michoacanos y poco tiempo después el médico europeo, ya con prestigio firme, casó con una de las mujeres más hermosas de Michoacán, doña Ignacia Sorsona y Herrera, en la cual tuvo numerosa prole y de la cual proceden los únicos Macouzet que se conocen en México.

Hasta mediados del siglo el doctor Macouzet sirvió a su vasta clientela y con la reputación de médico levantó envidiable fortuna. Los que le conocieron cuentan que era uno de los hombres más gordos de la época y tanto que se dice que pesaba ocho arrobas, y que ya entrado en años se dormía con mucha facilidad hasta encontrándose de pie, mientras recetaba, lo cual no es invento mío sino una de las gracias que le adornaban. Hasta quedó por mucho tiempo el dicho popular en Morelia:

—Más sabe Macouzet dormido, que los otros médicos despiertos.

"YO SOY PICALUGA..."

Lentas, claras, habían sonado ya las doce en la Catedral. La luna era dulzura deliciosa en los horarios. Noche fina para oír a la abuela contar la mil y una leyenda, para encender todas las arañas de cristal y abrir el álbum de los daguerrotipos. En el azul del plenilunio el naranjo estallaba en perfume y palor.

El perro bravonel se había dormido en la falda de la dama de los cabellos solares. Sólo se oía a intervalos el palpitar del reloj de cuco y tras los cortinajes de la gran sala parecían pasar en puntillas los fantasmas. Don Lucas se quitó las gafas y puso con cuidado sobre el escritorio de caoba el ejemplar del último libro editado por Cumplido, que hojeaba morosamente.

El retrato del intendente Riaño se reflejaba en uno de los espejos mortecinos; y sobre la consola de madera célebre, labrado en la médula del marfil, el Cristo de Guatemala extendía los brazos de espuma y flor. Yo me extasiaba, peregrino en tierras inverosímiles, romero que se perdía en un país de agua, de piedra y de crepúsculo, contemplando en los anaqueles de la biblioteca los volúmenes que minió un prior aburrido, el incunable cuatrocentista donde ardía la rica flora del color, el pergamino amarillento en que las caligrafías eclesiásticas se retorcían en orquídeas dolorosas, la pasta con mayúsculas devotas que vino desde las Filipinas, no en el pico de un gerifalte, sino en el arcón de compleja cerradura donde se guardaban platas, sedas y canelas.

Don Lucas aspiró un poco de rapé, y, levantándose para enseñarme un libro de estampas de la ciudad de México, exclamó iluminado de recuerdos:

—En esta plaza se corrieron veinte toros en dos días el año de 1607, por el parto feliz de la Reina Nuestra Señora; la ciudad se prendió en el corpiño las perlas más finas, puso en los balcones toda su cristalería y vajillas, enseñó los más tersos brocados que le habían traído las naos cuando el mar estaba más lleno de piratas...

Sólo se oía el ruido de la aguja de la dama de los cabellos solares remendando calceta. Una delicada emanación de azahar fluía desde el naranjo hasta el ventanal en que la noche resbalaba sus más dulces estrellas. Don Lucas encendía añoranzas en la sortija del joyel: aún era tibia la primavera en su mirar de sibarita: en su casaca bordada, aquella que lucía en los saraos del presidente Santa Anna, entre obispos y generales, el oro contenía su grito; y la mano que tenía mucho de garra, bajo la blancura de la epidermis mostraba el frío azulado de las venas.

—Este —me dijo— era el presbítero más narizón de los que conocí en Guanajuato, en casa de los Rul. Este es el ricacho minero que regaló un manto florido de pedrería a Nuestra Señora de las Mieses; y esta mujer de trenzas nocturnas, era una alteza serenísima al hablar, al tejer una corona, a recogerse la falda en un sarao... No crea —agregó cerrando el libro de estampas— ahora no se hacen estos grabados en boj, ni se labra en malaquita, ni se oye reloj de cuco, ni se vive en casona de azulejos...

Y como yo me atreví a preguntarle si era cierto que estaba escribiendo sus memorias, me contó el episodio:

—Dicen que Bustamante, cuando estaba emigrado, se encontró en un monasterio de la Tierra Santa con un monje que le reconoció: "¿Ya no me conoce, general? Aquí estoy rogando a Dios por usted y por mí. ¡Yo soy Picaluga!...

Era muy densa la oscuridad. Las horas miniaban de rojo pálido el breviario del silencio. Yo pensaba en una monografía sobre las peinetas de carey, los camafeos de esmalte, los abanicos de raso y filigrana, los bastones de caña de Indias. La dama de los cabellos solares abrió los ojos de paloma solariega y se llevó a la manga de encaje el pañolito con agua de azahar...

EL MONJE ASESINADO

Aquel día, 17 de julio de 1849, la gente de Mérida estaba consternada por bárbaro suceso. En su celda del convento de franciscanos de la Mejorada, había amanecido asesinado Fray Laureano Loría. Lo hallaron boca abajo, con la cara inconocible por las heridas; el esófago abierto como por hábil degollador; la cabeza colgando de una vértebra y todo el cuerpo invadido por la palidez de marfil de la muerte. Otras heridas estaban en las manos, de donde se dedujo que, en la angustia, el monje trató de agarrar el arma por el filo.

Era de verse el desorden de la celda del padre Laureano: los libros por el suelo, manchados de sangre; el botijo para el agua, volcado junto a la puerta; y en las paredes, lavadas por la cal, cómo asustaban las huellas del asesinado... En un ángulo, el Señor Jesucristo abría los brazos sobre la cruz de roble; y afuera, detrás de los barrotes de hierro, semejaba un comentario contradictorio de la horrenda púrpura, el canto de los pájaros que se perdían en el azul de la mañana. Sobre las copas de los naranjos, se derramaba la dicha de oro del sol.

Cuando Fray Pedro, —hermano carnal del P. Laureano—, llegó a la celda, según matinal costumbre, para pedir las llaves del chocolatero, se asombró al notar que tras su aldabonazo, la puerta se abría de par en par, mostrando sobre una charca roja al monje ensangrentado, cuya intensa palidez hablaba de una hemorragia que no hubieran contenido ni todas las plegarias de los meridanos. Aquello era para crispar los nervios, un tema para la más espeluznante sinfonía del pincel, un elogio de la púrpura monacal en el terciopelo de la media noche.

El señor Juez tuvo sospechas del presidiario Ramón Ávila, quien estuvo fuera de la bartolina sin saberse porqué; de Luis, un hijo del alcaide, y de Gregorio Estévez, otro criminal peligroso; y se decía que alguien les vió salir a deshoras y que regresaron cuando el kikirikí de los gallos se diluía en el amanecer. Ávila, en la mañana del 11, se había deslizado, envuelto en una sábana, hasta la portería del convento y apagó la luz que en el altar de San Salvador temblaba, con un resplandor votivo, sobre el cansancio del aceite. Por otra parte, le encontraron varias contusiones en el cuerpo, que atribuyó a los golpes

91

que había sufrido al colocar el baldaquino de Santa Ana, cuando era sirviente del convento; tenía en la camisa algunas señas de sangre reciente; y en el sombrero se notaba a la simple vista la huella de un dedo enrojecido.

Un cofre que servía para depositar el dinero de las limosnas y sermones, no tenía las onzas de oro que ahí guardaba el P. Laureano. En el interior del cuartel de caballería, que estaba a espaldas de la celda, se encontraron unas cuerdas de henequén; y aunque fueron juramentados los barberos de la ciudad para que dijesen si alguno había afilado el arma del crimen, no fue posible averiguarlo.

Estévez, apremiado en su calabozo, relató lo que sabía: el hijo del alcaide, Sinforiano Aguilar, Pascual Tejero y él, guiados por el antiguo sirviente del convento, escalaron el muro, pasaron por el patio, luego a la escalera de caracol, de un salto a la iglesia y pronto se colaron por el balcón de la celda en que el padre Laureano, reclinado en su hamaca, se entregaba al descanso. Prendieron al monje, aunque se les quiso escapar; el bandido Sinforiano le dio el primer machetazo, luego otro, y otros, y cuando el asaltado se hincó para suplicarle que no le mataran —"por el amor de Dios"— recibió por respuesta la estocada en el cuello, que fue definitiva. Entrecerraron la puerta y ya en la calle se incorporaron a Luis, quien había permanecido en acecho; se repartieron las onzas de oro que había en el cofre y cada uno se marchó a su casa con cuarenta y cinco pesos por botín.

Los dineros se hallaron: unos en poder de las barraganas y otros enterrados juntos a una linde. Lo que a Tejero le tocara se extravió, aunque le catearon bien la casa. Se dijo también que por aquellos días, siendo Aguilar uno de los picadores en una corrida en la fiesta del barrio de Santiago, —todavía fresca la hemorragia del Padre Laureano— hirió con el rejón a un toro que no quiso acometer y al presenciar la cruel hazaña, uno que estaba en los tablados gritó: "¡Bárbaro! ¡Puedo jurar que mataste al fraile!".

El 10 de octubre fueron condenados a muerte los asesinos del Padre Loría. Las tres barraganas pasaron a servir en el Hospital de San Juan de Dios, por cómplices en el crimen. Y luego se supo en la ciudad que el monje portero, al bajar una tarde al patio del convento, para cortar unas flores, vio que entre los naranjos vestidos de azahar se le acercaba el P. Laureano, arropada la cabeza con el sayal que llevaba a la hora de la muerte, y que con voz de pánico le decía: "¡No me mates, hombre! ¡No me mates, por el amor de Dios!"

CABEZAS DE APACHES

Para Teodoro Torres

Doña Úrsula García Granados, próxima a los noventa años, pero con la memoria clarísima y el entendimiento vivaz, entretenía refiriendo episodios del México que, poco a poco, se borra en el fondo de los daguerrotipos. Un México de buen gusto en la cocina, celoso de los modales finos, de los caballeros que cuando pedían dinero en préstamo lo hacían empeñando su palabra, porque era de honor. El México del Siglo XIX, de Santa Anna, de los empréstitos forzosos, de los bandidos que asaltaban las diligencias y, sobre todo, de los feroces indios apaches y comanches, que caían de súbito sobre los poblados indefensos en el Norte, asesinando, quemando, pavorizando.

(De los segundos dice el P. Arlegui que se alimentaban con la carne de mula y de caballo, creyendo que les aumentaba la agilidad.)

Todavía en los primeros años del Gobierno de Díaz, los indios se presentaban en tropel, llevándose cuanto encontraban, poniendo en fuga a los soldados federales. Para ellos no había frontera, ni daban cuartel, ni respetaban heridos. Diestros en el manejo del caballo, rápidos y precisos en sus maniobras, conocedores de aquellas comarcas, infundían el miedo aun a los indómitos.

Era lo corriente que las madres dijeran a los pequeños, apenas les enseñaban a leer:

—Si alguna vez los indios nos matan y a tí te llevan preso y por fortuna te sueltan, camina hacia el Sur, siempre hacia el Sur, preguntando por un pueblo que se llama Oaxaca, que es donde nacimos y donde tú naciste.

En las maravillosas páginas de "Ulises Criollo" evoca Vasconcelos la escena familiar en Sásabe, mientras su madre, estremecida al solo pensamiento de que los indios se presentaran de improviso, hacía que el pequeño recitase algún pasaje del Santo Evangelio.

Iban dando grandes alaridos, bebiéndose los vientos, a uña de caballo. Y los caballos daban coces, arremetían mordiendo, porque estaban muy bien adiestrados para el ataque y para la fuga.

Recordaba puntualmente doña Úrsula, calentándose al buen sol, que cierta ocasión, cuando su padre don Juan Vicente Granados andaba al frente de tropas para contener aquellas invasiones, uno de los capitanes se presentó de súbito en la casa del señor gobernador militar, arrastrando un gran costal que, por el peso que a la simple vista denunciaba, parecía que estuviese lleno de frutas o de lingotes metálicos.

—¿Qué llevan allí? —preguntó asustada la doncella.

—Son cabezas de apaches..., niña

CÓMO TE LO DIGO, CONCHA

Miguel Miramón tenía catorce años cuando siendo cadete del Colegio de Chapultepec defendió el Castillo contra la invasión norteamericana. Se distinguió peleando en aquel momento inolvidable, exponiéndose ante los disparos enemigos con la mayor temeridad, como si fuera un veterano.

Uno de sus biógrafos refiere que por una bala cayó herido en el rostro y que ya iba a rematarle un soldado negro, cuando se lo impidió un joven oficial anglosajón, levantándole del suelo y haciendo que le llevasen a la ambulancia.

Andando los días, se enamoró de Concha Lombardo, quien pertenecía a una de las familias de distinción en la metrópoli mexicana. Tenía Miramón veinte años al prendarse de la gracia hechicera de la damita, y cuando en una entrevista le habló de matrimonio, ella dijo, sonriendo, al imberbe joven oficial:

—Vuelva usted a pensar en eso cuando sea general.

—A sangre y fuego se grabaron en su memoria aquellas palabras. Y resignándose a la espera, no pudo menos de asegurarle que acataría sus deseos.

—¿Qué, de veras, Miramón?

—Como te lo digo, Concha...

Poco tiempo después, cuando Miramón tenía veinticinco años —parco de palabras, porque era reservado, pero gentil en el amor— pudo ganar la banda de general de brigada, y al salir del Palacio se dirigió apresuradamente a la casa de su prometida. Después de recordarle la entrevista, arrojó a sus pies la insignia, reiterándole la petición de su mano.

—¿Qué, de veras, Miramón?

—Como te lo digo, Concha.

Y ya no hubo vacilaciones, ya no pudo haber plazos. El general Osollo intervino apoyando la petición de su joven compañero de armas, quedando decidido el matrimonio para cuando Miramón regresase de una campaña contra los liberales. Y así fue cómo se casaron Miguel Miramón y Concha Lombardo. Al revés de lo que pasa en los cuentos de leyenda, la, pareja no fue feliz, porque pocos años después Miramón caía atravesado por las balas en el epílogo de una loca aventura.

LA CHARRA DOÑA JUCHIPERTA

Había en Cocula, tierra de Jalisco, en 1865, una mujer de valor inverosímil, que pertenecía a lo selecto de aquella sociedad y que vestía ricas sedas, tápalo de gro o de burato de colores. Se llamaba doña Juchiperta.

Pródiga con los pobres de Cocula, le gustaba darles albergue en su casa, que era una de las mejores que había en la plaza de armas del pueblo y allí encontraban no sólo hospitalidad sino también algunos ratos de holgorio.

Montaba doña Juchiperta, de acuerdo con su predilección, caballos de fina estampa y noble andar. Y así como tenía docenas de tápalos, así también guardaba en caballerizas no menos de diez corceles que habían sido magníficamente adiestrados para que sobre ellos se sintiera, como en un trono, reina de la charrería.

Al verla pasar, su ejemplo encandilaba el entusiasmo de muchos hombres que sólo por eso se fijaban en el deporte bizarro. Ella no faltaba en las carreras de caballos, principalmente para las fiestas de San Miguel Arcángel que eran rumbosas en la comarca, y hasta se recuerda que una vez pasó airosamente sobre el lomo de una yegua a la que había puesto el mote de "La Relámpago".

De repente se presentaron tropas francesas en Cocula. Salió doña Juchiperta a recibirlas, hasta la garita del lugar, al frente de ochenta mujeres del barrio de Santiago, que iban a caballo o a pie, luciendo machetes y pistolas, para batir a los invasores. El combate fue reñido, ganando los franceses y saliendo a escape la brava dama que tres días permaneció en un escondite, mientras su cabeza se hallaba a precio de mil duros, porque el enemigo la deseaba viva o muerta. Pero doña Juchiperta regresó a casa, encontrándola habitada por los franceses y fue tal su indignación que no pudo reprimirse, batiéndose de nuevo y sucumbiendo en la balacera.

No se sabe dónde está el sepulcro de la heroína jalisciense. Pero todavía la ven pasar, como un fantasma que estuviera de fiesta, en las noches cerradas de aguaceros, cuando apenas se oye de un balcón a otro el grito de un transeúnte.

"LA LEY LO MANDA, SEÑORA..."

Para Luis Cervantes

La avanzada francesa de Brincourt tomó Oaxaca al día siguiente de la capitulación que en la Hacienda de Montoya, celebraron Porfirio Díaz, en nombre de los republicanos, y Juan Pablo Franco, general intervencionista. Pero Díaz se evadió de Puebla poco después y sigilosamente penetró de nuevo en tierras oaxaqueñas, habiéndosele unido, entre otros, el 24 de septiembre de 1865, los hermanos Ignacio y Zacarías Heras, a quienes comisionó para que fueran a insurreccionar las Mixtecas. Burlando peligros, metiéndose entre los invasores, a fines de octubre los Heras, resolvieron entrar en Oaxaca, pretextando ir a las famosas fiestas de Todos Santos y las "semanas de muertos". Hábilmente abrieron un taller de zapatería que disimulara su verdadera misión, poniéndose al habla con los republicanos y organizando un buen servicio de espionaje.

Pero bien pronto fueron descubiertos por el prefecto político Juan María Santaella, quien ordenó se les diera tormento para que. confesaran lo que realmente sabían. Su silencio fue absoluto y habiéndoseles juzgado conforme a la llamada Ley de 3 de Octubre, fueron condenados a muerte por la corte marcial que presidía Raymundo Manzano di Trovamala, vizconde segundón lombardo— véneto. No cabía más que el indulto, el cual estaba a discreción del Intendente general de las Provincias de Oaxaca y Chiapas, Juan Pablo Franco.

La angustiada madre de los Heras, Gertrudis Mariscal, se presentó ante la madre de Franco, arrojándose a sus pies y pretendiendo besárselos, en actitud de imploración. En vano fueron sus súplicas, porque la señora intendenta, llamando al ordenanza de servicio que tenía a sus órdenes, le indicó:

—Haga echar fuera de la casa a esta mujer. No hay piedad para los bandidos que tratan de derribar el trono legítimo del Emperador. La ley lo manda, señora...

El 30 de diciembre fueron fusilados los Heras en el panteón general de Oaxaca. Gertrudis Mariscal enloqueció para siempre y veíasela vagar por las calles, diciendo con voz patética:

—La ley lo manda, señora.

La victoria de las armas republicanas brilló de Miahuatlán a la Carbonera, de Yanhuitlán a Oaxaca; y el sanguinario intendente Franco fue capturado rumbo a Tehuacán, en Tlacotepec, en enero de 1867. Porfirio Díaz tuvo la noticia en Tehuantepec, ordenando que se le formara, consejo de guerra, el cual condenó a Franco a morir en el patíbulo. Díaz negó el indulto y mientras se entrevistaba con la madre de Franco, se presentó Gertrudis Mariscal, lanzando su grito lastimero:

—Es preciso que su hijo sea fusilado. La ley lo manda, señora...

Mientras había animación como de feria, pues los vendedores de frutas, de aguas frescas y de golosinas, enriquecían el bullicio popular, Franco fue llevado al patíbulo, y en el momento de ser ejecutado, volvióse a oír la voz terrible:

—La ley lo manda, señora.

Este sucedido me lo ha contado el Lic. Lino Ramón Campos Ortega, pacífico vecino de esta capital, quien va todos los años a Oaxaca a entretenerse con las leyendas que le refiere el árbol de Santa María del Tule.

UN AHORCADO EN LA CASA DE ALFEÑIQUE

He aquí lo que Julio Cervantes me refirió aquella vez en Puebla, en la Casa de Alfeñique.

—Es el caso —me dijo—, que allá por los felices días de 1892 vivía en esta habitación, donde ahora está el Gabinete de Antropología, un buen viejo trabajador, un viejo de noventa y dos años. Jaramillo se llamaba, y a su edad aun gustaba del vino, el sol y las mozas. Lo malo es que padecía penosa enfermedad.

Yo veía hacia la calle de Chito Cohetero. Viejas pasaban voceando su mercancía, mozuelas bravas sonreían en los barandales; un carrero azotaba el tronco de mulas en el callejón y de súbito Jaramillo el afilador interrumpía su faena para ver si el tiempo y el calendario de Galván se ponían de acuerdo.

—¡Una limosna, señor!

—Perdone, hermano —contestaba Jaramillo.

Pero aquellas palabras querían decir: "No salgo a pedir limosna porque me da vergüenza; y esto que poco me falta para cumplir los cien. ¡Esta maldita enfermedad que no me deja!".

Y el viejo entrecerraba la puerta de la bohardilla, y seguía afilando... Tosía de pronto... Se llevaba las manos al pecho, oprimiéndoselo... y seguía afilando.

Una mañana los vecinos se dieron cuenta de que Jaramillo no abría la puerta. Llamaron a ésa y sólo se escuchó el eco del aldabonazo. Entonces sospecharon que el viejo había sido víctima de algún ladrón de la víspera y resolvieron abrir la puerta a empellones. ¡Horror! El cuerpo del viejo pendía de su cinturón, con la lengua de fuera, como diciendo la última palabra soez.

La noticia relampagueó con rapidez de escándalo por la ciudad beata y devota.

—¡Qué coincidencias! —decía Cervantes— en el mismo aposento en que se ahorcó el afilador, ahora están las calaveras del Gabinete Antropológico.

—¿Y dejó alguna carta?

—El secreto se lo llevó a la tumba. Las vecinas del barrio dicen que le han visto aparecer en la calle de Chito: Cohetero; y el otro día me refirió el portero de esta casa, que un día a las dos de la mañana oyó los pasos de alguien que no era de este mundo... No es ni don Antonio de Santa María Incháurregui, ni don Alejandro Ruiz Olavarrieta, e gran coleccionista poblano que más tarde fue dueño de esta casa y la regaló a la Beneficencia Pública en el último tercio del siglo XIX. ¿Pues quién será?

HUELLAS ILUSTRES EN VERACRUZ

Pasan los que ven luces maravillosas en el mar —como don Tello el visitador—, los que salían precipitadamente de las carabelas —como el infortunado conquistador de la Provincia Garayana—, los que traen un caballo y un halcón para fiestas de cetrería. Pasan los monjes que se harán escuchar de las fieras y los hombres, los virreyes que lucen vajilla de oro quintado; el sabio que entiende el idioma de las flores agrestes, el viajero que se llena de hastío ante los paisajes, el poeta que en medio de la sierra tuvo el malestar profundo del ruiseñor y se puso a cantar...

El cronista abre la ventana y ve hacia allá. La mañana se adormece, azul y pajarera. El aire tiene reminiscencias de 1519 y hay tumulto de hombres rubios en el peñol donde se amotina la marejada. Y he aquí que habiendo cerca dos buenos ríos, muchas piedras para hacer casas, mucha leña en los montes propincuos, tierra llana para sembrar, gente "más vestida, más polida e de razón" y abundancia de comida, y estando los navíos detrás del peñol, el señor capitán mandó izar el gonfalón en la nao capitana, vió que en el brillante de su anillo gritaba el sol, y acordándose de que era día de la Santa Cruz puso ese nombre a la villa rica, repartió solares, señaló campos para la iglesia, las casas del cabildo, la cárcel, la carnecería, el descargadero y las atarazanas, mientras seguían llegando los embajadores del señor Moctezuma y uno de ellos le ofreció "el oro de aquel casco para su dolencia".

***

El estruendo ha pasado ya; se han hundido las naos; ya es marqués el señor capitán. El cronista está en 1585. Ha llegado el padre Alonso Ponce a visitar el convento de los franciscanos, y como pondera la delicia de los duraznos de Jalapa, visita el hospital donde se curan los enfermos de las flotas, paladea el azúcar del célebre ingenio de Orizaba y mientras se asusta de las niguas que bullen en la comarca, los pescados bobos del río de la Veracruz se asoman ingenuamente a escuchar su sermón.

Otro monje llega más tarde: es Tomás Gage, hombre malo y escritor delicioso. Se hospeda en el convento de Santo Domingo y le reciben con dulces y jícaras de chocolate; el prior canta letrillas amorosas al són de una guitarra; y cuando pasan los festejos del señor virrey de Cerralbo, que ha llegado en la nave, se traslada a Jalapa la edénica y con qué sorpresa ve que uno de los franciscanos cabalga en hermosa mula, llevando mozo de espuela sólo para ir al cabo del pueblo a confesar a un moribundo: en la mañana espléndida, Su Reverencia lleva los hábitos enfaldados, luce rica media color naranja calzones de lienzo de Holanda, zapato de pulidísimo tafilete.

***

Ahora es 1799 y ha llegado barco de Venezuela. Un jovencito de apellido Bolívar, que más tarde hará figura, acaba de desembarcar, y como no hay fonda en el puerto se hospeda en la casa de un amigo y luego va a la capital del virreinato, pasando por Jalapa, y gastando cuatrocientos pesos en 'el viaje a bordo de un coche.

***

El cronista siente la intensidad del sol. Ese hombre alto y que lleva en el mirar la alegría del trópico, se inclina a recoger un convólvulo, aspira con deleite lento una orquídea que enfunde aroma en mitologías y botánicas y viendo las estrellas se olvida por un instante del vómito negro que anda haciendo estragos por allí. En Jalapa le agasaja Thomas Murphy, rico y enamorado de las ciencias; sube después a la cumbre del Cofre de Perote, estudia trigonométricamente el Orizaba, y cuando la vainilla y el liquidámbar le aturden, se va al puerto en busca de la fragata española que le llevará a La Habana.

***

Ha pasado Bolívar, ha pasado Humboldt. Un día de 1833 los franceses llegan, al mando del contralmirante Baudin. La historia de la aventura está bien narrada por Maissin, quien se enternece hablando de las comodidades del Hotel Diligencias, y en el paisaje donde se entrelazan el cáctus, el áloe y el nopal, ve volar por vez primera un zopilote. Maissin está fatigado y por eso, después de enardecerse ante el colorido jarocho, dice que el hotel de Jalapa, regenteado por una napolitana, es "uno de los mejores no sólo de México sino de España" y le llama la atención que a su llegada la gente se asome a las ventanas.

***

El cronista ya no se llama ni López de Gomara, ni Alonso de Ciudad Real, ni Maissin. Escribe cartas a Fidel y lo hace en un tono que torna amable su libro "Tardes Nubladas". Payno ve los ánsares blancos y las mujeres que se bañan en una alberca veracruzana; le seducen el aseo de Jalapa y las calles que no son planas, se embriaga la vista contemplando la campánula y el olfato aspirando el aroma de los 800 naranjos que adornan la "Quinta de Bárcena". En Coatepec aprende la hazaña del insurgente Tío Bochichas, el del cañón de cuero; en Veracruz le entusiasman las japochas que José María Esteva aduló en un romance y la cocina y las casas de piedra "múcara", y para completar una carta de travesura, copia una nota de carné de viajero inglés: "Las playas de México abundan en cacería exquisita, y aun dentro de la ciudad de Veracruz, se pueden matar multitud de aves, entre ellas una especie de gallos negros."

***

Después de Payno se queda atónito Altamirano. Otro poeta llega, Gutiérrez Nájera, y se aturde al amor de los floripondios. En pos del pájaro alucinada por la luna, del iris del agua en los bejucos y del color que todo lo consuela cuando se sufre del mal del ruiseñor, Darío llegó de paso por aquellos verjeles. Fue en 1910. Había en la tierra un lento blancor de neblinas y en el cielo una calma de estrellas. El poeta tuvo serios contratiempos en el camino y no fue posible que llegara a México.

"Pero antes visité la ciudad de Jalapa —dice— que generosamente me recibió en triunfo. Y el pueblo de Teocelo, donde las niñas criollas e indígenas, regaban flores y decían ingenuas y compensadoras salutaciones. Hubo vítores y músicas. La Municipalidad dió mi nombre a ese pueblo querido. Cuando partía en el tren, una indiecita me ofreció un ramo de lirios y un puro azteca: "Señor, yo no tengo qué ofrecerle más que esto"; y me dió una gran piña perfumada y dorada.

CALENDARIO CURIOSO MEXICANO

2 de marzo de 1684. —Los ladrones se metieron anoche al convento de Santa Catarina de Sena. Una de las monjas atrapó a un negro con bozal.

3 de marzo de 1833. —Muere la capitana Manuela Medina, india de Texcoco, que organizó una compañía y se encontró en siete combates. Anduvo más de cien leguas sólo para conocer a Morelos y cuando lo realizó, dijo que "ya moría con ese gusto, aunque la despedazase una bomba en Acapulco". Recibió dos heridas de lanza y era la primera que, al frente de sus jinetes, se lanzaba contra los realistas.

6 de marzo de 1844. —En la hacienda de "Buenavista", del Estado de Oaxaca, del señor José Luis Bustamante, una señora da a luz un niño de dos cabezas, un solo cuerpo, tres brazos, dos piernas y dos sexos.

7 de abril de 1676. —Muere el capitán Pedro de Andrada a los 107 años. Cuando tenía 99 se casó con María de Sierra. Tuvieron un niño de cinco meses, que recibió el agua bautismal.

14 de abril de 1864. —El intendente del Palacio Nacional anuncia que los criados encontraron dos perlas y una esmeralda fina que seguramente perdieron algunas de las damas que concurrieron a la última tertulia de la Regencia.

8 de mayo de 1799. —Se casa en la parroquia de Guanajuato un hombre de 94 años con una mujer de 99.

26 de junio de 1810. —Dice el "Diario de México" que hace días algunos traviesos andan robando botellas vacías, dando recado de casas conocidas y diciendo que las quieren para devolverlas llenas de vino o para desocupar un barril.

12 de junio de 1668. —Muere el bachiller Antonio Calderón Benavides, de México. A más de ser muy hermoso, "de muy linda cara y muy rico", fue constante opinión la de que se conservó virgen.

6 de agosto de 1865. —Ante un gentío inmenso M. Delave, llevando a su hijito, atraviesa sobre una cuerda el espacio que hay de la azotea de la Diputación a la torre de la Catedral.

7 de agosto de 1865.—El emperador Maximiliano da de su peculio 300 pesos a una india llamada Marcelina, la que el 6 de enero parió tres niños, a quienes puso los nombres de los tres Reyes Magos.

2 de agosto de 1892. —Avisan de Sonora que un fuerte huracán desatado sobre Sásabe provocó una lluvia de peces como de tres pulgadas de largo y de gran número de alcatraces cuyas alas miden cinco pies.

16 de septiembre de 1864. —Durante las fiestas patrias en Toluca se pronuncian más de 20 discursos.

9 de octubre de 1896. —El señor Presidente de la República recibe públicamente al señor Paul Neuman, enviado especial del rey de las islas Hawái.

10 de octubre de 1896. —En la noche de hoy ha caído en Guadalajara una lluvia de pajaritos de rara figura y color y muchas aves canoras.

12 de octubre de 1815. —Yendo don Manuel de Mier y Terán en auxilio de su hermano don Joaquín, que iba a ser atacado por los realistas, en Teotitlán, y viendo que sus soldados van cansados, porque están descalzos, se apea del caballo y se quita sus zapatos para darles ánimo. El rasgo electriza a la tropa.

17 de octubre de 1801. —En la "Gaceta de México" de esta fecha se habla del famoso cerdo erudito que ha venido de Londres. Escribe cualquier nombre y apellido por medio de un alfabeto adhoc, sabe aritmética y conoce los colores. Se exhibe en la calle del Parque de la Moneda, a dos reales por persona.

8 de noviembre de 1882. —La armada de buceo, de los señores González y Rufo, comerciantes de La Paz (Baja California), saca a flote una hermosa perla, del tamaño de un limón, que pesa 75 kilates y se cree que hasta la fecha es la más grande que se conoce en el mundo. Fue vendida al primer postor en 14.000 pesos, aunque se le atribuye precio de fábrica.

ÁRBOLES PRÓCERES

Para Juan Balme

Bajo su sombra se sentaban los caciques a deliberar. Su corteza enumeraba los años de la peregrinación. Entre sus hojas florecía la rosa de los vientos.

Votán enseñó el cultivo del cacao, en Champotón se detiene el cronista para contemplar el aguacate y la papaya, y un día del siglo VI, el profeta Pecocha viene de Nicaragua a Huatulco, y planta entre otros árboles el de Santa María del Tule y la cruz que el pirata no pudo destruir. Martínez Gracida cuenta la leyenda y el viajero Bandelier mide el grosor del pie: son 40 metros y 2 centímetros. El profesor Conzatti escribe un libro que tiene menos hojas que almuerzo. Alguien escribe en el álbum: "Palo: eres un Dios. Pérez". Y un chusco pone al pie su pensamiento: "Pérez: eres un palo. Dios."

***

"Por aquí pasó Cortés", escriben los capitanes rumbo a Honduras. Del ceibo de Izancanac pende el último emperador, desde aquel día de Carnestolendas. Y en el añoso tronco de don Hernón enreda el remordimiento sus lianas. Estaba más triste que en la noche aquella en que Botello perdió los estribos y se perdió Velázquez de León. Bajo el ahuehuete, del que una astilla aquí ves, el señor capitán Chalchihuite oye rodar la copla:

En Tacuba está Cortés
con su escuadrón esforzado
la una mano en la mejilla
y la otra en el costado.

***

Dávila Padilla pinta al P. Betanzos en su casa de Tepetlaoztoc, paseando entre aquella huerta que cultiva con sus manos y en la que hay injertos de árboles de Castilla. "Tata" Vasco tiene también una arboleda cuyo silencio no perturban ni los indios ni las lagartijas.

109

Allá va el gentil virrey, que monta bien a caballo y parece dibujado en gobelino. Se quita la gorra pata saludar. Hay álamos en el tianguis de San Hipólito y don Luis de Velasco pone el temblor de una fuente en la alameda crepuscular.

***

El manco gobernador de Figueroa y Silva allana la plaza pedregosa de Santa Ana de Mérida y la siembra de naranjos. Ramas fuertes como para que allí se balanceen los mejores piratas. Esos naranjos huelen más que el guayabo de que habla Cogolludo y que hacía caer una fruta diaria, la que necesitaba el monje. El Padre Pagaza contó los guayabos. Yo prefiero los naranjos de Tepotzotlán, ricos de almíbar como los que sembró Bernal Díaz. Naranjitas de oro para mi señora virreina en el estío. Dávila Garibi sabe la leyenda del que arrojaba una fruta cada vez que moría un monje. Guayabo aquel que Fray de la Cueva, prior de Jacona, vió hender al indio y adentro había una cruz olorosa.

***

Son 13, 750 árboles de todos géneros los que hay en la huerta de San Ángel (1684), de 3 cuartos de legua y, orden real, el oidor Juan de Sáenz va a "contarlos", puede que sí, porque se da el número, y en cambio no se dice el de los castaños del cajón que manda tres años después el gobernador de la Florida al señor Virrey. San Agustín de las Cuevas sabe más que los antologistas, aunque a estos les guste la castaña asada.

***

Los diarios no siempre dicen la verdad. Por eso me quedo con las efemérides, aunque Marmolejo las escriba. Riaño el intendente dice que el oidor "contó" los árboles, aunque no era contador, y es que él se preocupa en Guanajuato por conservar los bosques y da un bando de 11 artículos que Tornel Olvera se sabe de memoria.

***

Hay una araucaria en el colegio de San Nicolás de Morelia. Los estudiantes dicen que su compañero Hidalgo la sembró y que no hay araucaria como ésa. ¿Miguelito santo, niña? Cuando florezca la araucaria. Y desde entonces estamos en la higuera.

***

Allá en Monclova está el nogal donde capturaron al señor cura y sus amigos. El herrero Marchá, padre de Pío el iturbidista, forjó allí las esposas, y las ramas del nogal ya se revientan de recuerdos.

***

Plantad un árbol de pensamientos puros en loor de don Manuel Rul que trajo de Europa el almendro y el alcornoque y colgad liras del árbol de las manitas que Sessé estudió maravillado. En uno de los patios del Palacio Nacional uno de ellos era toda la ternura del trópico en la neblina perla de este: Valle.

GEOGRAFÍA FRUTAL

En el libro—poema de Sahagún se enumeran sus gracias, se reproduce su color, dan su vernáculo aroma la guayaba y la anona, el zapote y la manzanilla. Flora grata y rica, delicia de la tierra que se deshace en dádivas. Se sorprenden los europeos cuando las ven caer de los árboles y en las páginas en que las ponderan se derrama su efluvio. El ingenuo Herrera y Tordesillas habla de las de Tepeaca y dice que "duran las peras en el árbol hasta Navidad", lamentándose de que no hayan cundido las guindas y cerezas.

De la pitahaya —"de cáscara tierna y blanca"— el Padre Ponce recuerda que "cuando está madura no hay carmesí que se le iguale", así como en blancura nada supera al zulumuy de Yucatán. Este padre peregrino que recorrió a pie la Nueva España, se enardecía al hablar de las frutas, porque en todo su libro las alaba: los duraznos de Jalapa, las "maravillosas manzanas" de Zacatlán, los melones de la isla Jesús del Mar (en Veracruz), los membrillos y granadas de Tehuacám, las naranjas de Chapala de que los indios sacaban "mucha agua de azahar", los cocos de médula deliciosa. El buen monje no se olvidó de la jícara con guayabas que le ofrecieron en cierto pueblo, ni del cesto de membrillos que los tlaxcaltecas le dieron y que han de haber sido "maduros y maravillosos de buenos", como los que probó en Uruapan, y los melones que en cierta comarca los indios llevaban desde 50 leguas de distancia.

En muchos pueblos los indios en fiesta le recibían tirándole naranjas; en Chapala conoció unos naranjos de los que él cortó una rama con once frutas amarillas y apiñadas; y varias veces notó que en los caminos había árboles frutecidos de los que todos los caminantes cogían "lo que querían, porque para todos es".

Tomás Gage encontró en Segura de la Frontera piñas y uvas excelentes, y en la hacienda del convento de San Jacinto, del Valle de México, limoneros, granados y naranjos, y refiere que los primeros conquistadores después de comer ciertas frutas de color, el higo colorado, se asustaban creyendo que se trataba de una hemorragia intestinal.

Gemelli Careri afirma haber encontrado 20 y tantas variedades de pera; y el "Viajero Universal" da fe de las 60 especies de frutas que

112

halló en los mercados de esta capital, sobresaliendo entre todas la piña, "pero para mi gusto ninguna como la chirimoya". A pesar de esta abundancia, los españoles no cristalizaban aquí las frutas, y eso explica por qué Humboldt llamaba la atención hacia el hecho de haberse importado de España 259 arrobas de frutas en almíbar el año de 1803. Se entusiasma hablando de las que se cogían en San Agustín de las Cuevas, en Tacubaya, en el convento de Carmelitas de San Ángel, y en el huerto de la familia Fagoaga en Tlalnepantla; se admira de ver las frutas de la Europa templada en las mesas de los acomodados; le gustan las chirimoyas que prosperaban desde Guatemala hasta la California, y recuerda que en sus primeras navegaciones los españoles tenían la costumbre de embarcar piñas que llegaban bien a España si el viaje era corto, y que cuando se las presentaron a Carlos V, no las quiso probar.

Según él, antes de la Conquista el plátano dominico se cultivaba en América. Tal es el fervor con que el sabio habló de la riqueza de las frutas de México, que advierte que el artesano en los huesos de ellas puede escoger colores y figuras.

Acordándose el padre Cavo del viaje de regreso de Sebastián Vizcaíno (1602), nota que al pasar por las islas de Mazatlán, fue con gran consuelo de los enfermos de escorbuto, porque sanaron al comer cierta fruta que en las islas de Barlovento llaman piñuelas. A Thierry de Manonville ("Voyage a Guaxaca", 1777) le fascinan las "pithahiahas", de las que hay unas de un ácido perfumado como las frambuesas y algunas del tamaño de un huevo de gallina, y también el "zapote nera" que encontró buscando vainilla. Y Bullock, que llegó en los días de la Independencia, pondera las "avocatas" y "sapotas" de Jalapa.

Sentada en su diligencia, la marquesa Calderón de la Barca recibió cerca de Puebla una cesta de chirimoyas, y ya había probado las piñas y las granaditas que le evocaban las grosellas de Brobdinag, las de los viajes de Gulliver; la tuna, "refrescantísima fruta" que le llenó de espinillas los dedos; la chirimoya y la guanábana de Huautepec; y el mango de Orizaba y de Córdoba.

Más tarde Mark Beaufoy conoce la "capulina"; Mathieu de Fossey ensalza la sandía de Tlacotalpan, la papaya de Colima, la chirimoya de crema perfumada, la toronja de Talixtaca y la piña—anona de Oaxaca; haciendo notar que era curioso no haber encontrado un indio que por $3 fuera a buscarle leche a media legua de Acapulco, mientras que por 2 ó 3 reales el mismo iría a vender plátanos y sandías a distancia de 10. Su compatriota Ernest Vigneaux, en "Souvenires d'un prissonnier de guerre au Mexique" (1863) estimaba que "l'anone cherimolier" era la obra maestra de la naturaleza ecuatorial. Las enormes "cherimoias" enardecen también los cinco sentidos de otro francés, Monsieur Charnay, quien las encontró en un mercado de Oaxaca.

Clavijero comparado con Humboldt, Báraena en su "Geografía de las frutas", y Alcocer en su "Carpología Mexicana" completarán lo que no pudo expresar el asombro de los viajeros que paladearon estas frutas de miel y de sol.

LA HEMORRAGIA DE HUMBOLDT

Ha trepado a las sierras mexicanas el Barón de Humboldt, para tomar. alturas de montañas, darse cuenta de todo lo que llega a los mercados que tiene México en las ciudades preciosas y fuertes. El señor Barón está encantado por la forma en que lo atienden el corregidor, el cura, el alcalde, los enamorados de las ciencias naturales. La carta de presentación que le dió el Virrey para el corregidor le abrió menos puertas que las dos llaves de oro que lleva siempre consigo: su inteligencia seductora y su cortesía perfecta.

El señor corregidor le pone a las órdenes un guía para enseñarle algunas yerbas medicinales y contestarle todas las preguntas: un indio ladino que sabe acompaña a un sabio, responde a las preguntas continuas del Barón:

—Esta se llama "la hoja de San Pablo", que puesta en alcohol sirve para el asma...

—¿Y esta otra?

—Esta es el charnizo hediondo...

Vuelve a preguntar el sabio y a contestar el indio y van dando muy poca sombra los pájaros que vuelan sobre la sierra, pues es avanzada la hora. De repente, el indio se repliega a un barranco y trae una hierba rara pidiendo al ilustre viajero que se la acerque a la nariz. De súbito se inicia la hemorragia nasal en el huésped, mientras el indio dice:

—A ver, señor, usted que es tan sabio y que todo lo sabe, si se puede contener esa sangre...

La modestia de Humboldt es en esos momentos tan grande como su preocupación. De nada sirven los medicamentos que lleva en el botiquín, porque la hemorragia es incontenible.

—Pues mire usted, señor —dice el indio cortando otra hierba mágica—esto aquí todos lo conocemos muy bien. Con esto se la va a cortar...

Y es así. Como por ensalmo, cede la hemorragia. Y dando las gracias por el nuevo conocimiento adquirido, el sabio pregunta por el nombre de la yerba maravillosa, a lo que el indio repone que eso si nó, porque es secreto. Un secreto que todavía espera que llegue otro Barón de Humboldt para que deshaga el encanto.

CUATRO CONVITES

En el convite de 1538 sólo para festejar las paces entre los reyes de Francia y de España, "el muy magnífico señor don Antonio de Mendoza y el serenísimo señor don Hernán Cortés, Pizarro y Altamirano" echaron la casa por la ventana. El señor virrey dió una cena resplandeciente de vajillas de oro y plata, alborozada de vihuelas y sacabuches, risueña de damas que, después de haber engullido pepitorias y confituras y de haber puesto a flote islas de empanadas en mares de vino de Castilla, algunas se desmayaron y otras dieron grandes voces. Lo que el cronista sabe es que las madamas pasaron de 200, los señores de 300 y los platillos fueron más de los que se servían en las comilonas de Moctezuma. Aquello está esperando aún al poeta glotón que lo alabe con algarabías.

Más adelante pasan marquesas y canónigos, obispos y generales, damas lindas y regidores torvos. Es en 1754. Flores de Rivera ha sido consagrado obispo de Nicaragua. En los damascos arde el día y en los picheles de plata cincelada coquetean las siete dulzuras teologales. El arzobispo agasaja a su ahijado, no conforme con el presente de un pectoral de oro todo complicado de ricas esmeraldas como un silogismo contundente.

Y si salo son 55 los comensales, los 300 platos desfilan entre un son de flautas y violines, aunque no se sabe si, como en los ágapes del arzobispo Ortega y Montañés, en los intermedios se pasaban toallas con aguas de olor para embelesar al encantado concurso.

Vemos llegar ahora más generales y sólo un obispo: son las cuatro de la tarde del 27 de septiembre de 1821. El Ayuntamiento ha dado 7,000 pesos para este banquete y el refresco de la noche. Los que se van a sentar a la mesa son únicamente 300: allí están el señor O'Donojú, pálido y timorato; el general Iturbide, gordo y alegre; Su Ilustrísima Pérez Martínez, rubio y ávido. Se bebe un vino edificante, mariposean las palabras pomposas, y en el aire tiembla la sonrisa imperial y tricolor.

Ha pasado mucha gente, muchos fieros capitanes se han ahogado en mares de sangre, de vino y de alegría. En la Alameda hay holgorio. El señor Presidente Comonfort festeja el 5 de febrero de 1857. La banda de música marcial estalla en estrepitosas fanfarrias; pero, sobre todo, llaman la atención unos toros asados que prometen rellenos consoladores.

Y yo, que veo pasar esas viandas y esas golosinas, pienso en el tocino que Ovando mandó a Colón a la isla hambrienta, en las gallinas que Alvarado robó a los indias de Cozumel, en el vino que no probó en ocho años de abstinencia Palafox y Mendoza, y en los dos garbanzos con que Gregorio López se alimentó, una cuaresma, en el yermo oloroso...

EL CAFÉ DE LAS ISLAS

Ahora que se bebe café tan malo, diré mi elogio de sobremesa al joven Desclieux, a quien la América debe este regalo de mitología. Porque una taza de café negro, caliente, humeante, pasada la merienda, merece más que la simple alusión de don Andrés Bello en la oda.

Hace más de dos siglos que la planta llegó a México, pues fue el español don Juan Antonio Gómez de Guevara quien introdujo en Córdoba el cultivo del grano generoso: así lo asegura el señor Portas en una monografía sobre la ciudad veracruzana y lo repetirán quienes también agradezcan al señor Gómez de Guevara el presente de los mangos de Manila.

Fue hasta 1824 cuando se pensó seriamente en su cultivo. Hay un oficio de los señores Manning y Marshall al Ministro de Relaciones Alamán, en que al hablarle de su proyecto de apertura y composición del camino carretero de esta capital a Veracruz, le advertían: "El café es otros de los frutos que pueden exportarse a beneficio del equitativo porte de un peso el quintal".

Y en "El Sol" del 30 de octubre se habla de "un francés agricultor, recién llegado de Nueva Orleans, con experiencia de 10 años como administrador de ingenios", que se hacía cargo de plantar café, teniendo además "conocimientos para construcciones de fábricas en este ramo". En su "Estadística del Istmo de Coatzacoalcos" don Tadeo Ortiz alaba el café de los valles de Acayucan, Cosoliaca —y otros pueblos—, en cuyos jardines había hasta 500 plantas, comenzándose a especular en grande en su plantío de la hacienda de San Nicolás, y agrega que la cosecha es de tal magnitud que sólo bajo el Coatzacoalcos puede dar igual o mayor cantidad que en Cuba. Por ese tiempo —son datos de Mathieu de Fossey— un francés tenía un cafetal frondoso cerca de Cuernavaca, en la hacienda de Tlacomulco.

Un año después, el viajero Mr. Bullock en su libro "Six months travel and residence" habla del cafetal que conoció a tres leguas de Jalapa.

La primera casa que se abrió al público para el expendio del café líquido, fue establecida en 1845 en el Portal de Mercaderes con el nombre de "El Cazador", y fue hasta la época de la Intervención

Francesa cuando se generalizó el uso del líquido embrujador y se abrieron nuevos establecimientos.

Castillo Ledón hizo la apología del chocolate Y hasta nos lo sirvió en "mancerina" con dibujos de Michoacán Yo ofrezco este motivo a Roberto Montenegro, para que lo utilice en uno de sus poemas de luz fastuosa, él, que lo ha bebido en las islas, viendo salir ideas y ritmos de la espuma en que se había encendido la estrella de la tarde.

ESTRELLA SOBRE LA NAVE

El más admirable fenómeno. telúrico de que se tiene noticia en la historia de México, quizá sea el que se evoca en el "Itinerario de Grijalva", y en el que se dice que en 1518, antes de llegar al pueblo de San Juan, acaeció tal suceso inolvidable. He aquí lo que refiere aquel cronista:

"Este día vimos un milagro bien grande, y fue que apareció una estrella encima de la nao después de puesto el sol, y partió despidiendo continuamente rayos de luz, hasta que se puso sobre aquel pueblo grande, y dejó un rastro en el aire que duró tres horas largas; y vimos, además, otras señales bien claras, por donde entendimos que Dios quería para su servicio que poblásemos en aquella tierra..."

El franciscano Mendieta, al hablar de Fray Diego de Landa, dice "que predicando, por veces vieron sobre su cabeza una corono, y encima de ella una estrella", y al aludir a Fray Melchor de Benavente, afirma el mismo ilustre cronista del siglo XVI: "Estando una vez sentado hablando con un religioso, pasó por delante de ellos una tortolilla, la cual él llamó con mucha simplicidad. Obedecióle luego aquella avecita, y vino volando y púsosele en la mano con grande familiaridad, y dende a poco voló y fuese".

Pero la más encantadora narración, porque produce deslumbramiento, es la que debemos a don Lucio Marmolejo, en su libro "Efemérides guanajuctenses" y en el que pinta, al hablar del año de 1557, el hermoso episodio que tiene por tema poético el hallazgo del sitio en que hoy está la ciudad de Guanajuato. Ese episodio, quien primero lo contó fue el P. Francisco de Florencia, en el "Zodíaco Maricmo", y dice éste que sabiendo el rey de España la gran riqueza de Guanajuato, entregó la imagen de la Concepción a un caballero llamado Perafán de Rivera, quien había de ser el primer juez o superintendente de minas de Guanajuato en 1557.

Hallándose Perafán de Rivera en el lugar de La Yerbabuena, como a tres leguas de aquel famoso mineral, "ya entrada la noche, y no sabiendo por dónde continuar, porque ignoraba el lugar fijo de la ciudad, hizo alto allí con sus compañeros; y en tal conflicto, ocurrieron a la misma imagen de que eran portadores; y colocándola sobre un tambor y encendiéndole dos velas, le suplicaron afectuosamente los alumbrara para conocer el lugar de su destino". Cuando amaneció —dice el ingenuo cronista— vieron en el campo dos palomas, de donde infirieron que había cerca algún poblado, por lo que siguieron la dirección que las palomas les marcaban, y con esta guía llegaron a Guanajuato, a donde eran destinados."

LUCES EN EL MAR

Uno de los fenómenos más extraordinarios que notan los viajeros que por vez primera van a lo largo del Golfo de México, es, sin duda alguna, la presencia súbita de un fascinante resplandor que en tardes clarísimas produce irradiaciones de maravilla, y que las gentes de las costas han llamado "el rayo verde".

Entre los cronistas del siglo XVI mexicano hay uno que refiere que cuando el licenciado Francisco Tello de Sandoval, que venía como visitador a la Nueva España, llegó a San Juan de. Ulúa el 12 de enero de 1544, vió al mismo tiempo que todos los marinos y pasajeros del barco unas luces misteriosas que se desparramaban hacia los mástiles, llamándoles extraordinariamente la atención aquella esplendidez que era algo así como el más feliz presagio de bienvenida que pudiera darse al viajero que venía a poner en paz la tierra.

Tello de Sandoval era de Sevilla y había sido canónigo de aquella catedral y más tarde Consejero de Indias. Fue él quien por vez primera vino a México en calidad de visitador y se sabe que después de haber cumplido la comisión que se le diera, regresó a España y murió en 1580. El fenómeno aéreo y marino que admirara a su llegada a Veracruz, debe haberle sacudido fuertemente el ánimo, y a buen seguro de que, pocos días antes, al pasar por entre las Antillas el barco que le traía, presenció el paso de los peces voladores...

Este fenómeno se reproduce en la hermosa crónica "Viajes a México en los siglos XVI, XVII y XVIII": "A los tres días llegamos al puerto de San Juan de Ulúa. Recuerdo que en lo más fuerte del temporal apareció de noche, en el tope del mástil, una lucecita, muy parecida a la de una vela, que los españoles llamaban camposanto, y decían que era San Telmo, a quien tienen por Patrono de los navegantes. Viéndola los españoles se pusieron de rodillas y la adoraron, rogando a Dios y a San Telmo que cesase la tormenta".

Cuando era virrey el Conde de Revillagigedo, hubo en el cielo de México, el 14 de noviembre de 1789, algo deslumbrador, que infundió miedo en muchos espíritus, porque no lo habían visto antes, y que para otros, era la aurora boreal. Por el rumbo de la Villa de Guadalupe, entre las ocho y las nueve de la noche, de aquel día, apareció un haz luminoso en forma de abanico, del cual se desprendían colores rojos y amarillos, que a medida que se acentuaban, fingían un incendio en el horizonte. Refiere el curioso relator de aquel suceso, que familias enteras salieron de casa para darse cuenta de lo que ocurría y no pocos hicieron en la calle una amplia confesión de sus culpas, como si ya estuviesen realizándose las vísperas del año en que, según San Juan, será la destrucción del mundo.

Hay un libro publicado en París en 1837 y se titula: "Voyage au Guazacoalcos, aux Äntilles et aux Etats—Unis" y en el cual M. A. Brisdot dice: "Se habla de un cuadrúpedo que existe en los alrededores de Campeche y que lleva sobre la frente un soberbio diamante; pero por lo que él tenga de precio, debe ser arrancado estando el animal vivo, ya que de otro modo no es más estimado. Creo que se trata de una fábula".

Algo de lo que dice M. Brisdot, se puede leer en el relato "La piedra maravillosa", que trata de un mamífero que, según los indios mayas que viven hacia la frontera de Belice, lleva en la frente un diamante mágico; pero es tan difícil atrapar al animal que éste se escurre con toda rapidez por el centro de la tierra, horadando las rocas vivas con la facilidad con que un punzón metálico entra en el barro para modelado. Y dicen aquellos indios que el que atrape al animal y le arranque esa joya única, será el hombre más poderoso del mundo...

EL BULLICIO DE LA ALHONDIGA

Para Alfonso Teja Zabre

Allí está la casona del maíz, el limpio mirador de la abundancia. En las puertas se inmoviliza en piedra, Santa Fe de Guanajuato, y arriba las manos erigen las mazorcas de la desordenada cosecha. Pero la Alhóndiga ya no es la de antaño y apenas se oyen pasar por la calle, en los ratos de ocio del recuerdo, las recuas que iban al mineral sonando campanillas de plata. La casona se halla abandonada y no hay tumulto de panaderos ni algazara de viejas. En el mesón de la cuesta, cerca del mercado, no suenan voces alegres como en los años de la bonanza cuando, dicen pícaras lenguas, el Conde de la Valenciana mandaba al arriero, que bajo los balcones del palacio iba vendiendo no sé cuántas cargas de maíz, las llevara a la despensa y se las cambiaran por tejos del fabuloso metal.

La Alhóndiga está bella de tiempo, rica de añoranzas, ahíta de hacer el bien. Cuantos a ella se acercaron tuvieron el premio de la hartura. Disfruta de la santidad de los arcones que tuvieron llave secreta hasta para los criados; vive feliz en el olvido lento de las abuelonas que sacan la butaca al sol del patio y repiten consejas. A ella acudieron hambrientas muchedumbres, en ella se abastecieron las amasadoras, por ella rezaron trisagios en las cuaresmas de sequía las monjas que fueron hábiles en hacer boronas para la mesa del señor cura, el del edificante amontillado. Al pie de la cornisa labra la abeja su doliente panal, sólo para que en la despensa abandonada no falte una alabanza a Dios. Mandó sus cosechas al Bajío, se aplacó la inquietud.

Y el intendente Riaño, que la hizo construir al precio de 200,000 pesos, pudo adornarla con las preseas del maíz. Las anchas bóvedas un día vieron entrar atropellándose a la plebe y antes de meter las manos en la despensa henchida, mucha sangre corrió para probar que toda cosecha es un dolor. En las escarpias del tope, dándose al sol como frutas sangrientas, se balancearon las cabezas del Buen Cura y de los bravos capitanes; mientras en el antiguo solar los ojos ciegos de la leyenda veían, por un momento, florecer risueñas de rubíes, las mágicas granaditas.

Allá abajo está el mesón abierto, donde se hospedan los que vienen de lejos arriando burros; hormiguea el gentío, y un mendigo, pidiendo merced, alarga la mano lépera. Y luego se cierra a llover, entre un relampagueó insurgente que hubiera atribulado al señor Riaño. Alguien repite el dicho: "Aguacero que cae a las tres, tarde buena es".

Esa puerta ya nada defiende, ni esos aposentos limpios guardan víveres, ni los marchantes pagan el alhondigaje. Se apagó el vocerío que hubo en el colmenar de adentro y no hay altercado por una mala compra. Estuvieron allí los caudales de los terratenientes que araron tierras magnánimas; y un aroma de abundancia llega a la casa que fue del maíz desdé los campos que allá lejos se humillan al paso triunfante de los labradores. Ya nadie se llega con hambre que saciar, ni las recuas se detienen frente a la portada bronca para vaciar fanegas. Y sin embargo, hay hombres que tienen dos manos y sobra de pereza, y son capaces de comerse los tres huevos de la víbora, sin tener que implorar misericordia a mi Señor San Diego, o todas las frutas que en la piedra viva se hallan al pie de la escalinata de ese alcázar de la Valenciana y de Rul, por cuyas ventanas se deslíe en sol Guanajuato de las Granaditas.

ROMANCE DE COZUMEL

Para Eduardo Avilés Ramírez

Costa de Yucatán,
isla de Cozumel.
Por aquí pasó Juan
de Grijalva. Un lebrel
que era del capitán
Francisco de Montejo.
Cortés el entrecejo
frunció muy enojado...
pues Pedro de Alvarado
le robó unas gallinas
a unas indias indinas
(y muchos que han pasado
sin volver lo robado
y han vivido de gorra).
La tierra del venado,
del faisán
y la zorra
y la india desnuda,
y el señor don Hernán
que se quita la gorra
al pasar y saluda.
Las farolas bermejas
y las toninas tontas;
velero que te alejas,
luna que te remontas;
acantilados, rampas,
y las casonas viejas
de los libros de estampas;
espejos verde—zarcos,
y barcos en vaivén;
y más allá otros barcos
en busca de henequén...
El galeón de Castilla

trajo vino exquisito
en una pipa nueva.
De pronto se oye un grito
que a todos maravilla;
y el pirata se lleva
la plata y la vainilla.
(Ya ni se ve la quilla...)
Pero a los veinte días
cuando en las lontananzas
ya ni se ve la huella,
con palos y con lanzas
llegan de Veracruz.
El mar verde—botella
se ha vuelto verde—luz.
Cozumel, isla sola,
aire fino, mar claro;
una ola, otra ola
y en las olas un faro.
Isla de la neblina
y del marino loco;
verdor de agua marina,
frescor de agua de coco,
largas lunas de miel,
ponientes de colores
con barcos de papel
desde los miradores:
Cozumel, Cozumel.

Nov. de 1924

LA FLECHA DE ACAJUTLA

Para Federico Gómez de Orozco

Dicen que buscando El Dorado
—antes de encontrar el Perú—
anduvo por aquí Alvarado
a quien llamaban Tonatiú.

Y pasó una terrible cosa,
cuando buscaba no sé qué
—bien una india, bien una rosa—
pero el percance aquí fue.

La Historia cuenta la batalla,
aunque los detalles no;
se puso la cota y la malla,
pero ninguna le sirvió.

Y herido se mesó el cabello
e hizo la señal de la cruz,
|Era marfil el muslo bello
y el cabello como de luz!

La flecha estaba envenenada
y la herida era mortal;
pero al héroe no le pasó nada
porque el sol era su nahual.

Dicen otros que entre breñales
le curó un indio embrujador
con las virtudes teologales
del bálsamo del Salvador.

Y otros; que después del combate,
le trajo una india del volcán
una jícara de chocolate

con no sé qué de Cuscatlán.
La Leyenda dice que vainilla
y la Historia que yerbabuena;
y unos copian en eso a Milla
y otros están con Barberena.

Y la efeméride existe
y también existe el lugar,
y desde entonces quedó triste
la pierna para caminar.

Pierna de arcángel matasiete,
para el caballo bravonel.
¡Era el petulante jinete
como el arcángel San Miguel!

Doña Francisca, en Guatemala
(no sé dónde lo supe yo),
al recibir la enhoramala
entre armiños se desmayó.

Y el amor que todo rescata
aquel infortunado día
ofreció una pierna de plata
a la Santa Virgen María.

Todavía no lo aseguro porque
me puedo equivocar,
pero dice Fernández Duro
que don Pedro se hizo a la mar.

Y a bordo ya, se quejó tanto
que hizo la señal de la cruz,
los ojos azules en llanto
y el cabello como de luz!
Acajutla,1923

EL ÁNGEL DE LA NUEVA ESPANA

Para Miguel N. Lira

Un hombre que va de prisa
a Veracruz ha llegado.
La mirada muy azul
y como pájaro esbelto
su figura que parece
por aérea la de un pájaro,
de los que andan apenas
sobre el códice, descalzos...

El hombre trae un mensaje
y lo va a decir cantando;
y si todo lo hace a prisa
es porque viene despacio
a enseñar al que no sabe,
a dar al pobre un trabajo
y al rico a pedirle piedras
para seguir levantando
edificios que tendrán
esplendor alegre y claro.

Es sencillo su equipaje:
listas a servir dos manos,
y los pies que, para andar,
no conocen el cansancio,
y un gran anhelo de paz
en una tierra con pánico...

Los pobres indios le ven
como si tuviese algo
que nadie antes tuviera:
le oyen y sienten el paso
de músicas por el alma,
y se les irisa un llanto

130

que no pueden reprimir,
porque con sólo mirarlo,
olvidan lo que han sufrido
todos los que van pasando...

México—Tenoxtitlán,
muy buenos días te ha dado
Pedro de Gante, que llega
a visitar tu mercado
en que tantas cosas hay
que parecen de milagro,
por el precio y el color,
desde el ingenuo cacao,
hasta las finas preseas
de orfebres de Atzcapotzalco,
Pedro de Gante ha aprendido
una lección, y ya es sabio.

Ahora quiere enseñar
un poco de lo que él trajo.
Reúne a todos los niños
que se le quedan mirando;
pone talleres y enseña
a cantar el canto llano,
y a éste lo hace arquitecto,
y al otro lo hace mecánico,
y trae la nueva técnica
y enseña que son hermanos
todos los que en el maíz
mitológico encontraron
una explicación, el negro
y el amarillo y el blanco...

Pedro de Gante, maestro,
hace cuatrocientos años,
que con mísero equipaje
llegaste a los mexicanos.

Tu ciencia era tan sencilla;
una sonrisa en los labios;
tus acciones tan azules
y tus discursos tan diáfanos.

Maestro, amigo y señor,
en este día de mayo,
te traemos esta fiesta,
hermano mayor, hermano,
que prometiste volver,
y te estamos esperando!
1924

LA CUEVA FLORECIDA

*(En la romería franciscana que
el 18 de mayo de 1924 terminó con l
a visita a la cueva que fué
morada de Fray Martín de Valencia
en el Sacromonte).*

Para Enrique Fernández Ledesma

Un pájaro, una rosa,
un aroma y un trino.
Gracias a Dios por tanta cosa
tan maravillosa
que nos hemos hallado en el camino.

¿En dónde está la cueva? en dónde?
Y el camino responde:
nadie la habita ya.
¿Y Fray Martín en dónde está?
El camino se pierde,
embalsamado y verde,
más allá...

Gracias a Dios por estas florecillas!
Caigamos de rodillas....
¡Qué buena es la mañana!
¡Qué aire oloroso y santo!...
¡No merecemos tanto!

Una campana tiembla en la neblina
y en la neblina se desmaya el viento.
Y el pájaro contento
nos dice con su trino:
"Yo ya no sé el camino
que antaño conducía hasta el convento".
(La campana deshace rosas de oro en el viento...).

El agua aquí dan ganas de beberla
por lo preciosa
y por lo clara,
¡La niebla cuán adormecida y rara!
¡Oh, qué frescura
y qué blancura
para
besarla mucho y verla,
y dar gracias a Dios por tanta cosa
fina como la perla,
pura como la rosa!

¡Tan, tan!
Cuán intranquilas
las esquilas
están
en la alegría ciega de la luz...
¡Tin, tin!
Buenos días, Martín,
y muy buenos, ¡oh hermana Juana Inés de la Cruz!

Hermana Juana,
hermana
en este aire tan manso y transparente.
Ya me limpié la risa en este ambiente.
Gracias también por tu presente
de lontananzas
y de paradojas.
Aquí encendemos nuestras esperanzas
y hemos reflorecido mientras tú te deshojas...
! Qué fortuna
tener agua de luna
y aire de santidad para nuestras congojas!

Ya comprendo
por qué fue de cristal
tu madrigal

tremendo.
Ya te voy comprendiendo,
Martín, ese sayal
de jerga y esa
tristeza
toda infantil y toda montesina,
que tiritó de amor en la neblina. . .
(Tú ayunabas, pero de cuando, en cuando
te hacía confidencias la carne de gallina).
¡Oh, el paisaje que todo se ilumina!
¡Gracias a Dios, que amaneció cantando!
No parece
que dices, saltando de contento:
Cantad, que aquí siempre amanece.
Vivan la primavera y el adviento
y haga explosión
el día
y viva la alegría!
¡Y así te amanecía el corazón!

Aquí está el arbolado
sosegado;
allá asoma
cantando la paloma
de pecho tornasol
y sin pecado.

Alabado
sea el Señor que nos brindó un tesoro
en el deliquio santo
y en el canto
y el lloro;

y nos da un oriflama
de oro, de seda y llama,
cuando alza su corola
y la enarbola
al sol
el girasol.

De día
la alegría
y en la noche penumbras melodiosas
y bellas,
y en la mañana rosas,
pero en la noche estrellas!
Gracias, oh rosa, llena de gracia y de ambrosía,
y tú también, oh trino
divino
de ilusión:
os traigo mi alegría y mi canción!
¡Y en este aire de gozo naufraga el corazón!

Loado el Señor por estas maravillas
y por estas
florestas.
¡Qué claridad en el azul! ¡Qué fiestas
de aromas y de cantos escondidos!
Aquí pierden la senda los sentidos...
Traed las cestas
y tejed las danzas
para cortar canciones y esperanzas!
¡Juana, qué lontananzas!
¡Martín, qué florecillas!
¡Gracias a Dios, caigamos de rodillas!

ENTREVISTA CON JUAN PABLOS

(En el homenaje que los
periodistas de la ciudad de México
tributaron a Juan Paoli, el primer
impresor de América. 1933).

Para Gonzalo Herrerías

Hace algún tiempo —dicen ingenuos periodistas
que historiadores llaman y reporteros son—,
pasó algo que en las piedras lo tallan las aristas
y es porque hasta en las piedras dejó una sensación...

Ningún extra en la tarde, ni gaceta ni diario
habló de aquel suceso extraordinario,
la ciudad se ocupaba de otras cosas:
de que pusieron huevos las gallinas
y que hubiera matices en las primeras rosas...

¡En aquel tiempo estaban las rosas sin espinas
y en las cosas triviales había una fragancia!
por eso aquel suceso careció de importancia,
siendo que para América es el suceso aquél,
por más que ya las naves se borran a distancia,
como cuando llegaba Cortés a Cozumel.
¡Al darla se emocionan la tinta y el papel!

Años después supimos por los historiadores,
que para dar noticias tal vez son los mejores
periodistas, pues de una cosa del otro día
hacen ese platillo que más abre la gana
es decir, la noticia para primera plana...

Supimos, pues, decía,
que ya la imprenta había
llegado a este país: noticia a toda prueba,

que aunque bien la sabemos, sigue siendo muy nueva
Lo único que faltaba es que los periodistas
que porque dan noticias las más sensacionales,
—también en ese caso se les llama cronistas—
de pie, devotamente, cerca de estos umbrales
conocieran su casa solariega.

—Qué tal,
Maestro? —le decimos— la cosa no anda mal.
(La esquina sigue siendo la misma de esta casa:
como pasan los siglos así la gente pasa
por la misma calzada que iba hacia el hospital,
y a un lado está el macizo palacio episcopal.)

Y un reportero con la frente cejijunta
al ver a Juan Paoli, sin querer le pregunta:
—Y su tocayo el fraile que era obispo?

—Callad—
dice don Juan—son chismes que andan por la ciudad....
—¿Qué fue del latifundio que tuvo en Cozumel
don Hernán? ¿Y cómo andan la tinta y el papel?
—Callad don Juan, que en frente a un señor licenciado
una mañana de estas le encontraron ahorcado
tan sólo porque el hombre decía la verdad...

Juan Paoli medita, pues ya nos entendemos.
—Ya no son necesarios los tórculos. Ya no es
posible estar un mes
para hacer una plana... ¡Linotipo tenemos!

Don Juan mirando el vasto fulgor de la mañana,
comenta: "¡Son noticias para primera ploma!"
Y la noticia vuela con alas de contento.
como el feroz acridio que se cayó en el mar,
y aunque se trata de un maravilloso invento,
sobre él los periodistas no pueden inventar.

138

LA CRUZ PEREGRINA

(A la gloria de Fray Antonio de Jesús
Margil, en su segundo centenario.)

Para Antonio Cortés

Loemos al monje andariego,
al de las sandalias de fuego,
al monje que estuvo
en la California el jueves
enseñando a los indios a hilar,
y el sábado estaba en la Costa Rica,
como San Antonio,
diciendo un discurso a los peces del mar
Loemos al monje que amarró al demonio
bajo de su cama y lo tuvo
bien encadenado,
lo bañó que era cosa de ver,
le quitó la sarna de todo pecado
como a un perro y le dió de comer;
al monje que nunca supo de reposo;
al monje que tuvo
sandalias de fuego
y un maravilloso
corazón de luz,
al monje que anduvo y anduvo...
al más andariego
de todos, Antonio Margil de Jesús.
Llevó en las alforjas un fino racimo de cantos
y con un pañuelo
bordado en el cielo
por los ángeles, enjugaba llantos....

139

Perfumó con sus manos
el pus;
fueron sus hermanos
los luceros
de luz;
enseñó a los jilgueros
a contar hasta dos,
e hizo a los zenzontes
fiesteros
dar gracias a Dios;
y por los senderos
de valles y montes
transformaba en rosas
hermosas
aquellas ideas
que van por el mundo llevando su cruz.
¡Alabado seas
Antonio Margil de Jesús!

Le vieron llevar un lucero en la frente,
remendado su pobre sayal,
y una noche de luna
se quedó sentado junto a una laguna,
y esa vez
se cuenta que un pez
de este modo le dijo: "Qué tal,
Antonio?", y Antonio le dijo
al confianzudo animal:
—"Nada, hijo.
veía el crepúsculo desde este sitial".

¿Qué laguna era?
Alguna
laguna
muerta en el otoño, viva en primavera.
Pátzcuaro, Atitlán...
Alguna de esas lagunas que están,

en el cráter de un viejo volcán.
¿Qué hora? La del "Alabado",
la hora sencilla
cuando se arrodilla
el ganado;
cuando suenan campanas
de lejanas
dulzuras
—campanas de Honduras,
campanas que están
en el fondo del agua...
Cielos de Nicaragua;
lunas de Michoacán.

Pasó por los reales de minas,
subió a las montañas hirsutas,
le escucharon las aves marinas,
le vieron bajar de repente
a un río sin puente.

Conocía las rutas
al norte, al sur y al oriente;
fue su desayuno la miel de las frutas,
no diferenciaba la rosa y la espina,
y camina y camina y camina
llevando su cruz peregrina
más allá de los campos que se hallan desiertos,
más allá de los huertos
que están pensativos,
y su cruz con los brazos abiertos
dió amor a los vivos
y paz a los muertos!

Y andaba y andaba con su cruz andante
y un canto que nadie lo puede olvidar,
un canto que encierra
lo que dicen la flor en la tierra

y la estrella en el mar;
un canto de llanto y de gozo,
un canto fragante,
que se ha vuelto claro de tanto rodar,
y que no se cansa de andar y de andar,
y está más cercano cuanto más distante
como aquellos de Pedro de Gante
que pasó cantando y haciendo cantar!

La cruz nunca tuvo fatigas;
se dió a manos llenas como las espigas,
y abría sus brazos desnudos al viento;
si una orquídea le daba colores
era que le daban su agradecimiento
las flores.
Ya habían caído muchas hojas secas.
La ciudad tenía
acueducto. Un día
llegó a Zacatecas,
con la cruz, cantando y a pie;
y a la cruz le faltaban astillas;
las gentes sencillas
se las arrancaron temblando de fe,
y el monje decía
loco de alegría:
—"Señor, tu deseo tal fue..."

Tal fue su leyenda divina:
una cruz que enseñó una canción,
una cruz de madera con un corazón,
una cruz que camina y camina
suavizando como una neblina
y ascendiendo como una oración.

PLATA DE GUANAJUATO

Para Ángel M. Guribuy

Campana
lejana
de la Valenciana,
desgrana
en el día
tu vana
alegría
que viene
y que va.
(Tiene
la campana
la risa en la boca
Y está
ebria y loca
en el más allá...)
¿En dónde
está el conde
que se halló la mina?
Entre la mañana
llena de neblina
la campana
fina
responde:
¡No está!

Plata
de la cata
que encontró el minero
en aquel sendero,
bajo la fogata…
Plata del arete
Siglo XVII,
Cuando en la barranca

De la luna llena
Que se hizo más blanca
Por una morena
De muy buena
Ley,
Se dobló en doblones
Como en los arcones
Del rey.

Arcones
De las abuelonas
Y las peluconas
Y el amontillado
Y el agua de olor.

Arcones de tiempo mejor.
Plata que reía,
plata rutilante
del tiempo pasado
que cabe en un guante
dorado
y fragante
de amor

Tu blancura
pura
de estrella
rebrilla
en aquella
bella
vajilla
de la maravilla.
¡Oh el día que vino
Iturrigaray!
Entre armiños presa,
dijo la condesa:

—¡Plata como esa
ya no hay!

¿En dónde
se esconde
mi señor el conde
de Rul?
La campana
triste
se viste
de pena.
Sabe a yerbabuena
la mañana
azul!

1923

ORO PERULERO

Para José Gálvez, en Lima

Su carta la quisiera trocar con el cacao
que anualmente pagaron en un tiempo mejor,
cuando el copal de fábula se deshizo en el vaho
que se azula en los códices y es oro en el folklor.

Si me llegó muy tarde la culpa es de la nao,
o quizá por desidia del Correo Mayor.
¡Oh, los itinerarios de Acapulco al Callao
y las islas con pájaros al sur del Ecuador!

Quisiera ser pirata ya que no soy minero,
para acuñar un poco del oro perulero
que usted esmalta y fija, pero con qué primor!

Mas ya que por la prisa tan sólo esto se pudo,
al regresar la nao le lleva mi saludo:
un blancor de gaviota sobre el palo mayor!

1924

FIGURAS DE LANDÍVAR EN EL AGUA

(En el homenaje que ante la
cascada "La Tzaráracua" se tributó
a su poeta en el segunda centenario.)

Para Jesús Romero Flores

Aquí Landívar construyó un alcázar
de hervoroso cristal para las náyades
del bosque virgiliano donde un día
vió a Pan sonar la melódica flauta
del agua que, al ceñirse en los verjeles,
canta como en la nave canta el órgano
el canto llano con que saludaron
a Dios, allá en las playas del Tirreno,
ante el mar espejeante del espíritu,
Ambrosio y Agustín. Aquí Landívar
vió en el rostro del aire la sonrisa
diáfana del poema y pudo ver
con el paso de la clásica danza
las Nueve Musas que, en la niebla antigua,
hacen surgir sus torsos y los yerguen
en el célebre exámetro. Aún resuenan
sus risas y aun se escuchan sus palabras
efímeras y eternas como todo
lo que se escribe sobre el agua. Un día
el poeta tembló de sumo gozo
al ver que sus palabras tatuaban
la epidermis de lirio del paisaje
y que el aire se hacía más profundo
que el orto ardiendo por la idea pura.

Canta en el alba San Francisco y canta
Platón, mientras se incendian los zafiros
del crepúsculo, y es un relicario
el mediodía abierto en la Tzaráracua…

Se oye una clara música de estrellas...
La pupila del iris curiosea
esmaltando de lágrimas la espuma...
Canta el Poeta y en el bosque hay ecos
de la pagana voz... Y se ha dormido
el céfiro en los árboles que sangran
y los restaura el bálsamo del tiempo...

Ya Landívar no tiene más palabras
porque es la voz de la Naturaleza
convertida en pasión y en melodía.
La tarde con la aurora en el poema
celebran fastuosos desposorios.

¡Gloria al paisaje en que el Poeta puso
un velo a sus imágenes fugaces,
en la espuma, en el aire y en el agua!
¡La sombra de Landívar se ha quedado
eterna en el efímero cristal!

5 Septbre. 1931

MAYOLICA DE PUEBLA

Para Emilia Romero

La tarde muere en el espejo
y se envejece en la madera
y en la pared está el consejo
que todavía desespera.

Y en todo está la primavera
que me enseña en el azulejo
una fábula en que quisiera
el perro alcanzar al conejo.

En tus muros la enredadera
de la añoranza te la dejo,
y en el candil pongo esta luz,

que si pasa de mano en mano
la enciende Francisco Solano,
la apaga Felipe de Jesús.

Lima, 1924.

ITURBIDE, VARÓN DE DIOS

RAFAEL HELIODORO VALLE, LA PLUMA Y LA FUENTE

"Mexicano, si no de nacimiento, sí de conocimiento". Así suelen considerar en tierras de Anáhuac a nuestro más conocido prosista del siglo XX, el maestro Rafael Heliodoro Valle. Allá vivió quizá sus mejores años, allá estudió y trabajó y allá tuvo a su entera disposición las condiciones propicias para crear, investigar, compilar y divulgar todo cuanto pudiese hallarse al alcance de su talento e inteligencia. México fue, sin duda, su patria del conocimiento y lo es, por igual, su más agradecida patria del reconocimiento: una importante calle del Distrito Federal luce su nombre, un prestigioso premio iberoamericano ha sido instituido en su memoria, le fue otorgada la más alta condecoración del Estado, la Biblioteca Nacional alberga el "Acervo Rafael Heliodoro Valle" en un espacio perfectamente acondicionado. Por si ello fuera poco, valga recordar que un significativo grupo de investigadores mexicanos están dedicados, desde hace años, a estudiar, compilar y divulgar la vasta obra de Rafael Heliodoro Valle. Se consideran orgullosamente sus discípulos, y más de alguno de ellos, como el joven maestro Javier Ramos Rojas, ha merecido considerables apoyos institucionales por su ejemplar abnegación vallista.

Nada desdeñable resulta ser, por su parte, la forma cómo el autor de Semblanza de Honduras supo retribuir tanta estima mexicana. A su brillante magisterio en aulas universitarias, aunó la entrega incesante a las lides periodísticas y, sobre todo, a la investigación , recopilación y difusión de temas históricos y literarios que aún son materia de estudio en aquel país, como su valiosa producción bibliográfica netamente nacional como México imponderable, Imaginación de México, Bibliografía Mexicana, Bolívar en México , Iturbide, varón de Dios o la que, en sus años mozos, fuera su tesis de grado en la Escuela Normal de Tacuba, la caída de México en poder de Hernán Cortés, para sólo citar unos cuantos, pudiendo sumar a esta su tesis doctoral Cristóbal de Olid, conquistador de México y Honduras presentada en la Facultad de Filosofía y Letras de la UNAM el 29 de octubre de 1948.

Agustín de Iturbide fue un personaje mexicano al que Valle dedicó un par de estudios memorables. Al año de su regreso a México, en 1922, convertido ya en un periodista de tempranera valía, publica Cómo era Iturbide, una penetrante visión histórica y sicológica de tan excéntrico Emperador, el "Augustinus Dei Providentia". Veintidós años después publica Iturbide, varón de Dios, a mi parecer uno de los mejores textos escritos por nuestro polígrafo, sobre todo, por la gracia y finura de su prosa, con cierto "aggiornamento" narrativo, lo que ha llevado a catalogarlo como una novela o una biografía novelada.

Se trata, por supuesto, de una biografía de excepcional valor histórico en la que Valle despliega toda su deleitosa erudición, su admirable habilidad para hilvanar la cita textual con la conseja popular, la frase lapidaria con la "puntada" aforística. Cómo no destacar, asimismo, ese extraordinario dominio suyo de la fuente documental, principalmente en este caso de la fuente epistolar, tan significativa y no menos reveladora en lo que a la intrincada personalidad de este "Varón de Dios" y "Señor de horca y cuchillo" se refiere.

Un breve recorrido por esta obra y por los fragmentos epistolares aquí recogidos, nos muestra a un Iturbide que supo moverse muy sagazmente en dos frentes de batalla: el militar —donde le sobraban "audacia, ferocidad y sangre fría"— y el epistolar — "donde ponía en juego su estupenda habilidad persuasiva y su puntual cortesía"—. Así es como Valle relata que "no perdonaba ni a las mujeres. En 1814 fusiló a María Tomasa Esteves, hembra hermosa que seducía a la tropa en Irapuato"; o, como nos revela en la cita de Rocafuerte: "Dígalo la cárcel de Guanajuato, a donde fueron conducidas multitud de mujeres, entre ellas muchas señoras delicadas, sin otro crimen que ser esposas, hijas, madres o hermanas de algún patriota, saciando en estas víctimas miserandas la rabia que no podía desahogar con los hombres".

Para luego referir, desde la pluma de Justo Sierra, que "la espada de la represión se tiñó en sus manos de sangre insurgente hasta la empuñadura". Por lo demás, tuvo el gusto de cruzarse misivas con Bolívar, Lores ingleses, Reyes y Virreyes, generales y mariscales, en las que hacía gala de "sus maneras pulcras y de sus modales agradables".

Iturbide, varón de Dios es, junto con La anexión de Centroamérica a México (6 volúmenes) y México imponderable, el más valioso y agradecido legado que Rafael Heliodoro Valle pudo entregar a México, a los innumerables discípulos e investigadores de su obra, tan abnegados, tan vallistas y brillantes como aún no se dan en su perfumada tierra natal.

Tegucigalpa, M.D.C., abril de 2005

Rigoberto Paredes

¡El niño! ¡El niño! ¡Que se quema el niño! ¡Que se queme la casa, pero que se salve el niño!

La criada había puesto una vela junto al pabellón que cubría la cuna del niño. Éste se agarraba fuertemente a uno de los cordones de la cama que permanecía intacto. Y en medio de las llamas, una de las mujeres de la servidumbre pudo rescatar al niño, que apenas tenía un año de edad y que, hasta para nacer, había dado guerra, porque en un parto de cuatro días, —"cuando se daba casi por muerta a la madre y por perdido el feto"— ella invocó fervorosamente el nombre de uno de los frailes agustinos más célebres, Fray Diego Basalenque, cuya momia está en la Iglesia de San Agustín.

El niño se llamaba Agustín y había nacido en Valladolid de Michoacán (hoy Morelia) el 27 de noviembre de 1783, siendo su padre don José Joaquín de Iturbide, español de Pamplona, y su madre doña Josefa de Arámburu, "de una antigua y noble familia mexicana del mismo Valladolid".

Cuatro días después fue solemnemente bautizado con los nombres de Agustín, Cosme, Damián, por el canónigo de la Catedral vallisoletana, doctor don José de Aguerri, siendo su padrino Fray Lucas Centeno, que era el Provincial de la Provincia de San Nicolás Tolentino de Michoacán. De modo que, por los apellidos de sus padres y de sus abuelos, el inquieto niño se llamaría, andando el tiempo, Agustín de Iturbide y Arámburu, Arregui, Carrillo y Villaseñor, el del "camino fuerte", o el "Varón de Dios", "Tu Vir Dei", como iba a decir treinta y nueve años después el latinista adulador, o "Augustinus Dei Providentia", como el Congreso del Imperio decretó que se pusiese de lema al busto desnudo en la moneda imperial, o el "Pigmalión de la América" como le llamaban sus enemigos.

EL DRAGÓN DE FIERRO

Aprendió las primeras letras en Valladolid, la ciudad fundada por don Antonio de Mendoza, que lleva otro nombre en homenaje a Morelos, y que, según el poeta, tiene "párpados de rosa". Ciudad de campanas cristalinas, con una catedral que se hace más pura de líneas en las tardes; dulce y suave Morelia de los más contradictorios mexicanos.

Estudió Gramática Latina interno en el Seminario Conciliar y tendría catorce años. Todavía en 1815 bromeaba con latinajos: "Neseitis quid petatis" a propósito del Padre Chocolate, "eclesiástico muy malo en diverso género de delitos", escribía al Virrey Calleja desde Apaseo.

Las consejas refieren que aun era jovencito cuando un criado ebrio le agredió con un puñal; pero el ágil y fuerte niño esquivó el golpe y asestó tal puñetazo en la cabeza del agresor, que éste cayó como herido por un rayo y estuvo en la enfermería a punto de morir.

El 8 de octubre de 1797 se inició como oficial y tendría quince años cuando se hizo cargo de la mayordomía de una de las fincas agrícolas de su padre (fueron haciendas suyas Apeo y Guaracha, que lindan con Maravatío); y fué allí en donde aprendió a manejar caballos y reatas, con tal bizarría y denuedo que pronto adquirió fama de gran jinete, y por su resistencia para cabalgar durante muchas horas, —émulo de los mejores charros del Bajío— le pusieron el apodo del "Dragón de fierro" (la metáfora expresada en términos grotescos de la soldadesca).

JOVEN ALFÉREZ CRIOLLO

Siguiendo la costumbre de las familias distinguidas del país, con cuyos individuos se constituían las milicias indígenas, entró a servir como alférez en el Regimiento de Infantería Provincial de Valladolid, cuando lo mandaba como coronel el Conde de Casa Rul.

Tenía veintidós años al contraer matrimonio con Ana María Huarte, (27 de febrero de 1805), la hija de don Isidoro, con quien muchas dulzuras y sinsabores sobrellevaría. La conoció cuando ella frecuentaba el Colegio de Santa Rosa de Santa María, el primer conservatorio de música en América. Y poco tiempo después de las bodas salió con su regimiento rumbo a Jalapa, ya que concurriría a las maniobras militares que debían ejecutarse en presencia del Virrey Iturrigaray.

La noche del 15 de septiembre de 1808 el Virrey fue sorprendido en Palacio, en compañía de su familia y de las platas y cosas preciosas que poco después le incautaron. Fue entonces cuando "el nombre de Iturbide apareció por primera vez en los periódicos como el de uno de tantos oficiales del país que ofrecían sus servicios al nuevo gobierno, y después siguieron sin vacilación la bandera española contra la de la independencia, alzada por el cura Hidalgo en el pueblo de Dolores".

A la media noche del 16 de diciembre de 1809, el cura don Francisco de la Concha y Castañeda denunció formalmente a los criollos que conspiraban en Valladolid, y se ha dicho que Iturbide formaba parte de dicha conjura y fue quien hizo la revelación y quien —según el proceso inquisitorial— sorprendió a los conspiradores. Uno de ellos, don José Mariano Michelena que más tarde fue el primer Ministro de México en Londres, dijo en cierta ocasión: "...aunque nos trataba continuamente entonces, con justicia nos era sospechoso y después sirvió decididamente a la causa de la Independencia; nos hizo gran daño".

"Iturbide justificaba su conducta afirmando que era un deber luchar en contra del desorden que se iniciaba con la revolución de Hidalgo, que no tenía fines determinados". "Para muchos es inconcuso que fue uno de los conjurados, y que se desavino con sus compañeros porque no lo quisieron hacer mariscal de campo cuando apenas era teniente de milicia de Valladolid"; pero él mismo dice que Hidalgo, para atraerlo a su partido, le "ofreció la faja de teniente general", que rehusó, así como también las propuestas que él mismo le hizo, de "eximir del saqueo y confiscación sus fincas de campo y las de su padre, con sólo la condición de separarse de las banderas del Rey y permanecer neutral".

Está bien demostrado que Iturbide e Hidalgo eran parientes, "pues ambos descendían por la línea materna del conquistador don Juan de Villaseñor y Orozco, fundador de Valladolid".

La revolución encabezada por Hidalgo se apoderó de Guanajuato, y después de incorporársele miles de campesinos, mineros y criollos, por donde iba pasando con la imagen de la Virgen de Guadalupe por estandarte, apareció a poca distancia de la capital del Virreinato. La capital tembló y con ella los capitalistas. La Virgen de los Remedios fue movilizada por los españoles, ciñéndole el Virrey la espada de Capitán General. En medio de la alarma que bien pronto rayó en pánico, el teniente coronel Torcuato Trujillo salió al frente de más de mil soldados flamantes para detener la avalancha insurgente. Su segundo era Iturbide.

En un recodo del Monte de las Cruces, señalado por un obelisco en la carretera de Toluca, se libró la batalla en que Agustín de Iturbide se batió como si fuera un veterano (30 octubre de 1810) y pudo rescatar a la grupa de su caballo a don José de Mendívil, jefe del regimiento de infantería de Tres Villas. Aquella hazaña dió prestigio al nombre del valeroso criollo realista, que ya tenía el grado de capitán, y que poco antes, al frente de 35 de infantería, se batió contra 500 que mandaba Hernández y Briseño.

UNAS MULAS CON TRIGO

Al año siguiente, siendo segundo jefe del batallón de Tula, abandonó el lecho en que le agobiaba tenaz disentería, para tomar parte en la defensa de Tasco y en la acción de Iguala (3 de julio), y perdió a manos de los insurgentes unas mulas cargadas de trigo que eran de su propiedad, ocasionándole pérdidas con motivo de un embargo que apreciaba en más de 3.000 pesos y a la vez un incidente enojoso con el Subdelegado de Ixtlahuaca.

Para que no se dudara de su lealtad al régimen español —"buen vasallo" se autollamó en carta al Virrey desde Silao el 31 de agosto de 1812— le hizo notar que además de sus servicios militares "había tenido casi constantemente en los caminos, de correos y espías, mozos míos, expensados de mi bolsillo; he obsequiado muchas veces a la tropa, y en los principios, cuando se hacía uso de bagajes, siempre fueron de mi cuenta los que servían a los soldados".

Su actividad se encandilaba en vigilias y sorpresas, y en los paréntesis de la noche escribía cartas, innumerables cartas, a fin de estar al tanto de lo que ocurría en torno suyo, desde la metrópoli virreinal hasta las aldehuelas y ciudades del Bajío y desde Silao hasta Yuriria, desde Salamanca hasta Zinapécuaro, en todos los lugares donde vibraba la vasta y fina red de su espionaje. No conocía el cansancio y apenas conciliaba el sueño entre los gallos y la medianoche, ya impaciente para salir en busca de enemigos. Y así apareció peleando en Acuichio, como ayudante de campo del teniente coronel Castillo Bustamante (7 septiembre 1810), y en Sipimeo (el 14) como jefe de centro en el combate.

CONVOYES EN EL BAJÍO

Su audacia, su sangre fría, la resistencia de su material humano, bien pronto llamaron la atención de sus jefes. Tan avezado a los peligros, "acreditado machetero del Bajío", parecía cobrar nuevos ímpetus en cada amanecer y le era fácil recorrer a caballo veinte leguas, sufriendo hambre o lluvia, con la misma serenidad con que en los años mozos coleaba o cazaba toros, dando lecciones inolvidables a los rancheros más airosos. Montaba a caballo con una suprema distinción. Había vivido y luchado entre los hombres silenciosos del Bajío: "la caballería de estos lugares es la mejor de todo Méjico, como compuesta de gentes de campo, acostumbradas desde la niñez a domar caballos y a sufrir los rigores de las estaciones del año en el cultivo de la tierra".

No es exagerado lo de las 4.449 leguas que recorrió en campaña, desde el tercer año de la Revolución, según alardea en su diario militar. En 1815 salió de Guanajuato para perseguir a la Junta Revolucionaria que tenía el cuartel general en Ario, haciendo día y noche jornadas de diez, quince y hasta cerca de treinta leguas; y el 24 de julio de 1815 recorrió veinte desde San Pedro a Irapuato, llevando 140 hombres.

Le gustaba hablar en público; poseía "el arte de persuadir"; y sus frases eran brevísimas para que tuviesen la importancia de las arengas militares.

—¡Aquí los granaderos de la Corona! —exclamó mientras atacaba a los de Albino García.

—¡Soldados, adentro! ¿Me dejaréis solo? —le oyeron decir en el asalto de Salvatierra.

Fue en el Bajío —tierra de ganados y de minas— en donde disfrutó la más propicia atmósfera para desarrollar sus capacidades de soldado, para conocer a las gentes, adueñarse de su confianza, encompadrar con el mayor número de papás, adiestrar su memoria para no olvidarse del nombre del último que le servía o que le acompañaba y de ese modo, atrapando con su simpatía personal, haciéndose temer y querer, construyó su personalidad de caudillo. El tipo del caudillo hispano—americano: memorista adulador, rapaz, atrabiliario, enamorado de sí mismo, amigo de la ostentación.

Pero nada como su impavidez en los combates, su valor que rebasaba la temeridad. Despreciador de los peligros, broncíneo, dinámico, el olor de la pólvora le enardecía. Durante la junta de guerra que precedió al sitio de Córporo; sugirió "que se atacase a viva fuerza por el frente en dos o tres columnas cerradas bastante fuertes, yendo yo a la cabeza de ellas" y fue allí en medio de la derrota, donde le vieron sofrenar el caballo para apretarle las cinchas. A un milímetro de la muerte en Padilla, reiteró "que para él no se había hecho el miedo".

En el Bajío halló las mejores oportunidades para que los realistas olvidaran que era criollo y allí también se dió cuenta de lo que México significaba por sus tierras, sus alacenas, su trigo y su plata. La guerra era implacable. Los insurgentes eran vencidos y despedazados aquí, y por arte de magia reaparecían allá con tropas más frescas y valientes, despreciandola muerte al son de una canción entonada en los grandes silencios nocturnos, que sólo interrumpía el paso de los convoyes militares. Era el medio más seguro para conducir elementos de guerra a los campamentos realistas, pólvora, tabaco y mercaderías españolas desde la capital del virreinato hasta las ciudades de tierra adentro, o las remesas de plata de Guanajuato, de añil y de maíz, las habas, el garbanzo y los frijoles de las tierras que poco a poco eran abandonadas por "los señores amos" y los caporales que andaban en el monte batiéndose.

Los hacendados y los mineros nada podían hacer para impedir la destrucción de la riqueza en aquella vorágine del odio y la crueldad.

EL MANCO ALBINO GARCÍA

La audacia, la sangre fría, la despiadada crueldad de Iturbide, justificaron la comisión que en 1812 recibió para que impidiera que el terrible guerrillero Albino García se apoderara de una remesa de plata que iba de Guanajuato rumbo a la metrópoli. ¿Quién mejor que Iturbide, tan admirable conocedor del Bajío, que entre la noche más obscura podía guiarse tan sólo por una luz hasta llegar a la choza de un compadre que le mostraría el camino si estaba extraviado? Para ello debía de comunicarse con los generales José de la Cruz y Pedro Celestino Negrete, que vigilaban puntos intermedios en Michoacán y Querétaro. Con 60 hombres resueltos, en un territorio donde pululaban los insurgentes, pudo Iturbide recorrer en 6 días un área peligrosa y cumplir las órdenes que había recibido (22 junio).

Pero no conforme con haber salvado aquella "conducta", propuso a su jefe el coronel Diego García Conde, un plan para atrapar al invicto guerrillero que atormentaba la imaginación de los realistas y era lujo de la bravura insurgente. Con 124 dragones, 17 granaderos y 20 soldados, Iturbide salió en busca de Albino.

> García Conde, fatigado,
> deja de seguir su pista
> y a Iturbide le encomienda
> que al guerrillero persiga.
> Iturbide se disfraza,
> se finge Pedro García,
> hermano carnal de Albino,
> y que a darle auxilios iba.

> Entra al Valle cauteloso,
> estalla la gritería,
> despiertan en la matanza
> los que tranquilos dormían.

Iturbide aún era capitán de infantería. Y cuando Albino —a quien jamás dormido sorprendió la aurora— creía que Iturbide estaba muy lejos de Valle de Santiago, custodiando un convoy, a eso de las dos de la mañana (4 junio) cayó de sorpresa mientras la población despertaba a los gritos de:

—¡Aquí los granaderos de la Corona! ¡Allá el Batallón mixto!¡Qué ocupen los cañones las bocacalles! ¡Venga acá el de Puebla!

> Resistir quieren en vano;
> preso está Albino García,
> y, orgulloso, alborozado,
> rebosando en alegría,
> el pelotón, a las tropas
> del guerrillero fusila.

El cabo de dragones Juan Miguel Uribe y el granadero Miguel Sardineta capturaron al magnífico guerrillero, que poco después fué fusilado y descuartizado: "su cabeza fue puesta en Celaya en la calle de San Juan de Dios, por donde fue más violento su último ataque a aquella ciudad; la mano estropeada fue exhibida en Guanajuato y la otra en Irapuato".

La carta de Iturbide a García Conde le pinta como buen vasallo: "Para hacer algo por mi parte con objeto de quitar la impresión que en algunos estúpidos y sin educación existe, de que nuestra guerra es de europeos a americanos y de éstos a los otros, digo: que en esta ocasión ha dado puntualmente la casualidad de que todos cuantos concurrieron a ella han sido americanos sin excepción de persona y tengo de ello cierta complacencia, porque apreciaría ver lavada por las mismas manos la mancha negra que algunos echaron a este país español, y convencer de que nuestra guerra es de buenos a malos, de fieles a insurgentes y de cristianos a libertinos".

EL CORONEL ITURBIDE

Iturbide fue ascendido a teniente coronel.

El Viernes Santo de 1813 (16 de abril) ocupó Salvatierra, derrotando a don Ramón Rayón, y poco después fue ascendido a coronel, recibiendo el mando del Regimiento de Infantería de Celaya y la Comandancia General de la Provincia de Guanajuato.

El 5 de mayo estaba en Querétaro apremiando al Corregidor Lic. Miguel Domínguez para que entregara al Tesorero de la División 7.000 pesos para gastos de las tropas, a pesar de que era la División del Brigadier García Conde en Valladolid la que debía suministrarle dinero. Sin embargo, Iturbide amenazó al Corregidor Domínguez con que tomaría las medidas convenientes aunque fuesen violentas.

Su diario está lleno de injurias para los insurgentes: "los perversos", "los bandidos", "la canalla", "las gavillas". Y para subrayar su cólera saqueó la hacienda de Cuevas, propiedad del teniente coronel realista don Pedro de Otero (1º de agosto) quien se quejó al Virrey Calleja en estos términos: "...luego que llegó a la Hacienda, mandó publicar por orden a la tropa y demás gente, que todos cogieran de ella la paja y maíz que necesitaran sin pagar cosa alguna. V. E. como tan experimentado en las libertades que se toman los soldados, podrá considerar el desorden que se desparramaría en aquella Hacienda, autorizados los soldados, arrieros y pasajeros con la orden del Jefe Superior.

En efecto, a su arbitrio todo sacaron de las casas y trojes, cuanto quisieron: destrozaron parte de los muebles para quemarlos y hacer lumbradas: asaltaron una hermosa y costosa viña y hortaliza, amarrando los caballos, en las cepas, y lo que es más doloroso, iguales atentados cometieron en las casas y chozas de los pobres sirvientes y arrendatarios de la hacienda".

UN MILITAR ARISTOCRÁTICO

Aun sus enemigos reconocían su "buena presencia y modales agradables"; y su amabilidad y finura le servían no sólo para asegurarse la simpatía de la soldadesca, sino para engañar a los rebeldes. Cautivaba con sus maneras pulcras. Siempre que iba a la capital del Virreinato o se presentaba ante sus superiores no podía disimular su impaciencia; pues su altivez y su temperamento dominador, ya que "tenía la conciencia de su superioridad", lo hacían mantenerse a distancia de quienes pudieran mandarle. Sus enemigos temblaban en presencia suya —dice Zavala—. En la primavera de su vida —escribe Mme. Calderón de la Barca— bravo y activo, apasionado por las actitudes teatrales, contaba con todas las cualidades que hacen popular a un caudillo. "Era un militar refinadamente aristocrático", agrega Bulnes.

"Quien por primera vez lo encontraba, no podía dejar de sentirse magnetizado por él"; y Navarro Rodrigo dice que "ejercía sobre los demás la fascinación de su valor". Don Manuel Gómez Pedraza, que fue su confidente con anterioridad a 1821, habla de la "gracia que le era genial". Impaciente y fogoso de carácter, no toleraba que se le contradijese, y consideraba enemigo a quien le oponía, con resolución y dignidad, observaciones debidas muchas veces a la prudencia y a la buena fe. Fue benévolo con sus amigos, pero no siempre con sus adversarios, aunque Alamán sostiene que "gustaba de dar golpes de magnanimidad y generosidad". Puso preso a un padre Galván tan sólo porque éste afirmó que habían herido a Iturbide en una acción. Aún a los servidores más distinguidos del Rey, que estaban a sus órdenes, los estropeaba y removía a su antojo, "cuando no iban con sus ideas". Al hablar de su irascibilidad refiere Bustamante que una vez, siendo Emperador, tiró un plato a la cara de la Emperatriz; es posible que se trate de una conseja, porque era muy cortés con las damas, como sucedió cuando, después de la rendición de Luaces, en Querétaro, tomó un coche y fue a presentar respetos a la esposa del vencido, atención que a éste subyugó. Era, por otra parte, "hábil en aprovechar todas las ocasiones de hacerse amigos".

Y en cierta ocasión, habiendo ordenado a su secretario que escribiese a los comandantes de Guanajuato y Celaya pidiéndoles que alistaran alojamiento para ochocientos prisioneros que tomaría a Bracho y San Julián, el secretario osó decirle:

—¿Cómo toma usted esa medida si no sabemos el éxito que tendremos cuando los ataquen nuestras tropas?

—Ponga usted las órdenes, porque es imposible que dejen de ser prisioneros nuestros estos hombres.

CONTERRÁNEOS ENEMIGOS

Los triunfos del general Morelos en el sur resonaban en el Bajío. Un día Iturbide escribió desde Irapuato (6 junio 1813) al Virrey

Calleja: "En Cuéramo, Valle de Santiago, Yuriria, Salvatierra, han propagado con ahinco los bandidos, que esperan pronto con 10.000 hombres a Morelos; V. E. tendrá noticias más exactas de este cabecilla y sabrá calcular la verosimilitud de las de aquí; y sabrá también si se halla realmente empeñado Morelos en el sitio de Acapulco; el éxito que probablemente debe tener, y el orden y fuerzas con que podrá retirarse o huir".

Al frente de 6.000 hombres y con 30 cañones, Morelos apareció frente a Valladolid. El Ejército del Norte se hallaba en Acámbaro, siendo su primer jefe Ciriaco de Llano y su segundo Iturbide. El 27 de diciembre de 1813 la ciudad estuvo a punto de caer; pero las tropas insurgentes fueron rechazadas, sucumbiendo 600 y quedando prisioneros 230, "que fueron inhumanamente fusilados haciéndoles antes cavar sus propias tumbas".

Morelos e Iturbide eran de Valladolid y cuando el primero quiso apoderarse de ella, el segundo "se adelantó hacia el enemigo llevando los infantes a la grupa de los caballos, y en vez de hacer un reconocimiento, empeñó la acción, rompiendo fácilmente la débil línea de la infantería de los insurgentes, y aunque bajó en apoyo de ésta un cuerpo numeroso de caballería, emprendió atacar a Morelos en su mismo campamento, defendido por veintisiete cañones, teniendo que trepar por una subida estrecha y difícil, dominada por todas partes por los fuegos de los contrarios. La obscuridad de la noche que sobrevino, aumentó la confusión y desorden causado por el ataque de Iturbide en el campo insurgente: el mismo Morelos corrió riesgo de ser cogido, habiendo estado algún tiempo entre algunos fieles del Potosí, que no conociéndolo porque casualmente montaba en silla militar, cosa que no acostumbraba, hirieron gravemente a su confesor el P. brigadier D. Miguel Gómez, cura de Petatlán: los que acompañaban a Morelos dieron muerte a tres de aquéllos y lo libraron".

Más de 50 cañones perdieron los insurgentes en Puruarán, en las Lomas de Santa María y en el ataque a la garita del Zapote. El Obispo Abad y Queipo, al dar noticia de aquellos sucesos al Virrey Calleja "atribuía como era justo, todo el mérito a Iturbide; pero le decía que aquel joven estaba lleno de ambición y no sería extraño que andando el tiempo él mismo fuese el que hubiese de efectuar la independencia de su patria".

El 5 de enero de 1814 el cura don Mariano Matamoros —brazo derecho de Morelos— fué atacado en Puruarán por De Llano y derrotado y capturado por Iturbide, quien lo fusiló en Valladolid (3 de febrero); y poco después dispersó en el cerro de Cuerámbaro, a las "gavillas" de Liceaga, uno de los miembros de la Junta Soberana, figurando entre sus prisioneros el padre Sáenz.

Iturbide acompañó al brigadier De Llano en el sitio de Cóporo, donde fueron rechazados; y al regresar a Valle de Santiago, recibió el nombramiento de Comandante General del Ejército del Norte (1°. septiembre 1815). EL dicho año y en el de 1816 dió muestras de extraordinaria actividad en el Bajío.

EL REALISTA FEROZ

Hay una nota de Iturbide en su diario militar que corresponde al 30 de abril de 1815: "Fueron fusilados 13, a quienes se calificó delito de infidencia". Ésta es una de las más inocentes noticias que, con toda franqueza, proporciona. Zavala escribe: "Los mismos jefes españoles apenas llegaban a igualar en crueldad a este americano desnaturalizado; y verlo como por encanto presentarse a sostener una causa que había combatido, parece que debía inspirar recelos a hombres que, como los insurgentes mexicanos, habían sido muchas veces víctimas de su crueldad y de perfidias repetidas".

Fue en el Bajío en donde más sangre derramó. Don Justo Sierra dijo bien: "Exageró su celo, lo que calentó al rojo blanco, por lo mismo que no era sincero, y la espada de la represión se tiñó en sus manos de sangre insurgente hasta la empuñadura".

Aun cuando gustaba de exagerar en sus partes oficiales el número de los fusilados por su orden, y aun cuando varios de sus enemigos sistemáticamente tratan de poner de relieve su crueldad (Vicente Rocafuerte, Carlos María de Bustamante) no puede ya negarse que superó al brigadier Calleja en las hazañas sanguinarias. El Padre Mier decía: "Téngase presente a este animal de las Indias". Rocafuerte refiere que algunas personas veraces habían escuchado de labios del padre de Iturbide "que éste siendo niño cortaba los dedos de los pies de las gallinas para tener el bárbaro placer de verlas andar con sólo los tronconcitos de las canillas"; y el viajero J.C. Beltrami, que lo llama "el más encarnizado y el más cruel de los realistas", repite lo afirmado por Rocafuerte, ampliando la noticia, pues según él, Iturbide cuando era niño no sólo mutilaba a los pájaros, y agrega que "una de sus travesuras de colegial fue la de tirar por el pie a una escalera en cuya extremidad superior estaba colocado un mozo, ocasionándole poco menos que la muerte". También dice Beltrami que en Celaya conoció a un señor que había sido compañero de Iturbide en el colegio y que éste desde entonces había demostrado su tendencia a la crueldad. Don Francisco Bulnes lo llama "un hombre de guerra notablemente cruel y acostumbrado a matar tanto como a comer y a dormir".

Fusiló a don Mariano Noriega, distinguido vecino de Guanajuato, por haberle interceptado una carta para los insurgentes: como Noriega rehusara confesar lo que sabía "se le comenzaron a dar tantos y tan crueles azotes que se quedaron tirados en el patio los pedazos de carne que con ellos se le arrancaba, de manera que se le veían los huesos".

Hablando de las matanzas que hizo entre los defensores del fuerte de Yuriria (1812) escribió: "Miserables, ellos habrán reconocido su error en aquel lugar terrible (el infierno) en donde no podrán remediarlo. ¡Quizá su triste catástrofe servirá de escarmiento a los que están aún en disposición de salvarse!"

He aquí lo que decía (6 junio 1812) al Virrey después de la captura de Albino García: "Les tomé cerca de 100 armas de fuego, ciento y pico de caballos buenos ensillados, hasta 350 en pelo, con muy buenas mulas, etc. No puedo formar un cálculo seguro de los que murieron; pero llegarán y tal vez excederán de 300 con inclusión de 30 cabecillas, y de más de 150 que mandé pasar por las armas" ...

Una vez en Irapuato celebró el aniversario de la batalla de Puente de Calderón, y como el comandante Guizarnótegui llegó tardíamente al festejo, mandó que se hincaran varios jinetes que habían asistido a un rodeo y los pasó por las armas.

Refiere Rocafuerte la manera cómo se portó con el padre Luna, condiscípulo y amigo suyo: "Lo llevó a su lado, le habló en estilo familiar el más corriente, y con que siempre se habían tratado desde la infancia; le ofreció chocolate o lo que gustase: él admitió lo primero, y se le sirvió al momento. El padre se daba interiormente las gracias por haber caído en las generosas manos de su condiscípulo y amigo. Iturbide, entre tanto, usando con él de la mayor afabilidad, no tenía otras miras que las de escudriñar con este engaño los secretos de su corazón: consiguió en efecto su intención, pues el padre prendado de la generosidad de su amigo, no dejó de descubrirle varias cosas interesantes. Cuando Iturbide hubo conseguido su objeto, y no tuvo o no esperó ya sacar más, le preguntó ¿qué le parecía el chocolate que había tomado y el trato que le había dado?, el padre Luna le contestó con la mayor efusión de un alma agradecida, y entonces Iturbide le dice: ʹPues más te sabrá la muerte; ahora verás cómo trata Iturbide a los enemigos del Rey: disponte para morir dentro de dos horasʹ. Tan inesperada variación y tan crudo fallo, no pudo menos que parecer al padre Luna una burla amistosa por pasatiempo; pero viendo que Iturbide seguía seriamente su idea, no tuvo otra cosa qué hacer sino disponerse para morir, y fué en efecto pasado por las armas, dentro del término prescrito, a pesar de los ruegos de muchas personas de respeto y estimación de Iturbide, que sabedores del lance, se interesaron con él para impetrar el perdón, o a lo menos la dilación del castigo".

Cuando el ataque a Pesquera anunció al Virrey que un soldado, a pesar de que portaba espada y fusil, tomó por el rabo el caballo de un insurgente y los botó al suelo. "Le he mandado gratificar con cincuenta pesos, por serme más grato el que se coleen, como se dice vulgarmente, insurgentes que ganado".

Entre otros ejemplos de su crueldad, está al que Alamán relata: "Al entrar en Pátzcuaro fue cogido el comandante de aquella ciudad D. Bernardo Abarca. Era éste un vecino distinguido y pacífico a quien Cos obligó como a otros varios a admitir empleos en un regimiento de dragones que intentó levantar allí para resguardo de la población, como los cuerpos de patriotas que se habían organizado en los pueblos ocupados por los realistas, de que él mismo se hizo coronel nombrando a Abarca teniente coronel, el cual aceptó a instancias del vecindario, que a cada instante se veía invadido por las partidas de insurgentes que entraban en la ciudad y cometían todo género de desórdenes y violencias, no habiendo autoridad que conservase algún género de orden. Todos los oficiales al aproximarse Iturbide huyeron, pero el desgraciado Abarca tardó algo en hacerlo por tener que dejar a su esposa en cama, y habiendo sido cogido a la salida de la población, fue puesto inmediatamente en capilla para ser pasado por las armas. En vano se interesaron por salvarle la vida el cura D. Pedro Rafael Conejo, las religiosas y los vecinos que habían quedado: en vano su esposa afligida se echó a los pies de Iturbide quien le aseguró que su marido no sería fusilado, habiéndolo puesto en prisión solamente para tomarle una declaración; al salir de Pátzcuaro lo hizo conducir preso con la división y lo mandó pasar por las armas en Tzintzuntzan, cuando su tropa iba a ponerse en marcha".

En 1815 era tal su sed de sangre que se ensañaba en cuantas personas caían a su alcance; y mandó fusilara los administradores de las fincas de campo por donde hubieran pasado los insurgentes, a pretexto de que ellos podrían haberles dado noticias de sus movimientos y mató también a todos los que de alguna manera supuso complicados en el Congreso de Chilpancingo.

Pero indudablemente que su más horrenda hazaña es la que apareció relatada en la "Gaceta del Gobierno" (29 abril 1813), respecto a la acción de Salvatierra (16 abril). En ese parte al Virrey le comunicó que en dicho Viernes Santo quisieron proporcionarle "el mejor medio de santificar el día", y agregaba: "No es fácil calcular el número de los miserables excomulgados que de resultas de la acción descendieron ayer a los profundos abismos; pero por la relación de los comandantes de las partidas en diversos rumbos, y los cadáveres que ví infiero que serán como trescientos cincuenta". Años más tarde, mientras navegaba rumbo a Europa trató de disculparse, diciendo a su sobrino Malo:

—Es el caso que no pudiendo en la guerra perder las oportunidades, me vi precisado a atacar a los Rayones el Viernes Santo, y concluído favorablemente para las fuerzas que mandaba este hecho de armas y estando atacado de una fuerte jaqueca, encargué al capellán, padre Gallegos, diera el parte al Virrey, como era la costumbre, en pocos renglones, ofreciéndole para después el circunstanciado de la acción; y yo me acosté porque me era imposible ocuparme de nada. Poco después entró el capellán con el parte que había puesto y la pluma para que lo firmara, lo hice sin revisarlo antes como acostumbraba, porque me encontraba con el dolor muy agudo.

Aquel padre había visto poner muchos semejantes y algunas veces me había servido de escribiente, y no podía figurarme cometiese un abuso o indiscreción semejantes. Después leí en la "Gaceta del Gobierno", publicado el parte, y aunque me causó sorpresa y enojo lo había firmado, y siendo mía la culpa y no teniendo costumbre de desmentir mi firma, callé, y hasta hoy he sufrido los cargos que la publicación ha hecho caer sobre mí".

No perdonaba ni a las mujeres. En 1814 fusiló a María Tomasa Esteves, hembra hermosa que seducía a la tropa en Irapuato. Rocafuerte dice algo más: "Dígalo la cárcel de Guanajuato, a donde fueron conducidas multitud de mujeres, entre ellas muchas señoras delicadas, sin otro crimen que ser esposas, hijas, madres o hermanas de algún patriota, saciando en estas víctimas miserandas la rabia que no podía desahogar con los hombres. Muchas de ellas, encintas, perecieron, otras a impulso de la miseria o de la enfermedad, y todas generalmente acabaron sus días lastimosamente a causa de los daños y atrasos que les originó tan injusta y molesta prisión".

En la historia de América, la crueldad iturbidiana sólo podría parangonarse con las de aquellos realistas como Boves y Zuazola, como Calleja del Rey y el Conde de Flon. Su ejemplo ha sido superado más tarde y en demasía; pero ni sus más encarnizados admiradores ponen en duda que creía en la eficacia del terror como único recurso para asegurar la pacificación de las comarcas rebeldes. Era muy frecuente oírle decir: "que entraría a degüello en tal o cual lugar" por cualquier motivo, y en cierta ocasión afirmó: "A mi noticia no ha llegado hasta ahora que ningún tumulto, ninguna guerra intestina, haya calmado con halagos".

SEÑOR DE HORCA Y CUCHILLO

Bustamante sostiene que el nombramiento de Comandante del Bajío que Calleja le dió (1°. septiembre 1815), obedecía a que deseaba tener en Iturbide "un factor de sus intereses, que iba con él a la parte de las ganancias en los convoyes que conducía, y que para aumentar su haber abusaba de la fuerza que tenía en su mano del modo más atroz, inicuo y violento". Rocafuerte habla de un caso concreto: el de la conmuta de la pena de muerte de don Juan Sein por la de destierro, a cambio de 8.000 pesos que se repartieron entre el Virrey Calleja, su secretario Villamil e Iturbide, y que los otros reos (uno de ellos don Florencio Camargo) al no poder entregar igual suma, fueron fusilados. No es de extrañarse entonces la afirmación de que Calleja, al regresar a España (1817), llevaba "consigo caudales considerables, y la execración de un pueblo justamente indignado de sus crueldades".

A la ferocidad unía la codicia. En aquella guerra sin cuartel es evidente que los excesos no sólo estuvieron de parte de uno de los bandos. Pero Iturbide logró superarlos, cuando era jefe con mando de tropa y en campaña, un verdadero señor de horca y cuchillo, con insaciable sed de dinero.

Navarro y Rodrigo puntualiza el hecho de que "una de las veces que vino a Guanajuato trajo consigo un cargamento de azogue y otros artículos mineros de primera necesidad para esta industria, los cuales vendió muy caros, estando en su mano como estaba, retardar el envío de otros cargamentos, siendo jefe de las fuerzas que custodiaban los convoyes, y si se agrega que los mineros tenían que hacer sus pagos en pasta de plata al ínfimo precio de cuatro pesos y medio el marco, porque el numerario escaseaba mucho, se comprenderá lo que este comercio activo y bien organizado producía a Iturbide, bien que arruinando la industria minera en aquel rico Bajío". El escándalo llegó a punto de que las casas principales de Querétaro y Guanajuato, a pesar de que todo el mundo estaba acobardado y temeroso de que por cualquier pretexto se le tratase como a insurgente, se quejaron vivamente al Virrey, tanto que éste, condescendiente y blando en demasía con los desmanes de un jefe valeroso y utilísimo en la guerra como Iturbide, se vió obligado a suspenderlo del mando, haciéndole venir a México para que respondiese a los cargos que se le hacían.

Aunque el Virrey Calleja (24 junio 1816) pidió "informes a las corporaciones y personas notables de Guanajuato sobre la conducta de una comisión militar importantísima sólo para hacer ver que no había caído de su favor"; y entonces se llamaron a silencio los que conocían la verdad o prefirieron dar contestaciones ambiguas (anfibologías y subterfugios) porque Iturbide podía vengarse de ellos muy pronto.

Una voz viril resonó con toda la energía de la probidad: la del cura de Guanajuato, don Antonio Labarrieta ("le conozco desde joven porque nuestras familias se trataban íntimamente"), quien formuló cargos concretos en su histórico memorial (8 julio), que pueden sintetizarse así:

1. Si alguien se atrevía a decir la verdad, Iturbide le calumniaba llamándole "insurgente".
2. Haber castigado sin motivo a muchas personas.
3. Tener prisioneras, sin formarles causa, a las mujeres que había capturado en Pénjamo.
4. El saqueo de las haciendas de los realistas que han prestado distinguidos servicios.
5. Haberse dedicado al monopolio del azúcar, la lana, el aceite y los cigarros y a la compra de plata a bajo precio, introduciéndola en la Casa de Moneda a nombre del "caballero Mosso".
6. Tratar con desprecio y ultrajes a las corporaciones civiles sólo "porque no le auxiliaban en sus comercios y porque no eran esclavos de su voluntad".
7. Haber dispuesto de los caudales públicos y de los particulares, y publicado, derogado o despreciado a su antojo las leyes.
8. Haber sacado de las cajas reales de Guanajuato cerca de 1.300,000 pesos, y a pesar de ellos las tropas se hallaban en mala situación; y
9. El despotismo, el orgullo, el espíritu de devastación para hacer su negocio.

El Virrey y el Auditor de Guerra Bataller, que protegían a Iturbide ("protectores de alta jerarquía interesados en sus aprovechamientos", decía Labarrieta sin mencionarlos en su memorial) le absolvieron (3 septiembre); pero ya no pudo continuar con el poder omnímodo que había tenido en Guanajuato. Las casas de Rul y de Alamán no querían comprometerse a aparecer como acusadores en una causa criminal; su intento de que Iturbide se apartase del mando de aquella provincia estaba logrado y no pedían más.

Abundan las noticias concretas sobre la importancia que daba siempre al dinero. La primera aparece en su carta al Virrey Calleja (15 junio 1815): "No habiendo absolutamente reales en las cajas de Guanajuato, ni habiéndome podido franquear el S. García Rebollo un peso para pago de las tropas de operaciones, me he visto en la necesidad de exigir un préstamo de 40.000 pesos a los comerciantes, de 159.000 pesos que llevaban para Guanajuato, casi todo entre costales de paja, barriles con afrecho, huacales, etc. Sé que esta medida habrá dejado a algunos descontentos, porque generalmente excede el afecto al busto del Rey gravado en metal precioso, al que se profesa al mismo Fernando 7°. La segunda está en otra carta al Virrey desde la hacienda de Mazatlán (18 febrero 1821): "El ajente esencialísimo del asunto de que hablé a V. E. en mi carta oficial del número anterior es el dinero".

En vísperas del Plan de Iguala escribió al Virrey pidiéndole distribuir la moneda con prudente liberalidad, "pues por ella —decía— aventuran los hombres sus vidas y hacen esfuerzos que no practicarían por ningún otro estímulo".

Al préstamo de 60.000 pesos que exigió a los habitantes de Guanajuato, se unirían más tarde los 70.000 pesos de la "conducta" de Acapulco que bajo su protección pusieron los comerciantes de la metrópoli. El dinero caía en sus manos y se evaporaba... Porque es evidente que en el destierro tuvo trances difíciles y muchas escaseces.

CRISIS DE CONTRICCIÓN

Desde abril de 1816 hasta 1820 residió en la capital. Había renunciado a la jefatura del Ejército del Norte. Dice en sus memorias: "... todo lo renuncié por delicadeza, retándome a vivir conforme a mi natural inclinación, cultivando mis posesiones: la ingratitud de los hombres me había herido en lo más sensible. Su mala fé me había obligado a evitar las ocasiones de volver a ser el blanco de sus tiros; por otra parte, deshecho el mayor número de partidos disidentes y casi en tranquilidad el país, ya estaba libre del compromiso que seis años antes me ligó. La patria no me necesitaba, y podía sin faltar a mi deber descansar de los trabajos de la campaña".

¿A qué se dedicaba en la capital del Virreinato, mientras en España se restablecía "la llamada Constitución"? Aunque había arrendado la hacienda "La Compañía", cerca de Chalco, estaba en acecho de la mejor oportunidad para reaparecer en escena. Y como buen católico inició ejercicios espirituales en el templo jesuita de La Profesa.

En aquel paréntesis de contrición conoció al canónigo don Matías Monteagudo, quien tenía buenas relaciones con el Virrey. Católico observante, Iturbide siempre lo fué. Con frecuencia se quejó de la "maldad e irreligión de los rebeldes"; y hay una carta suya al Virrey (9 diciembre 1815) en la que se queja de los que en el incendio de Yuririapúndaro ultrajaron "al Divinísimo Sr. Sacramentado".

A pesar de su reiterada profesión de fe católica, "en medio de una sociedad que no se distinguía por su moral estricta, él sobresalía por su inmoralidad". Labarrieta lo conocía muy bien: "Supuesto lo relacionado, no puede haber en el Sr. Iturbide un fondo sólido de cristiandad; porque éste es incompatible con la inhumanidad y demás excesos que he referido por mayor: digo en el fondo, porque en lo exterior sí le he visto oír misa, rezar el rosario aunque sea la una de la mañana, en voz alta que lo oigan los soldados y domésticos; y me aseguran que confiesa y comulga a menudo. Eso yo no lo entiendo, o lo entiendo y no puedo explicarlo más que con decir que nos alimentamos de contradictorios".

Tenía 30 años cuando, según parece, conoció a doña María Ignacia Rodríguez de Velasco y Osorio Barba, viuda de Elizalde, "la mujer más hermosa que había conocido" el Barón de Humboldt. "Iturbide en la flor de la edad, de aventajada presencia, de modales cultos y agradables, hablar grato e insinuante, bien recibido en la sociedad, se entregó sin templanza a las disipaciones de la capital, que acabaron por causar graves dlensiones en el interior de su familia". Y Beltrami, en una de sus curiosas cartas, asegura que, al salir del colegio llevó una vida de disipación, de juego y de todos los vicios: "Usted sabe —añade— que antes de la revolución todos nuestros libertinos pasaban de la carrera de los vicios a la carrera de las armas". Sobre esa vida desenfrenada don Carlos Pereyra repite en su "Historia del Pueblo Mejicano": "En 1820 llevaba una vida de disipación. Era joven, rico y ambicioso". Dueño de una salud siempre a prueba de las contingencias de la campaña, sus costumbres tenían algo de la disciplina del vivac. Uno de los malquerientes (Bustamante) afirma que gustaba de las bebidas espirituosas cuando era Emperador y que en los días que precedieron a su caída las copas lo habían precipitado a la embriaguez; pero alguien que lo conocía mejor informa que en el viaje a Europa sólo pidió que le pusieran en su cámara una botella con amargos de Inglaterra, pues acostumbraba tomar una copita antes de comer. Uno de los enemigos asegura que "vivía solo entregado al juego, que es una de sus favoritas pasiones, y abandonado a sus vergonzosos amores". Otros lo pintan libertino, licencioso, audaz en las aventuras eróticas, como que era militar turbulento y su figura apuesta y su habilidad para mover almas, por medio de las mujeres, eran sus recursos de seducción. Dormía poco y siempre en sobresalto, pues aunque alguien, sin hacer ruido, penetrase en su aposento, se despertaba, se sentaba, y era de rigor su pregunta de otros días en el campamento: "¿Hay novedad?" La noche que el Regimiento número 1 lo proclamó Agustín primero, se dice que "durmió recostado, cubierto con su levita, muy agitado, y luego buscó la espada".

"Ejercía sobre los demás la fascinación de su valor, hábil y solapado como buen criollo, pero tanto más temible cuanto parecía más franco y abierto, de afables y corteses maneras, insinuante y de amena conversación, joven aún, algo corrompido en verdad, pero de esa corrupción brillante con que transigen las honradeces del siglo, despilfarrado como todos los ambiciosos que improvisan por malos medios su fortuna y se la dejan arrancar con calculada indiferencia por los amigos, porque esperan encontrar en ellos cómplices obligados de sus nuevos robos y de sus nuevas liviandades; Iturbide era el hombre que necesitaba México para alcanzar su emancipación de España.

EL FRUTO DE LA SANGRE

Conocía, como nadie en México, la más vasta área territorial, a la vez que los mejores materiales que podía tener a su disposición. Se daba cuenta de que los españoles habían dominado la situación militar de la Nueva España; pero a pesar de todo, el fuego de la insurgencia continuaba latente, con profundo brillo, bajo la ceniza del rescoldo. En aquel momento "no era un simple hombre, sino la personificación de la clase criolla militar, con pretensiones al dominio perpetuo de la nación que debía formar la independencia. En otros términos, Iturbide era la representación del partido militar criollo que con él comenzaba y que debía acabar con el fusilamiento del general Miramón en el Cerro de las Campanas, en 1867".

Era esencialmente un político criollo. Se daba cuenta de que en el árbol de sangre que Hidalgo había sembrado en Dolores maduraba el fruto a punto de caer. Insurgentes y realistas se hallaban cansados de una lucha que no se decidía, después de 11años de guerra sin cuartel, y en la que de ambos lados se saqueaba, pillaba, asesinaba. Más aún: no era posible que España resistiese más, porque sus tropas se batían al mismo tiempo y sin descanso en casi toda América, tratando de reprimir la insurrección. Algunos españoles se dieron cuenta de que la independencia era inevitable, de que sólo era cuestión de tiempo, y no faltaban entre los criollos realistas que fueran del mismo parecer y sólo esperaban la presencia del hombre que, por sus antecedentes, les inspirase confianza en el momento de dar la solución que resguardara sus intereses y los pusiera a salvo de los excesos de las masas que tenían —desde mucho antes— "hambre y sed de justicia". Ese hombre era Iturbide, bien relacionado, gran conocedor del medio geográfico, capaz de dar la voltereta como los fariseos.

Con todo sigilo se venía preparando para resurgir. No estaba totalmente entregado al ocio. Urdía en la intimidad recatada de sus sagaces confidentes, uno de ellos el canónigo Monteagudo. La ocasión propicia se presentó, para que éste la pusiera en manos de Iturbide, proclamando los principios que cristalizarían en el Plan de Iguala, poco tiempo después. Si la independencia era inevitable, ¿por qué no se hacía a favor de los españoles para que éstos continuaran gobernando, a la par de los criollos privilegiados? Curiosa paradoja que halló en Iturbide su más inteligente animador.

LLAMA EN EL RESCOLDO

El general Vicente Guerrero sostenía en las montañas del Sur, invicta y fiel, débil pero segura, la llama de la rebeldía. En vano su padre había mediado para hacerle deponer las armas, anunciándole tentadoras ofertas. Los otros generales insurgentes, de radiante historia, Nicolás Bravo, Guadalupe Victoria, Ramón Rayón, no eran problema militar. El primero se había acogido a la amnistía y el segundo vagaba, fantasma solitario, en los bosques de Veracruz, alimentándose como las cabras salvajes, pero atisbando el toque de somatén para incorporarse de nuevo a las huestes emancipadoras. Sólo Guerrero peleaba, indomable, insobornable, al amparo de sus montañas queridas, defendiéndose de los ataques del anciano coronel José Gabriel de Armijo.

Monteagudo habló con el Virrey Apodaca, Conde del Venadito. Había cambiado impresiones con el Regente de la Audiencia Lic. Bataller, el Lic. Juan José Espinosa de los Monteros y el doctor José Antonio Tirado, quien —como el sutil canónigo— había sido uno de los inquisidores que tomaron parte en el proceso del general Morelos. ¿Cómo iba a dudar el Virrey de cuanto le decía Monteagudo? Pero Su Excelencia ignoraba que los conspiradores de La Profesa trataban de hacer la independencia trayendo a un príncipe peninsular que anulase la Constitución Española restaurada y fuese monarca absoluto. El hombre para llevar adelante ese plan, ya no cabía duda, era el soldado criollo que había sido implacable perseguidor de los insurgentes, católico como éstos, pero sobre todo "un hombre de orden".

Iturbide niega en sus memorias haber estado en convivencia con aquella "reunión de serviles", y dice que el Plan de Iguala fue exclusivamente suyo: "mío porque solo lo concebí, lo extendí, lo publiqué y lo ejecuté".

"Yo tenía amigos, en las principales poblaciones, que lo eran antiguos de mi casa, o que adquirí en mis viajes y tiempo que mandé —habla Iturbide—; contaba también con el amor de los soldados: todos los que me conocían se apresuraban a darme noticias. Las mejores provincias las había recorrido, tenía ideas exactas del terreno y del carácter de sus habitantes, de los puntos fortificables, y de los recursos con que podía contar".

Acaso la conversación entre Monteagudo y el Virrey fue así:

—Excelentísimo Señor: ¿cómo van las cosas en el Sur?

—El coronel Armijo no puede dominar a las gavillas de Guerrero. Quizá convenga sustituirlo; pero, ¿dónde está el hombre?

—Si Su Excelencia me permite, le diré que está en esta Corte, y es el coronel Agustín de Iturbide, que tantas pruebas de lealtad ha dado a la Corona; pero no está en servicio de Su Majestad.

—Iturbide, sí. He oído hablar de Iturbide y sé que es un buen militar, que reúne el valor y talento militares y un conocimiento práctico del terreno cuyas circunstancias lo constituyen muy útil al servicio.

OTRO POSIBLE DIÁLOGO

Armijo había presentado su renuncia. Entonces el Virrey preguntó al teniente coronel don Miguel Badillo:

—Qué jefes hay sin empleo actual que pudiesen ser nombrados?

—Iturbide.

—¿Y usted lo conoce? ¿Qué concepto tiene de él? Sería conveniente mandarle recado para que venga y se presente.

Poco después, delante de un retrato de Fernando VII, Iturbide y el Virrey se entrevistaron. Aceptó la nueva prueba de confianza que se le daba como soldado del Rey. Su estudiada modestia no le permitía rehusar el nombramiento; pero...

—Lo único que pido, Excelentísimo Señor, son tres cosas: la primera que se me permita escoger la gente que debe acompañarme.

—Y la segunda?

—Que se me den los mejores elementos para combatir a los bandidos, mi Regimiento de Celaya y la Caballería de Frontera; y la tercera que, una vez derrotados, se me permita ir a España, pues deseo morir en la tierra de mis abuelos...

EN LAS MONTAÑAS ÉPICAS

Agustín de Iturbide estaba otra vez a caballo, con el nombramiento de Comandante General del Sur y rumbo de Acapulco (9 noviembre 1820). El 19 escribía desde la hacienda de San Gabriel al Virrey: "Mi muy amado y respetado general: Si la verdadera adhesión a la persona de V. E. y mi constante anhelo por el mejor servicio del Rey y de la Patria, me hicieron admitir luego el mando militar de la demarcación del Sur; el mismo interés del buen servicio, la adhesión misma a la muy apreciable persona de V.E., no menos que el honor comprometido por el buen éxito de un encargo, y porque jamás tenga V. E. motivo de arrepentirse de la confianza que ha librado en mis cortas luces y genio en asunto gravísimo y en circunstancias tan delicadas, no dejaré de manifestar a V. E. los males que yo note; pero siempre será, no con ponderaciones, sino con la exactitud de mi carácter y que es inseparable del hombre de bien".

El 30 se hallaba en Zimatepec, a pesar de que en la Tierra Caliente le esperaba un enemigo invisible: la malaria, que años antes le tuvo a un milímetro de la tumba. En Teloloapan, así que llegó el Regimiento de Celaya, invitó a su mesa a la oficialidad, a la que dió espléndido banquete, y alzados los manteles citó a don Francisco Quintanilla, capitán de la tercera compañía para que conversaran.

—Mi plan es éste... —dijo Iturbide— ¿Podría contar con los oficiales de su cuerpo?

—Pero es que...

—No, nada tiene esto de incierto. Usted desconfía, pero documentos intachables harán desaparecer toda incertidumbre.

Y de una gaveta extrajo un papel, nada menos que el borrador del plan que poco después iba a proclamar en Iguala, y a la vez cartas de algunas personas de gran categoría en la capital.

—¡Le ruego el más riguroso secreto!

El plan ya estaba, al parecer, propuesto al Obispo de Guadalajara, don Juan Cruz Ruiz de Cabañas y al general José de la Cruz; y el primero había prestado 25.000 pesos, para llevarlo adelante. En la intimidad de aquel secreto, además de Quintanilla, se hallaban los capitanes don Manuel Díaz de la Madrid y don José María González. Dueño de 2.479 hombres, Iturbide principió (22diciembre) la ofensiva contra Guerrero; y escribió al Virrey: "Plegue al Cielo que antes de concluir febrero podamos bendecir al Señor Dios de los ejércitos y tributarle en el sacrificio incruento, las más sumisas y reverentes gracias porque nos haya concedido la paz completa de este reino y aunado los intereses de los habitantes".

Iturbide se proponía encerrar a Guerrero en la sierra entre la costa y el río Mezcala. Pero el hombre propone y Dios dispone. Bravos hombres del sur, fogueados en once años de pelea, "con armas de fuego y bastante número de indios con piedras y palos", al mando de Pedro Asensio (28 diciembre) atacaron por sorpresa la retaguardia de Iturbide, pereciendo 108 hombres de éste; y pocos días después, el general Guerrero hizo lo mismo con la Compañía de Granaderos (2 enero 1821). La víspera escribió al Virrey:" ...habiendo salido de Teloloapan únicamente con 300 pesos..."

LA TINTA SE DERRAMA TAMBIÉN

Iturbide hizo a un lado la espada y tomó la pluma. Escribió a Guerrero (10 enero) invitándole —"muy señor mío"— a un entendimiento. La víspera aseguraba al Virrey: "No tendrá V. E. Señor Exmo. Oficial quien siga más ciegamente sus superiores preceptos que Iturbide, pero tampoco quien con mayor claridad, sinceridad y buen deseo le manifieste lo que encuentra en los asuntos, tal cual los conciba, para que sobre ellos recaigan con más acierto las sabias determinaciones de V. E. que tiene la necesidad en los casos de que tratamos de pesar y examinar con fina crítica la razón que por alguna o por muchas partes se le presentan bajo diversos y aun encontrados aspectos, pues le es imposible ver por sus propios ojos las cosas".

La respuesta que le dio Guerrero desde Rincón de Santo Domingo (20 enero) fué en el sentido de que estaba resuelto a continuar defendiendo el honor nacional hasta perecer o triunfar: que no podía dejarse engañar por las promesas lisonjeras de libertad dadas por los constitucionales españoles; que en materia de independencia eran de los mismos sentimientos que los realistas más acérrimos; que la Constitución española no daba garantías a los americanos.

Ya el borrador del Plan estaba listo; pero Iturbide necesitaba consultar a "las personas mejor reputadas de los diversos partidos", y aunque todas aprobaron su contenido, le hicieron modificaciones estilísticas. Es evidente que el Plan era el resultado de cambios de impresiones en la capital, mucho antes de salir a la campaña del sur, y si bien lo redactó, lo publicó y lo ejecutó, no es el único que le dio las ideas fundamentales. En prueba de ello está la carta que envió desde Teloloapan (25 enero) al abogado Juan José Espinosa de los Monteros que residía en México:

"Mi estimado amigo: Los adjuntos papeles instruirán a Ud. del suceso dispuesto para un día ya muy próximo del mes entrante, cuyos preliminares se hallan tan adelantados, que para lo esencial nada importaría su publicidad. Sin embargo, como Ud. conoce bien, debe permanecer la especie en el mayor secreto, y no debe saberla sino quien por algún respecto tenga que contribuir al mejor éxito.

"Haría un agravio a la penetración de Ud. si necesitase decirle que todo está hecho y bajo unas medidas que no temo ni la menor desgracia; y lo que dan de sí dichos papeles le confirmará mi seguridad.

"En tal concepto, y convencido yo de que Ud., por su verdadero patriotismo y nuestra amistad, no puede dejar de contribuir a mi plan, le ruego que me haga gusto de encerrarse al momento que lea Ud. ésta y se ocupe exclusivamente en negocio, tan arduo.

"En el estado avanzado en que se halla no pido a Ud. consejo sobre la ejecución, ni lo que concierne a ella, porque no hay que variar; pero sí se lo exige mi amistad sobre la manera de hacer manifiestas al público mis razones y sobre el plan que debe contribuir moralmente al objeto.

"Sírvase Ud. corregir o variar francamente, si gusta, la proclamita no.1 y los artículos del plan no. 2, añadiendo, quitando o exornando lo que su ilustración y luces le sugiera. Opinará Ud. conmigo, que dicha proclama y plan debe ser lo más conciso, y en seguida se tomará Ud. el trabajo de hacer un manifiesto que funde el grito y cada uno de los artículos del plan por las ideas del no. 3, y, además, otra proclama cuyos puntos se tocan en el no. 4.

"El propio buscará a Ud. a las horas que le indique para recibir el pliego en que vengan estos trabajos, pues, deben salir en el momento en que Ud. los acabe. Lo que más interesa es la brevedad; y si a los cuatro días no está todo, conténtese Ud. con enviarme lo que haga en este término.

"Dicho propio lleva para otro amigo lo respectivo a religión y clero, lo que servirá a Ud. de gobierno para no tocarlo si necesitare economizar los momentos; y es inútil añadir que si Ud. juzga conducente otras proclamas, y pueden venir, serán bien recibidas.

"Me atrevo a hacer a Ud. otra indicación: si Ud. puede salir de ahí reservadamente hasta Cuernavaca, no tendría Ud. motivo de arrepentirse de este paso, y se lo agradecería mucho su muy afto., amo., q.b.s.m.

Agustín de Iturbide

"PD. De todos modos, verifique Ud. o no el viaje, aunque el propio me traiga, como espero, los papeles todos que deseo, tenga Ud. la bondad de seguir ocupado todo de este importante asunto. Proclamas para el orden y unión, y manifiestos sobre lo que requiera mayor extensión. Planes que fluyen del actual sistema para la Junta, para las Cortes, para el Ejército, etc. No falta campo, y Ud. preferirá los asuntos más dignos de su pluma, en el concepto de que muy en breve no se ocuparán las prensas de otra cosa, y que entretanto conducirán también otros, que Ud. considere más necesarios que los del público, el acierto a que anhelo.

"Las cartas de Ud. siempre deberán venir por el conducto que entregue a Ud. las mías. —Y".

Iturbide volvió a escribir a Guerrero (4 febrero), llamándolo "estimado amigo" y diciéndole que deseaba entrar con él en conferencias acerca de los medios de trabajar de acuerdo para la felicidad del reino; y que esperaba quedaría satisfecho de sus intenciones.

El 5 de febrero Iturbide escribió al Virrey: "No dejan de notarse por Chilpancingo, Tixtla y otros puntos, algunos signos que amaguen tumultuarios rompimientos, si se prueban yo creo que convendría hacer un castigo ejemplar pronto. Quisiera que V.E. tuviera la bondad de decirme si debo ejecutarlo, pues no deseo otra cosa que el acierto". Esta noticia revela con toda claridad que Iturbide preparaba el ánimo del Virrey para el momento de dar el golpe definitivo.

Después de la invitación que Iturbide envió a Guerrero, por medio de Antonio de Mier y Villagómez, para que tuvieran una entrevista, ésta se llevó a cabo, mientras las tropas insurgentes quedaban a un tiro de cañón del enemigo. Ni Alamán ni Zavala aluden a Acatempan; pero el segundo, que fue uno de los confidentes de Guerrero, reconstruye aquella escena, una vez que ambos jefes se saludaron.

—No puedo explicar —dijo Iturbide— la satisfacción que experimento al encontrarme con un patriota que ha sostenido la noble causa de la independencia, y ha sobrevivido él sólo a tantos desastres, manteniendo vivo el fuego sagrado de la libertad. Recibid este justo homenaje de vuestro valor y de vuestras virtudes.

Guerrero, emocionado, se limitó a contestar así:

—Yo, señor, felicito a mi patria, porque recobra en este día un hijo, cuyo valor y conocimientos le han sido tan funestos.

Ambos lloraban. Y después de que Iturbide reveló a Guerrero sus planes, éste arengó a sus tropas:

—Soldados: este mexicano que tenéis presente es el señor Agustín de Iturbide, cuya espada ha sido por nueve años funesta a la causa que defendemos. Hoy jura defender los intereses nacionales; y yo que os he conducido a los combates, y de quien no podéis dudar que morirá sosteniendo la independencia, soy el primero que reconozco al señor Iturbide como el primer jefe de los ejércitos nacionales. ¡Viva la independencia! ¡Viva la libertad!

Iturbide quedó reconocido como general y las tropas españolas comenzaron a abandonarle.

El 18 de febrero Iturbide anunció al Virrey que Guerrero se había puesto a sus órdenes con 1,200 hombres. La comisión encomendada a Mier y Villagómez no pudo ser más venturosa. Acto continuo Iturbide comenzó a escribir cartas para preparar los ánimos de sus amigos, mientras el jugador Miguel Cabaleri despachaba al capitán Magán rumbo a Puebla para imprimir el "Plan", lo cual se logró gracias al padre Joaquín Furlong, prepósito de la Congregación de San Felipe Neri (de Monteagudo a Furlong el camino allanado por los jesuitas no podía ser más claro). Envió también al capitán Manuel Díaz de la Madrid ante el general Pedro Celestino Negrete; al capitán Francisco Quintanilla ante el general Quintanar en Valladolid, y que pasara a Guanajuato para entrevistar a los brigadieres Anastasio Bustamante y Luis Cortázar; y encargó a su amigo y compadre don Juan Gómez Navarrete que comunicara el "Plan" a los diputados a Cortes que en Veracruz esperaban el momento de salir para España.

Iturbide necesitaba dinero y lo obtuvo al apoderarse del convoy que iba de la capital rumbo a Acapulco, llevando mercaderías, por valor de $ 525.000, para la nave de Filipinas.

MAGO DE LA SONRISA

Pero más que dinero, Iturbide necesitaba más tinta y papel. Era llegado el momento de poner en juego su estupenda habilidad para escribir cartas. En altas horas de la noche, cuando sólo en el vivac estaban alertas, Iturbide movía la pluma de epistológrafo que no perdía el hilo de una conversación a leguas de distancia. Una de sus fruiciones era escribir a sus amigos, sus espías, sus compadres. Conocedor, como ninguno de sus contemporáneos, del México que había recorrido a caballo, contaba con la simpatía de muchos y nadie le aventajaba en el conocimiento de los caminos, los sitios de ganado y de cereales, las falsas veredas, los aguajes. Nadie en 1821 tenía las valiosas informaciones que él lograba reunir.

De sus amigos y colaboradores aseguraba: "A todos los conozco y sé lo que valen". Cuando era el terror del Bajío, se hallaba "instruido de lo más reservado y abría las cartas de los particulares" y para todo se conducía "siempre con aire misterioso y reservado, sin consultar la opinión, ni pedir el consentimiento de nadie". Para unos bastaba su sonrisa para otros sus dádivas, para quienes resistían dádivas y sonrisas, era suficiente su terror. "Él posee el arte de persuadir...; se acomoda y pliega a todos y sus razonamientos pocas veces dejan de surtir su efecto". Escribía cartas que le abrían todas las puertas, que inflamaban los corazones o le suministraban las noticias más rápidas. Y eran de su puño y letra, sobre todo las que contenían algún mensaje confidencial. Zalamero, cortés, enredador, las escribía en los paréntesis en que los otros roncaban a pierna suelta, y ponía en ellas, desde el tratamiento hasta la posdata, el dardo que iba a dar directamente a la meta codiciada. Si sus cartas se reunieran en un volumen, éste sería uno de los más interesantes en la literatura política de América; pero están dispersas: unas en la Universidad de Texas, otras en la Sección de Manuscritos de la Biblioteca del Congreso, en Washington, muchas en el Archivo General y en la Secretaría de la Defensa Nacional, y unas cuantas en el Museo Nacional de Historia, sin contar las que obran en poder de particulares.

"Muy señor mío y mi dueño", "Mi muy amado y respetado general", "Mi estimado Zamorita", "Mi amado amigo Zamorita", " De usted muy fino amigo q.b. s. m.", "Adiós, mi querido amigo, páselo bien y menos incómodo que su afmo. amigo q. s. m. b.".

El 19 de octubre de 1813 escribió desde Irapuato a su agente Manuel de Iruela y Zamora: "Mi querido amigo: alerta interin nos vemos, y espere V. como yo correr sangre pa. vengar la qe. han derramado hoy nuestros compañeros.

De V. como siempre afmo. Amigo".

"P.D. tenemos gente sobrada pa destinar a la persecución de las gavillas, dejando con mucha más fuerza de la necesaria todos los pueblos. Nuestros soldados están ardiendo, y yo no tengo muy fresca la sangre, tiemblen los infames".

Hay una carta que pinta su puntual cortesía: "Muy venerado y amado General y protector mío: nada forma en la sociedad vínculo más estrecho que la gratitud. De aquí es, que yo cuando V.S. por desgracia sienta, sentiré verdaderamente, y me congratularé en todas sus satisfacciones. He tenido la mayor en saber que mi Generala, mi Señora la Virreyna, a cuyos pies suplico a V. E. tenga la bondad de ofrecer mis respetos, dió felizmente a luz una niña, por cuyo plausible motivo a ambos doy las más expresivas, cordiales y sinceras enhorabuenas, y ejecuto lo mismo por el grado de Teniente General con que tan justamente se ha servido el Rey premiar de algún modo las grandes y utilísimas fatigas de V. E., pues deseo a su casa más prosperidades y gloria que a mí mismo. Para que las disfrute, guarde Dios a V. E. los años que pido a su Majestad Divina".

Su habilidad maravillosa para escribir cartas —que lo revelan como dueño y señor de sus pensamientos— llegó al climax en los días en que secretamente, buscó simpatizadores para el Plan de Iguala. Escribía al Virrey: "Hay un partido libera frenético, que aspira y sólo estaría contento, con el libre goce de la licencia más desenfrenada; otro de liberales, que con ideas justas, aspiran a la moderación; otro de católicos pusilánimes, que se asombran de los fantasmas que existen sólo en su idea; otro de hipócritas supersticiosos, que fingiendo temer todo mal, buscan simuladamente su provecho propio. Hay otros ciegos partidarios de la democracia; otros a quienes acomoda la monarquía moderada constitucional, y no falta quien crea preferente a toda la absoluta soberanía de un Moctezuma. Y en tan encontradas ideas, en sistema tan vario, ¿cuál sería el resultado de un rompimiento tumultuoso? Ya lo he dicho antes... la sangre, la desolación".

Al Obispo de Guadalajara, señor Ruiz de Cabañas, le decía: "Por mis cuatro costados, soy navarro y vizcaíno y no puedo prescindir de aquellas ideas rancias de mis abuelos, que se trasmitieron en la educación por mis venerados y amadísimos padres. No creo que haya más que una religión verdadera, que es la que profeso, y entiendo que es más delicada que un espejo puro, a quien el hálito sólo empaña y oscurece. Creo igualmente que esta religión sacrosanta, se halla atacada de mil maneras, y sería destruída si no hubiera espíritus de alguna fortaleza, que a cara descubierta y sin rodeos salieran a su protección, y como creo también que es obligación anexa al buen católico este vigor de espíritu y decisión, me tiene ya V. E. I. en campaña. Estoy decidido a morir o a vencer, y como que no es de los hombres de quienes espero o deseo la recompensa, me hallo animado de un vigor, que los elefantes que puedan oponérseme, si es que los hay, los considero todavía más pequeños que un arador. En dos palabras: o se ha de mantener la religión en Nueva España pura y sin mezcla, o Iturbide no ha de existir. ¡Qué aliento no debe tener, mi respetable amigo, el hombre que entra en un negocio cuya ganancia es indubitable! En este caso me hallo: o logro mi intento de sostener la religión y de ser un mediador afortunado entre los europeos y americanos, y viceversa, o perezco en la demanda: si lo primero, me contemplaré feliz; si lo segundo... V. E. I. dirá".

Al Oidor de la Real Audiencia, señor Bataller, le elogió "su luminoso talento". Al brigadier José de la Cruz le anunció: "Cuento con dinero, con armas, con jefes; cuento con tropa arreglada, con opinión". Y al brigadier Negrete: "Hay tomadas también medidas para que la tropa coma, beba y vista... ; ¡Ea pues! a las armas, deje Ud. el pulque por un poco de tiempo, que yo ofrezco dárselo en La Compañía (su hacienda) en unos días de campo que hemos de pasar a imitación de Medellín en los tiempos de antaño"... "no sienta Ud. que no hable por menor de mis proyectos: sabe Ud. que soy medio taciturno y que gusto también algo de sorpresas". Otro día (17 septiembre 1821) hizo vibrar la cuerda sensible del mismo Negrete: "Siento los padecimientos de V.S.; pero al mismo tiempo le envidio una cicatriz que todos observarán con pasmo".

A sus compañeros de armas, a las autoridades eclesiásticas, a los viejos amigos, envió el Plan de Iguala aprovechando la vasta red de comunicaciones subrepticias con que lentamente socavaba al régimen español; y sin impaciencia, después de haber tomado medidas precautorias, esperó el resultado explosivo de sus cartas.

LA VOZ QUE RESONÓ EN DOLORES

La última carta de Iturbide al Virrey fué del 18 de febrero, reiterándole desde la hacienda de Mazatlán que necesitaba "completar con toda urgencia la suma de veinte mil pesos". El 24de febrero fue firmado el manifiesto y Plan de Iguala, lo mismo que la carta al Virrey en que le dijo: "Cuantos otros planes, Sr. Exmo., se estarán formando hoy en Oaxaca, en Puebla, en Valladolid, en Querétaro, en Guadalajara, en San Luis Potosí... en la misma capital, alrededor de V. E.; ¡tal vez dentro de su misma habitación!" Cuatro días después el Virrey se dió cuenta del Plan de Iguala y puso a Iturbide fuera de la ley.

Aunque en esa carta al Virrey Apodaca afirmó que él no era europeo ni americano, sino cristiano, Iturbide modificó la segunda afirmación, en el documento más importante de su vida política y militar.

He aquí el texto del manifiesto y del Plan de Iguala:

"¡Americanos! Bajo cuyo nombre comprendo no sólo a los nacidos en América sino europeos, africanos y asiáticos que en ella residen, tened la bondad de oírme. Las naciones que se llaman grandes en la extensión del globo, fueron dominadas por otras; y hasta que sus luces no les permitieron fijar su propia opinión, no se emanciparon. Las europeas que llegaron a la mayor ilustración y política fueron esclavas de la Romana: y este Imperio, el mayor que se conoce en la Historia, asemejó al padre de familia que en su ancianidad mira separarse de su casa a los hijos y los nietos por estar ya en edad de formar otras y fijar por sí, conservándole sólo el respeto, veneración y amor como a su primitivo origen.

"Trescientos años hace la América Septentrional de estar bajo la tutela de la nación más católica y piadosa, heróica y magnánima. La España la educó y la engrandeció, formando esas ciudades opulentas y esas provincias y reynos dilatados, que en la Historia del Universo van a ocupar lugar muy distinguido, aumentadas la población y las luces, conocidos todos los ramos de la natural opulencia del suelo; su riqueza metálica, las ventajas de situación topográfica; los daños que origina la distancia del centro de su unidad, y que ya la rama es casi igual al tronco; la opinión pública y la que de todos los pueblos es la de la independencia absoluta de la España y de toda otra Nación. Así piensa el europeo, y así los americanos de todo origen.

"Esta misma voz que resonó en el pueblo de los Dolores el año de 1810, y que tantas desgracias originó al bello país de las delicias por el desorden, el abandono, y otra multitud de vicios: fijó también la opinión pública de que la unión que entre americanos y europeos, indios e indígenas es la única base sólida en que puede descansar nuestra común felicidad. ¿Y quién pondrá duda en que después de la experiencia horrorosa de tantos desastres, no haya uno siquiera que deje de pensar en la unión para conseguir tanto bien? ¡Españoles europeos! Vuestra patria es la América porque en ella vivís; en ella tenéis a vuestras amadas mujeres, a vuestros tiernos hijos, vuestras haciendas, comercio y bienes. ¡Americanos! ¿Quién de vosotros puede decir que no desciende de español? Ved la cadena dulcísima que nos une: añadid los otros lazos de la amistad, la dependencia de intereses, la educación divina, y la conformidad de sentimientos y veréis son tan estrechos y tan poderosos que la felicidad común de todo el reyno, es necesario la hagan todos reunidos en una sola opinión y en una sola voz.

"Es llegado el momento en que manifestéis la uniformidad de sentimientos, y que nuestra unión sea la mano poderosa que emancipe a la América sin necesidad de auxilios extraños. Al frente de un ejército valiente y resuelto ha proclamado la independencia de la América Septentrional. Es ya libre, es ya señora de sí misma, ya no reconoce ni depende de la España ni de otra nación alguna. Saludadla todos como independiente y sean vuestros corazones bizarros y vuestros fuertes brazos los que sostengan esta dulce voz, unidos con las tropas que han resuelto morir, antes que separarse de tan heroica empresa.

"No la anima otro deseo al ejército que el conservar pura la santa religión que profesamos y hacer la felicidad general. Oid, escuchad las bases sólidas en que funda su resolución.

1. La religión de la Nueva España, es y será la católica, apostólica, romana, sin soberanía de otra alguna.

2. La Nueva España es independiente de la antigua y de toda otra potencia, aun de nuestro continente.

3. Su gobierno será monarquía moderada, con arreglo a la constitución peculiar y adaptable del reino.

4. Será su emperador el señor don Fernando VII, y no presentándose personalmente en México dentro del término que las Cortes señalasen a prestar el juramento, serán llamados en su caso el serenísimo señor infante don Carlos, el señor don Francisco de Paula, el archiduque Carlos u otro individuo de casa reinante que estime por conveniente el Congreso.

5. Interin las Cortes se reúnan, habrá una junta que tendrá por objeto tal reunión y hacer que se cumpla con el Plan en toda su extensión.

6. Dicha junta, que se denominará GUBERNATIVA, debe componerse de los vocales de que habla la carta oficial dirigida al excelentísimo señor virrey.

7. Interin el señor don Fernando VII se presenta en México y hace el juramento, gobernará la junta a nombre de Su Majestad, en virtud del juramento de fidelidad que le tiene prestado la nación: sin embargo de que se suspenderán todas las órdenes que diese, interin no haya prestado dicho juramento.

8. Si el señor don Fernando VII no se dignare venir a México, interin se resuelve el emperador que debe coronarse, la junta o la regencia mandará en nombre de la nación.

9. Este gobierno será sostenido por el ejército de las Tres Garantías, de que se hablará después.

10. Las Cortes resolverán la continuación de la junta o si debe sustituirla una regencia, interin llega la persona que deba coronarse.

11. Las Cortes establecerán enseguida la Constitución del imperio mexicano.

12. Todos los habitantes de la Nueva España, sin distinción alguna de europeos, africanos ni indios, son ciudadanos de esta monarquía con opción a todo empleo, según su mérito y virtudes.

13. Las personas de todo ciudadano y sus propiedades serán respetadas y protegidas por el gobierno.

14. El clero secular y regular será conservado en todos sus fueros y preeminencias.

15. La junta cuidará de que todos los ramos del Estado queden sin alteración alguna, y todos los empleados políticos, eclesiásticos, civiles y militares, en el estado mismo en que existen en el día.

16. Se formará un ejército protector que se denominará de las Tres Garantías, porque bajo su protección toma, lo primero, la conservación de la religión católica, apostólica, y romana, cooperando por todos los medios que estén a su alcance, para que no haya mezcla alguna de otra secta y se ataquen oportunamente los enemigos que puedan dañarla: lo segundo, la independencia bajo el sistema manifestado: lo tercero, la unión íntima de americanos y europeos; pues garantizando bases tan fundamentales de la felicidad de Nueva España, antes que consentir la infracción de ellas, se sacrificará dando la vida del primero al último de sus individuos.

17. Las tropas del ejército observarán la más exacta disciplina a la letra de las ordenanzas, y los jefes y oficialidad continuarán bajo el pie en que están hoy; es decir, en sus respectivas clases con opción a los empleos vacantes y que vacasen por los que no quisieren seguir sus banderas o cualquier otra causa y con opción a los que se consideren de necesidad o conveniencia.

18. Las tropas de dicho ejército se considerarán como de línea.

19. Lo mismo sucederá con las que sigan luego este Plan. Las que no lo difieran, las del anterior sistema de la independencia que se unan inmediatamente a dicho ejército, y los paisanos que intenten alistarse, se considerarán como tropas de milicia nacional, y la forma de todas para la seguridad interior y exterior del reino la dictarán las Cortes.

20. Los empleos se concederán al verdadero mérito, a virtud de informes de los respectivos jefes y en nombre de la nación provisionalmente.

21. Interin las Cortes se establecen, se procederá en los delitos con total arreglo a la Constitución española.

22. En el de conspiración contra la independencia se procederá a prisión, sin pasar a otra cosa hasta que las Cortes decidan la pena al mayor de los delitos, después del de lesa Majestad divina.

23. Se vigilará sobre los que intenten fomentar la desunión, y se reputarán como conspiradores contra la independencia.

24. Como las Cortes que van a instalarse han de ser constituyentes, se hace necesario que reciban los diputados los poderes bastantes para el efecto; y como a mayor abundamiento es de mucha importancia que los electores sepan que sus representantes han de ser para el Congreso de México y no de Madrid, la junta prescribirá las reglas justas para las elecciones y señalará el tiempo necesario para ellas y para la apertura del Congreso. Ya que no puedan verificarse las elecciones en marzo, se estrechará cuanto sea posible el término.

"Americanos: he aquí el establecimiento y la creación de un nuevo Imperio. He aquí lo que ha jurado el Exto. de las tres garantías cuya voz lleva el que tiene el honor de dirigirla. He aquí el objeto para cuya cooperación hoy invita, no se os pide ora cosa que la que vosotros mismos debéis pedir y apetecer: unión, fraternidad, orden, quietud interior, vigilancia y horror a cualquier movimiento turbulento. Estos guerreros no quieren otra cosa que la felicidad común, unios con su valor para llevar adelante una empresa que por todos aspectos (si no por la pequeña parte que en ella he tenido) debo llamar heroica. No teniendo enemigos que batir confiemos en el Dios de los ejércitos que lo es también de la Paz, que cuantos componemos este cuerpo de fuerzas combinadas en europeos y americanos, de disidentes y realistas seremos unos meros protectores, unos simples espectadores de la obra grande que os he trazado, y que retocarán y perfeccionarán los Padres de la Patria. Asombrad a las Naciones de la culta Europa, vean que la América Septentrional se emancipó sin derramar una sola gota de sangre. En el transporte de vuestro júbilo decid: Viva la Religión Santa que profesamos. Viva la América Septentrional independiente en todas las Naciones del globo. Viva la unión que hizo nuestra felicidad. —Iguala, 24 de Febrero de 1821.

Agustín de Iturbide y Arámburu".

"SAN AGUSTÍN, EJÉRCITO, INDEPENDENCIA"

La jura del Plan de Iguala fue el 1º. de marzo en la misma población, habiéndolo leído en voz alta el capitán José María de la

Portilla. El santo, seña y contraseña de la orden del día era: "San Agustín, Ejército, Independencia".

Y al día siguiente, por la mañana, en la habitación de Iturbide, frente a un Santo Cristo y un misal, "puestos en pie todos los concurrentes, el capellán del ejército, presbítero D. Antonio Cárdenas, leyó el Evangelio del día y acercándose a la mesa el primer jefe, puesta la mano izquierda sobre el libro santo y la derecha en el puño de la espada, prestó el juramento en manos del padre capellán en estos términos:

—¿Juráis a Dios y prometéis bajo la cruz de vuestra espada, observar la santa religión católica, apostólica y romana?

—Sí, juro.

—¿Juráis hacer la independencia de este imperio, guardando para ello la paz y unión de europeos y americanos?

— Sí, juro.

—¿Juráis la obediencia al Sr. D. Fernando VII si adopta y jura la Constitución que haya de hacerse por las Cortes de esta América Septentrional?

—Sí, juro.

—Si así lo hiciereis, el Señor Dios de los ejércitos y de la paz os ayude y si no, os lo demande.

Por la tarde Iturbide arengó a las tropas:

—Soldados: habéis jurado observar la religión católica, apostólica romana: hacer la independencia de esta América; proteger la unión de españoles, europeos y americanos y prestaros obedientes al rey bajo de condiciones justas. Vuestro sagrado empeño será celebrado por las naciones ilustradas; vuestros servicios serán reconocidos por nuestros conciudadanos, y vuestros nombres colocados en el templo de la inmortalidad. Ayer no he querido admitir la divisa de teniente general y hoy renuncio a ésta.

Y al hablar así se arrancó de la manga los tres galones, símbolo del coronelato, y los arrojó al suelo, exclamando:

—La clase de compañero vuestro llena todos lo vacíos de mi ambición. Vuestra disciplina y vuestro valor me inspiran el más noble orgullo. Juro no abandonaros en la empresa que hemos abrazado, y mi sangre, si necesario fuere, sellará mi eterna fidelidad.

En medio de vítores a Iturbide, las tropas volvieron a sus cuarteles. Ese día los soldados recibieron gratificación en dinero y una ración de aguardiente, a nombre del general. La banda de música del Regimiento de Celaya ejecutó dos marchas que de antemano tenía prevenidas.

BANDERA DE TRES COLORES

Se asegura que hallándose Iturbide y Guerrero sentados a la mesa, en Iguala, apareció una sandía abierta que, al partirla, mostraba sus colores verde, blanco y rojo; y que al primero se le ocurrió que ésos podrían ser los de la bandera de México: el verde la unión, el blanco la religión católica y el rojo la independencia; es decir, las Tres Garantías. José Magdalena Ocampo fue quien fabricó la primera.

El Plan de Iguala satisfacía, momentáneamente, las aspiraciones de todos los mexicanos y españoles. Como al agua en esponja iba filtrándose por todo el territorio de la nueva patria. Muchos realistas criollos y los insurgentes se pronunciaron en su favor. Había sido bien meditado; pero su ejecución tardó varios meses —de marzo a septiembre—, porque el poderío español no era un fantasma. Por otra parte, las comunicaciones eran muy lentas. Fue pasando la voz y resonando de mar a mar, de sur a norte, de norte a sur, pues traspasó las fronteras de Chiapas y fue el estímulo directo para que las provincias de la Capitanía General de Guatemala proclamasen su emancipación.

Pero si los partidarios del Plan de Iguala eran numerosos, permanecían leales al régimen Liñán, Armijo, Concha, Del Llano, Luaces, Rafols, Hubert, Hevia, Dávila, Quintanar.

DE VICTORIA EN VICTORIA

Guerrero salió de Teloloapan para presentarse a Iturbide (10 de marzo); llevaba chaqueta larga, adornada con una hilera de botones grandes redondos, que a manera de rosario, bajaba desde detrás del cuello por sobre los hombros y ambos lados. En uno de los alrededores de Ixcatepec se entrevistaron (según Alamán fue la primera entrevista), en la que Iturbide no debió "quedar muy satisfecho, tanto por el extraño aspecto del jefe como por el de los soldados", ya que casi todos eran "pintos", (la piel con manchas de diversos colores). Iturbide resolvió dirigirse al Bajío de Guanajuato, a través de la tierra caliente de Michoacán.

Bustamante se apoderó de Guanajuato (25 marzo); pero hasta el 28, Iturbide no comenzó a tranquilizarse por la marcha de los acontecimientos; la columna de granaderos y los dragones de España se habían pronunciado en Jalapa a favor del Plan (13 marzo). Y como eran tantas las deserciones, circuló un pasquín:

> De domingo a domingo
> salta la cabra;
> el domingo que viene
> se irá Tlaxcala.

José Joaquín de Herrera tomó Orizaba (29 marzo), Guadalupe Victoria salió de su escondite montaraz y lanzó una proclama (20 abril); Juan Álvarez se dirigió a bloquear Acapulco, Ramón Rayón logró evadirse de Zitácuaro, Iturbide entró en Valladolid (20 mayo), Antonio López de Santa—Anna en Jalapa (28 mayo), Pedro Celestino Negrete en Guadalajara (13 junio). N Jicolás Bravo en Tlaxcala (18 junio), Iturbide en Cuernavaca (23 junio) y en Querétaro (28 junio), Nicolás Bravo en Puebla (17 julio) y Antonio León en Oaxaca (30 julio), el mismo día que don Juan O'Donojú desembarca en Veracruz con el nombramiento de Jefe Político y Capitán General.

En San Juan del Río el general Victoria se presentó a Iturbide con el propósito de variar el plan de la revolución, proponiéndole que el trono se diese "a un antiguo insurgente, que no se hubiese indultado y que no siendo casado, se enlazase con una india de Guatemala, para formar de ambos países una sola nación; y como no había insurgente alguno en quien concurriesen esas calidades, pues casi todos se habían acogido a indulto, y los que no lo habían hecho, como Bravo y Rayón eran casados, Victoria parecía designarse a sí mismo".

—Si con atolito vamos sanando, atolito vámosle dando, le contestó Iturbide.

El 5 de julio el Virrey Apodaca fue depuesto por los oficiales realistas, sustituyéndolo el mariscal de campo don Francisco Novella.

En los caminos, a la entrada de las haciendas, a la puerta de las ciudades y las villas, en medio de sobresalto nocturno se podía escuchar:

—¿Quién vive?

—¡La Independencia!

O bien, la respuesta era:

—¡Iturbide!

La inactividad del general Pascual de Liñán, nombrado para impedir que Iturbide avanzara, permitió que el Ejército Trigarante marchase de victoria en victoria.

O'DONOJÚ A LA VISTA

A la llegada del teniente general O'Donojú, solamente Veracruz, Acapulco y la capital permanecían leales al régimen español. Después de escribir a Iturbide, dándole el tratamiento de "Excelencia" y de "Jefe Superior del Ejército Imperial de las Tres Garantías", y de la respuesta satisfactoria de éste, acordaron entrevistarse en Córdoba. Dos sobrinos de O'Donojú acababan de morir en Veracruz, atacados de la fiebre amarilla, y el 23 de agosto, a poco de la llegada de Iturbide ("habiendo quitado el pueblo las mulas del coche para conducirlo a brazo a su posada") el jefe mexicano pasó a cumplimentar a los esposos O'Donojú, y cuando al día siguiente volvieron a saludarse, Iturbide le dijo:

—Supuesta la buena fe y armonía con que nos conducimos en este negocio, supongo que será muy fácil cosa que desatemos el nudo sin romperlo.

Al suscribir los Tratados de Córdoba acordaron la independencia del Imperio Mexicano, que sería constitucional moderado, y que se llamaría a reinar en él a Fernando VII o por renuncia de éste o no admisión, a los príncipes Carlos, Francisco de Paula y Carlos Luis, y en último caso "el que las Cortes del Imperio designen"; se acordaba también nombrar una Junta Provisional Gubernativa, de la cual sería miembro O'Donojú, la cual elegiría a la regencia, y se convocaría a la elección de los diputados a un Congreso Constituyente. "Firmar el tratado de Córdova, o ser mi prisionero, o volverse a España; no había más arbitrio", dice Iturbide en sus memorias.

Los jefes españoles no reconocían a O'Donojú con facultad para celebrar aquel tratado. El general José Dávila abandonó Veracruz y se retiró al castillo de San Juan de Ulúa, de donde no salió hasta 1825. Entre tanto, en la capital había rogativas y novenarios en honor de la Virgen de los Remedios y del Señor de Santa Teresa.

Los conventos de monjas se llenaron de señoras, pues se tenía la seguridad de que las calles de la metrópoli iban a ser teatro de combates.

LA CIUDAD MUY VENTUROSA

Entre las personas que se evadieron de la metrópoli estaba doña Ana María Huarte de Iturbide, quien logró llegar a Valladolid aclamada por el alborozado concurso que salió a caballo para saludarla haciéndosele honores de Capitán General, mientras los arcos triunfales, las ricas colgaduras, las flámulas y los gallardetes, los cañonazos, vítores y flores pregonaban la alegría de los vallisoletanos.

En carroza tirada por mulas "se dejaba ver un brazo como saliendo de una nube, vestido y con el distintivo de los tres galones, empuñando una espada con la que parecía acabar de cortar unas cadenas que en efecto se veían destrozadas". Un poco más abajo se leía la siguiente octava:

La que obtuvo esa mano poderosa
y el mismo que rompió nuestras prisiones
Iturbide y su fiel, su digna Esposa
(no busquemos mejores expresiones).

Son tus hijos, Ciudad muy venturosa;
de otra gloria mayor nunca blasones,
ni olvides que esta Esposa agradecida
vuelve al suelo feliz que le dio vida.

La inminente Emperatriz recibió los homenajes de las autoridades eclesiásticas, municipales y militares; y en seguida se sirvió espléndido refresco y "se dió un gran concierto en que el divino Elízaga tuvo suspensos y arrebatados los ánimos largo rato".

AQUEL 27 DE SEPTIEMBRE

Se habían pronunciado a favor de la independencia Saltillo, Zacatecas, Monterrey, Toluca y Yucatán; y a Durango había entrado Negrete (3 septiembre). El Ejército de las Tres Garantías contaba con 9.000 infantes, 7,555 hombres de caballería, 763 artilleros con 68 cañones. El Virrey Novella disponía de 5.000 hombres.

En la hacienda "La Patera", cerca de la capital, se entrevistaron Iturbide, O'Donojú y Novella (13 septiembre), y al siguiente día el primero reconoció al segundo como Capitán General y Jefe Político Superior.

Los negros de la Tierra Caliente, que habían permanecido fieles al gobierno español, salieron para regresarse a las haciendas del Sur en donde trabajaban y a su paso por los pueblos hacían repicar las campanas al grito de "¡Viva el Rey!". El bosque y el castillo de Chapultepec fueron ocupados (el 23 y 24); el general Vicente Filisola fue el primero que entró en la capital, a la cabeza de 4.000hombres. Ese mismo día, Iturbide dirigió al arzobispo metropolitano, desde Tacubaya, la carta que inédita conservo:

"Ilmo. Sr. Para el jueves 27 del presente está dispuesta la entrada pública en esa Capital del Ejército Imperial de mi mando, a que debe seguir la inmediata instalación de la Junta Provisional Legislativa y la de la Regencia consecutivamente. Prosperidades tan portentosas debidas a la visible protección del Todo Poderoso exigen extraordinarias manifestaciones dentro, rendido reconocimiento. Al Supremo arvitro de las Naciones; y para llenar, cuan exactamente se pueda este sagrado deber, espero de la piedad de V. S. I. se sirva disponer q. con todo el esplendor de que sea capaz tan religioso acto se cante el Te Deum en esa Santa Iglesia Catedral a las doce y media de dho. día, y en el primero de los dos siguientes, precediendo el juramto. de la Junta, se celebre una solemne Misa de gracias pr. los triunfos del Ejército, la cual se repetirá el sigte. Pr. el establecimiento del Gobierno. Dios gue. a V. S. I. ms. as."

Iturbide entró el 27 de septiembre, según estaba anunciado. En azafate de plata el alcalde le entregó la llave de oro de la ciudad. No era ya el osado coronel que en Cóporo montaba un bayo blanco, sino el caudillo cuya figura avivaba la curiosidad de las muchedumbres. Aquella mañana de septiembre los 16.134 trigarantes iban en pos del adalid afortunado. Todo era entonces —según la frase dicha por Riva Palacio— oro, plata, seda, cristal. El día anterior por la mañana se habían oído las salvas de artillería de las divisiones trigarantes situadas en las cercanías de la capital, celebrando el cumpleaños de Iturbide ("y anoche se vieron iluminados los campos").

En soberbio caballo prieto ricamente enjaezado y sobre montura guarnecida de oro y de diamantes; vestido con casaca redonda color de avellana, chaleco cerrado, calzón de paño blanco, al pecho la banda con los colores trigarantes, al cinto un sable pequeño, calzado con recias botas y con el sombrero adornado de tres plumas y la cucarda tricolor en que fugían esmeraldas, rubíes y brillantes, iba el generalísimo del Ejército de las Tres Garantías con una pierna algo adolorida, pero sonriendo, mirando con gentileza; y poco después recibió las monedas de oro y plata con las armas imperiales que había de arrojar al pueblo. La imaginación le ve pasar "arrogante, buen mozo, presuntuoso, faz de criollo, ojos de águila, patillas andaluzas", la cabellera azafranada, los hombros altaneros que oportunamente se adornaron con las preseas de brillantes que Cabaleri compraría a Obregón, para que Iturbide las luciera el próximo día de Guadalupe. En lo alto de los balcones las damas peripuestas lucían entre los moños y las cintas tricolores, las altas peinetas de carey. Una de ellas, doña María Ignacia Rodríguez —más conocida por la Güera Rodríguez— no podía disimular su júbilo. Se insiste aún en la versión de que durante aquella entrada triunfal Iturbide sofrenó el caballo frente a la casa en que vivía la célebre beldad "y deteniendo la marcha de la columna se arrancó la escarapela tricolor que llevaba en el pecho y se la envió con uno de sus ayudantes". "Considérese el poder del bello sexo sobre el corazón del hombre y esto sólo bastará para conocer el bien o el mal que pueden producir", decía Iturbide.

Poco después concurrió al Te Deum que en la Catedral cantó el Arzobispo Fonte y en el Palacio hubo un banquete de doscientos cubiertos en que el regidor Sánchez de Tagle leyó una oda que terminaba así:

Vivan por dón de celestial clemencia,
la religión, la Unión, la Independencia.

Iturbide dirigió una proclama optimista, a los mexicanos: "Ya sabéis el modo de ser libres; a vosotros toca señalar el ser felices"; y sin que pensara abandonar el escenario, concluía afirmando: "Y si mis trabajos, tan debidos a la patria, los suponéis dignos de recompensa, concededme sólo vuestra sumisión a las leyes, dejad que vuelva al seno de mi amada familia, y de tiempo en tiempo haced una memoria de vuestro amigo".

"AMOR Y GLORIA DE SU PATRIA"

A la mañana siguiente (28 septiembre) se instauró la Junta Provisional Gubernativa en que figuraban 36 personas que, en su totalidad habían tenido eminente posición dentro del régimen español; entre otros el Marqués de Salvatierra, el Conde de Casa de Heras Soto, el Conde de Xala y de Regla y el Marqués de San Juan de Rayas. Excepción hecha del último, ¡ninguno de los que desde 1810 habían peleado por la Independencia o sufrido persecución por ella! Sus firmas refrendaron el acta de la Independencia, cuyo texto es el que sigue:

"La nación mexicana que por trescientos años no ha tenido voluntad propia, ni libre el uso de la voz, sale hoy de la opresión en que ha vivido. Los heroicos esfuerzos de sus hijos han sido coronados y está consumada la empresa, eternamente memorable, también un genio superior a toda admiración y elogio, amor y gloria de su patria, principió en Iguala, prosiguió y llevó a cabo, arrollando obstáculos casi insuperables.

"Restituida pues esta parte del septentrión al ejercicio de cuantos derechos le concedió el autor de la Naturaleza y reconocen por innegables y sagrados las naciones cultas de la tierra; en libertad de constituirse del modo que más convenga a su felicidad y con representantes que puedan manifestar su voluntad y sus designios, comienza a hacer uso de tan preciosos dones y declara solemnemente, por medio de la Junta Suprema del Imperio, que es Nación soberana e independiente de la antigua España con la que en lo sucesivo no mantendrá otra unión que la de una amistad estrecha, en los términos que prescriban los tratados; que entablará relaciones amistosas con las demás potencias, ejecutando respecto de ellas, cuantos actos pueden y están en posesión de ejecutar las otras naciones soberanas; que va a constituirse con arreglo a las bases que en el Plan de Iguala y en el Tratado de Córdova, estableció sabiamente el primer jefe del Ejército Imperial de las Tres Garantías, y en fin, que sostendrá a todo trance y con sacrificio de los haberes y vidas de sus individuos, si fuese necesario, esta solemne declaración hecha en la capital del Imperio a 28 de septiembre de 1821, primero de la independencia mexicana".

PANORAMA DE MÉXICO

"Ya te he dado cuenta de lo que es la capital: un lugar extenso y espléndido, algo mayor que Nueva York y con mejores edificios; pero los habitantes están más atrasados que los Estados Unidos en todo".

Así escribía el 22 de mayo de 1822 Esteban F. Austin a su hermano Santiago, en Texas.

La ciudad tenía 140.000 habitantes, una Universidad, un Colegio de Minoría, una Academia de Bellas Artes, un Protomedicato, un Colegio de Cirugía, siete hospitales, una Casa de Moneda, un teatro en que costaba 500 dólares anuales un palco, un Arzobispo con 130.000 pesos de sueldo al año, un periódico diario,10 colegios principales, 41 conventos, 64 plazas, 12 puentes, 20 mesones, 2.500 coches, 12 días de gala, numerosas fiestas, varias grandes cruces de Isabel la Católica, algunos modistos franceses, muchas calles mejor alumbradas que las de Nueva York y Filadelfia. Y junto al señorito pisaverde el "pelado de sombrero de petate, sin zapatos, piojoso, astroso", durmiendo en donde le sorprendía la noche.

Para completar ese cuadro tan rico de contrastes, nada mejor que la lectura de la descripción que de la ciudad había hecho el Barón de Humboldt o la que poco después hizo Beltrami.

SU ALTEZA SERENÍSIMA

Al mismo tiempo que se originó la Junta Provisional Gubernativa, la Regencia quedó instalada en esta forma: Iturbide como presidente, en unión de O'Donojú, el Dr. Manuel de la Bárcena, el Oidor José Isidro Yáñez y don Manuel Velásquez de León.

Además del sueldo de regente, que consistía en 10.000 pesos anuales, la Junta Provisional declaró que "no era incompatible el empleo de Presidente de la Regencia con el mando del ejército que debía conservar", y por aclamación lo nombró Generalísimo y Almirante, y por decreto posterior le señaló el sueldo anual de 120.000 pesos, el cual debía comenzar a correr desde el 24 de febrero anterior, así como 1.000.000 de pesos de capital propio, asignado sobre los bienes de la extinta Inquisición, con un terreno de 400 leguas cuadradas de los baldíos pertenecientes a la nación en la provincia de Texas. Todavía más: se creyó conveniente darle el tratamiento de "Alteza Serenísima" y a su padre don Joaquín el de "venerable", concediéndosele los honores y sueldo de regente, y cuando la regencia hubiera cesado por el advenimiento del Emperador tendría el rango de Consejero de Estado.

Iturbide renunció al sueldo que le correspondía por el lapso comprendido entre el 24 de febrero y el 28 de septiembre. En sus memorias dice: "No tomé ni un real... Ni enriquecí a mis parientes dándoles empleos lucrativos: si alguno coloqué, es porque le correspondía en la escala de sus ascensos, o porque se lo proporcionó la revolución, según el estado en que se hallaban en los días de la variación del gobierno, sin que hubiese sido mejor su suerte por mi elevación al trono".

El 8 de octubre murió don Juan O'Donojú, y las malas lenguas comenzaron a murmurar, a pesar de que los médicos hablaron de pleuresía.

ITURBIDE ERA ASÍ

Tenía 38 años en 1821 Su Alteza Serenísima, don Agustín de Iturbide, generalísimo de los Ejércitos de la Independencia Mexicana,

Gran Almirante de su Armada, y Presidente del Supremo Consejo de la Regencia.

En la madurez de su vida era de talante distinguido, robusto, bien proporcionado; la cara ovalada, con pecas que justificaron el apodo de "Huevo de pavo"; la frente espaciosa, las patillas rojizas, ojos azules de mirar penetrante.

Don Pedro José Lanuza, diputado centroamericano, ponderaba lo festivo, magnético y majestuoso de su semblante.

CARTA DE BOLÍVAR

Desde Rosario de Cúcuta, en Colombia, el 10 de octubre de 1821 Simón Bolívar le dirigió esta carta memorable:

Excmo señor:

"El Gobierno y el pueblo de Colombia han oído con placer inexplicable los triunfos de las armas que V.E. conduce a conquistar la independencia del pueblo mexicano. V. E. por una reacción portentosa ha encendido la llama sagrada de la libertad que yacía bajo las cenizas del antiguo incendio que devoró ese opulento Imperio. El pueblo mexicano, siempre de acuerdo con los primeros movimientos de la naturaleza, con la razón, con la política, ha querido ser propio. Los destinos estaban señalados a su fortuna y a su gloria: V. E. los ha cumplido. Si sus sacrificios fueron grandes, más grande es ahora la recompensa qué reciben en dicha y honor.

"Sírvase acoger con la franqueza con que yo le dirijo, esta misión, que sólo lleva por objeto expresar el gozo de Colombia a V.E., y a sus hermanos de México por su exaltación a su verdadera dignidad. El señor Santa María, miembro del Congreso General, Plenipotenciario cerca del Gobierno de México, tendrá la honra de presentar a V. E., juntamente con esta carta la expresión sincera de mi admiración y de cuantos sentimientos pueden inspirar el heroismo benéfico de un hombre grande.

"Yo me lisonjeo que V.E., animado de sus elevados principios y llenando el voto de su corazón generoso, hará de modo que México y Colombia se presenten al mundo asidas de la mano y aún más en el corazón. En el mal, la suerte nos unió; el valor nos ha unido en los designios y la naturaleza desde la eternidad nos dio un mismo ser para que fuésemos hermanos y no extranjeros.

"Sírvase V. E. aceptar los testimonios más sinceros de los sentimientos con que soy de V. E. con la mayor consideración y respeto, su obediente servidor. —SIMÓN BOLÍVAR".

EL ÁGUILA IMPERIAL

El Plan de Iguala caminó hacia el Sur y el 28 de agosto se proclamó, de acuerdo con él, la independencia de Chiapas; enseguida la de Guatemala (15 septiembre), declarando la Junta Consultiva de ésta la anexión al Imperio mexicano (29 diciembre), cuando ya Nicaragua (12 octubre), Honduras (21 noviembre), y Costa Rica (20 diciembre), se habían pronunciado por ella. Sólo El Salvador resolvió resistir con las armas a la anexión, (25 diciembre).

El busto de Iturbide fue llevado por don Juan Fernández Lindo, desde la ciudad de México hasta la de Comayagua, en la provincia de Honduras, en un recorrido a través de la península de Yucatán, y a su llegada se le hizo una recepción triunfal en la que no faltaron la carroza, las muchachas vestidas de blanco, los repiques de las campanas, las salvas de artillería y los simpáticos cohetes.

Iturbide nombró al brigadier Filísola Jefe de la División Protectora de la Libertad de Guatemala, permaneció allá hasta que tuvo a bien expedir el decreto que convocaba al Congreso que debía decidir la suerte de la que fue Capitanía General de Guatemala.

En el Congreso del Imperio figuraron diputados de las provincias cuyas autoridades se pronunciaron a favor de la anexión: Valle, Milla, Zebadúa, Mayorga, Beltranena, López de la Plata, del Castillo, Flores, Quiñones y otros más.

Pero las comunicaciones entre México y aquellas provincias eran pésimas y la noticia del derrumbamiento de Iturbide llegó con tal retraso que cuando éste se hallaba en Italia, en Costa Rica acuñaban monedas con su retrato y dos ciudades andaban a la greña por él.

DESPUÉS DE LOS ABRAZOS

El gobierno de la Regencia tuvo a bien organizar un Ministerio que se constituyó así: Ministro de Hacienda, don José Pérez Maldonado; de Guerra, don Antonio Medina; de Justicia, don José Domínguez; y de Relaciones Interiores y Exteriores, don José Manuel de Herrera.

Uno de los episodios en que se vio con entera claridad cuáles eran los tres grupos políticos que se movían en el escenario, fue la publicación de un "Consejo prudente sobre una de las Tres Garantías" de don Francisco Lagarde, en el que éste invitaba a los españoles a que vendieran sus bienes y abandonaran México, porque siendo detestados en el país, Iturbide "no podría librarlos de la indignación general, por más que quisiese hacerlo". Tal papel fué condenado por sedicioso en primer grado y Lagarde a seis años de prisión y a la pérdida de su ciudadanía.

Los diarios de la capital eran: "La Gaceta Imperial", (oficial del Gobierno), "El Noticioso" (también del Gobierno), "El Sol" (de los francmasones) y "La Abeja de Chilpancingo" (de los insurgentes). Bien pronto comenzaron a circular panfletos y pasquines y aparecieron en dichos periódicos algunos artículos que hacían la defensa de las varias ideologías: unos porque se adoptase el régimen republicano y otros que pedían a Iturbide se coronara emperador.

En el cuadro de aquella situación se perfilaban con toda claridad, los francmasones escoceses y la ineptitud del Ministerio, las hipérboles de los aduladores, el descontento de los insurgentes, a quienes —como Zavala afirma— Iturbide tuvo la imprudencia de tratar siempre con cierta especie de menosprecio ("el desprecio con que veía a los antiguos insurgentes", recalca Alamán); y las continuas discusiones en el Congreso, que casi siempre eran vacuuas, que lo convertían en barricada anti—iturbidista.

Por otra parte "hiciéronse las elecciones para diputados al Congreso Constituyente, recayendo en su mayor parte en abogados medianos, estudiantes sin carrera, militares de cortos alcances, y sacerdotes, canonistas y teólogos, faltos en general de práctica en los negocios, y poco conocedores del derecho público, sin que faltaran algunos verdaderamente sabios y muchos que suplían su falta de conocimientos, con acrisolada honradez y acendrado patriotismo". Iturbide hace notar en sus memorias: "Algunos hombres verdaderamente dignos, sabios, virtuosos, de acendrado patriotismo, fueron confundidos con una multitud de intrigantes presumidos y de intenciones siniestras; aquéllos disfrutaban de un concepto tan general, que no pudieron las maquinaciones impedir tuviesen muchos sufragios a su favor."

Se puede afirmar que los grupos antagónicos eran dos: los borbonistas (Odoardo, Fagoaga, Mangino, Sánchez de Tagle) que unidos a los antiguos insurgentes (Mier, Victoria, Bravo, Guerrero, Fernández de Lizardi, Michelena) formaban el frente de oposición a los iturbidistas (generales Echávarri, Bustamante, Quintanar, Rincón, Filisola, Cortázar, López de Santa—Anna, Barragán, Canalizo).

Casi en vísperas de inaugurarse el Congreso fue descubierta una conspiración cuyo foco estaba en la residencia del ex—Corregidor de Querétaro, Lic. Miguel Domínguez. Uno de los propósitos de los conspiradores era el de capturar a Iturbide; pero éste los espiaba muy bien. Negrete los denunció y eso bastó de pretexto para arrestar a los generales Bravo, Victoria y Barragán, pero quedaron libres pocos días después, aunque profundamente disgustados.

Zavala se pregunta: "Si Iturbide no se sentía con toda la energía que inspira a un alma orgullosa el sentimiento de su fuerza, ¿por qué no resignó todo mando, y se retiró a la vida privada? Pero le faltaba la resolución aún para este acto de desprendimiento: quería ser llamado el Washington mexicano, sin las grandes virtudes de este padre de la independencia americana, y aspiraba a imitar a Napoleón, sin siquiera tener un solo rasgo del carácter del héroe. Todo eran pequeñas intrigas en palacio, círculos de gentes infatuadas con los gritos de la plebe, la guardia vestida de galones y con esperanza de cruces; el pueblo se ofendía de todo aquel aparato, que no era sostenido por actos de firmeza, ni correspondía a las promesas de libertad".

"¿PUÑALES NO TENÉIS?"

En una de las logias masónicas un coronel exclamó:
—Si faltan puñales para libertarnos del tirano, yo ofrezco mi brazo vengador a la Patria.

El poeta cubano José María Heredia, en su oda "A los habitantes del Anáhuac", decía:

> ¿Cómo sufrís tan oprobioso yugo?
> ¿Qué? ¿no respira un Bruto entre vosotros?
> ¿Puñales no tenéis? ¿o acaso aliento
> a vuestros brazos falta? Mexicanos,
> jurad en los altares de la patria
> ser libres o morir: las fuertes manos
> contra el tirano vil la espada empuñen.

Había algo más grave aún: el número de tropas que Iturbide retenía innecesariamente en la capital, considerándolas como su apoyo, sin distribuirlas en las provincias como había empezado a hacerlo: la relajación que en su disciplina había habido; la falta momentánea de todos los tribunales especiales extinguidos por la Constitución, que estaban destinados a la persecución de los malhechores; las formas que aquella requería para la sustanciación de los procesos y la escasez de jueces para formarlos: todas estas causas juntas habían producido tal inseguridad en la capital misma y sus inmediaciones, que por la repetición de los asesinatos y de los robos, nadie se atrevía a salir de su casa de noche, y aún de día se corría riesgo de ser atacado por los bandidos, que espiaban a los transeúntes en las calles menos frecuentadas, y que estando muchos de ellos a caballo, usaban de la terrible arma del lazo para hacer caer y arrastrar a los que sorprendían.

DEUDORES Y PEDIGÜEÑOS

Sin barcos propios que dieran vida al comercio; escapándose con sus caudales muchos de los españoles asustadizos; despedazadas la minería y la modesta industria, y en ruina las haciendas después de once años de lucha; intensificado el contrabando a través de San Juan de Ulúa y bloqueado por éste el puerto de Veracruz; suprimidas o reducidas varias de las contribuciones que habían sido fuente de valiosos ingresos (todo ello para tener popularidad o cosecharla cada quien a su tiempo); y con un elevado presupuesto de gastos, por los sueldos que Iturbide y otros privilegiados tuvieron a bien adjudicarse y por la necesidad de mantener en pie un ejército que se había aumentado hasta sesenta mil hombres; y a más de todo ello cada vez más alarmante el número de los pedigüeños con cargo a las partidas del Erario: tal era la situación hacendaria del Imperio Mexicano.

Zavala dice: "Los antiguos insurgentes se presentaban todos los días pidiendo empleos, pensiones, indemnizaciones y recompensas por sus pasados servicios. No es fácil concebir cuántas ambiciones grandes y pequeñas era necesario satisfacer para no hacer descontentos. Todos los que habían tomado el título de generales, de coroneles, de oficiales, de intendentes, de diputados; todos los que habían perdido sus bienes defendiendo la causa de la independencia, por destrucción o confiscaciones hechas por el gobierno español; los que estaban inutilizados para trabajar por las heridas recibidas; en fin, la mitad de la nación pedía, y el gobierno del Emperador, en lugar de halagar a estos patriotas, manifestaba sus antipatías personales sin miramiento. Escaseces por una parte y exigencias por otra: esta era la situación financiera de aquel gobierno. Por consiguiente los diputados estaban sin dietas, y la miseria de algunos era tanta que no tenían para sacar sus cartas del correo. Los empleados no eran pagados con exactitud, y las tropas mismas, a pesar de que ésta era la principal atención de la administración, sufrían atrasos en sus pagas".

Era preciso recurrir a la creación de contribuciones y gravámenes que caldeaban el disgusto general. Hubo que hacer reducción de sueldos de empleados civiles y militares. Y pronto apareció un pasquín:

> Soy soldado de Iturbide,
> tengo las tres garantías,
> hago guardias a menudo
> y ayuno todos los días.

Comenzaron a desbandarse los soldados, mejor dicho a desertar; y al decretarse un cuarenta por ciento sobre las casas y la circulación de papel moneda (800.000 pesos flotantes), otro pasquín apareció:

Cuarenta en ciento has gravado
a la patria de pensión,
por eso en su estimación
cuarenta en ciento has bajado
cuidado, Agustín, cuidado;
mira mejor nuestra suerte,
y si no, refleja, advierte,
que por el sangriento encono
distan muy poco del trono
cuchillo, cadalso y muerte.

El 24 de febrero de 1822 quedó instalado el Congreso del Imperio. El 27 fue aprobada esta proposición: "La soberanía nacional reside en este Congreso Constituyente". Y una importante resolución que fué tomada por haberse suscitado días antes un incidente: Iturbide se sentó en la silla del presidente del Congreso y fue invitado a ocupar el sillón de la izquierda, justamente en la misma sesión en que hubo de prestar la promesa —y así lo hizo—de reconocer la soberanía de la nación representada por el Congreso.

PASANDO EL RUBICÓN

Los ánimos estaban tensos. Era difícil evitar el choque entre Su Alteza Serenísima y el Congreso Constituyente. Iturbide se presentó en el salón de sesiones (3 abril) y cuando el presidente Yáñez hizo notar que la Regencia ignoraba por qué había sido llamada y el público estaba agitado y era de extrañarse que no se le hubiese dado explicaciones por tal agitación, Iturbide ya no se contuvo.

—¡Porque hay traidores en la regencia y en el Congreso, como lo manifiestan estos documentos!

—¿Cómo es eso de traidores? ¡Usted es el traidor! —repuso Yáñez.

Iturbide replicó más indignado; el Presidente le llamó al orden; Iturbide abandonó el salón de sesiones; y, aplacados los ánimos, el diputado Odoardo exclamó:

—Señor: ¡César ha pasado el Rubicón!

Esta frase —dice Alamán burlonamente— produjo tanto mayor efecto, cuanto que la mayor parte de los diputados no sabían qué cosa era el Rubicón, ni para qué lo había pasado César.

Iturbide regresó ante el Congreso aquella misma noche y acusó de traición a once diputados, entre ellos los más visibles, y habló de sus servicios, su desinterés, su resolución de no aceptar la corona que muchos le querían ceñir. En esos días, había frustrado una contra—revolución española, fraguada por el general Dávila desde San Juan de Ulúa; pero los anti—iturbidistas echaron a rodar la especie de que Iturbide era el autor de tal rebelión, para ceñirse cuanto antes la corona.

El 10 de abril el Congreso destituyó a los miembros de la regencia, al Obispo de Puebla y los señores Bárcena y Velásquez de León, designando en su lugar al Conde de Heras, el Dr. Miguel Valentín y el general Nicolás Bravo. Para Iturbide los nuevos regentes sólo eran espías del Congreso para vigilarle con más comodidad.

En febrero las Cortes de España declararon que eran nulos los Tratados de Córdoba. Borbonistas e insurgentes entraron en efervescencia. Los que deseaban ver de Emperador a Iturbide eran gran mayoría. Alamán los divide así: los que aspiraban a tener un empleo, la mayor parte del ejército, el clero y la plebe de la capital. Y añade: "... el Congreso comenzó a discutir el reglamento para la regencia, e iba a aprobarse el artículo por el cual se prohibía que los individuos de ella pudiesen tener mando de armas: esto fue lo que decidió el movimiento".

Iturbide residía en la magnífica Casa de Moncada—que hoy sigue llamándose Palacio de Iturbide— en la vieja calle de los Plateros, que era ya entonces la más bulliciosa y elegante de la metrópoli.

MANCERINAS DE PLATA

Se hallaba entonces en la capital como sargento primero del Primer Regimiento de Infantería de Línea, el catalán Pío Marchá, que había figurado en el Regimiento de Celaya y que tenía toda la confianza de Iturbide. A tal grado que cierta vez le dijo en broma y un poquillo en serio:

—¿Por qué no se hace Su Excelencia Emperador?

—El día que yo sea rey...te haré Primer Ministro.

Mucho tiempo después hizo Marchá recuerdos del episodio en que sería figura principalísima. Contaba que hallándose de visita en casa del platero José Oropesa, éste le enseñó seis mancerinas de plata con otros tantos pocillos dorados, y que le dijo:

—Este es un regalo que el señor Conde de Regla va a enviar al Generalísimo.

Las mancerinas tenían cuatro columnas adornadas con cuatro palomas, llevando coronas imperiales en el pico. Al ver el presente, Marchá lanzó un suspiro y le dijo a su compañero el sargento Mariano Otero:

—¿Ves ese trabajo?

—¿Por qué has suspirado de una manera que me conmueve? —contestó Otero.

—Pues qué, ¿no ves que si estas palomitas tienen la corona, se pierde nuestra independencia? Sin embargo, si me acompañaras a una empresa...

—Hasta la muerte...

Marchá estaba impaciente. Hizo llamar a 16 sargentos primeros del regimiento, les arengó, y una vez que lo reconocieron jefe, dispuso que transmitieran a un sargento primero y a un segundo el plan que había redactado y lo comunicara a los sargentos de la guarnición.

A las siete de la noche del 18 de mayo se reunieron en casa de Marchá, les expuso el plan, y enseguida acudieron ante el comandante del primer Batallón, don José Antonio Matiauda, quien lo aprobó; pero al invitarle para que los encabezara, repuso:

—No. Marchá; esto es peligroso para la tranquilidad pública. Estamos a la puerta de la anarquía.

"¡VIVA AGUSTÍN PRIMIERO!"

Ante la negativa de Matiauda resolvieron invitar al teniente coronel Francisco Tordesollar, quien tampoco admitió ser el jefe de la asonada. Entonces Marchá se decidió a jugarse el todo por el todo, advirtiéndole que el repique de las campanas de la Catedral y la salva de artillería eran la señal convenida para echarse a la calle. Y así fue.

Aunque el coronel Valentín Canalizo intentó detenerlos cuando iban por la calle de Vergara (hoy primera de Bolívar) nada pudo. Al llegar frente a la residencia de Iturbide, sonó este grito de Marchá:

—¡Viva Agustín Primero!

Y acto continuo ordenó disparar al aire y los vivas fueron contestados. El coronel Rivero, un ayudante de Iturbide, entró al teatro y dando grandes voces lo proclamó emperador. Como por arte de magia, momentos después estallaron los repiques, las dianas,los balazos, las salvas de cañón, los gritos de los "léperos". Eran las diez de la noche.

Iturbide se hallaba jugando una partida de tresillo con el general Negrete; dejaron de jugar; fingió sorpresa y ordenó que inmediatamente se llamara a los regentes del Imperio y a varios generales y hombres de su confianza: les consultó qué debía hacer; y ellos le aconsejaron que admitiese la corona, obedeciera al pueblo y convocase al Congreso para que deliberara al siguiente día.

Una hora después aparecían colgaduras en los edificios, estaban iluminadas las torres y los palacios y ascendían los cohetes. Funcionarios, religiosos, empleados, populacho, se apretujaban para penetrar en la residencia de Iturbide. Éste dispuso lanzar una proclama:

"La ley es la voluntad del pueblo: nada hay sobre ella; entendedme, y dadme la última prueba de amor, que es cuanto deseo, y lo que colma mi ambición."

Marchá se había convertido en jefe de regimiento. Toda la noche permaneció frente a la Casa de Moncada, entonando canciones:

¡Viva Agustín Primero!
¡Viva la Independencia!
¡Viva México libre!

¡Viva su libertador!
Trágala, trágala, trágala perro,
Trágala, trágala que no hay remedio.

Refería Marchá que en la Plaza de Armas, lanzando el sombrero al aire, el general Guerrero gritaba:

—¡Viva Agustín Primero y muera el que se oponga, y sólo triunfarán sus enemigos, acabando con las tropas del Sur y su general!

Los generales iturbidistas (Negrete, Bustamante, Parres, Echávarri, el Marqués de Vivanco, el Conde de San Pedro de Álamo), firmaron un memorial para el Congreso, anunciándole que habían proclamado emperador a Iturbide.

A las siete de la mañana del 19, el Congreso se reunió, faltando muchos de los diputados que se sentían cohibidos para deliberar.

A las diez se presentó Iturbide, invitado por los diputados, mientras resonaban estrepitosamente los vítores:

—¡Viva el Emperador y mueran los traidores! ¡El Emperador o la muerte!

Los gritos ululantes y las injurias de la multitud anulaban la voz de los diputados que se oponían a tal declaratoria. 67 contra 15 lo eligieron emperador constitucional, de acuerdo con la moción de don Valentín Gómez Farías y de 46 diputados.

El 21, Iturbide prestó delante del Congreso el Juramento que sigue:

"Agustín, por la Divina Providencia, y por nombramiento del congreso de representantes de la nación, emperador de Méjico, juro por Dios y por los santos evangelios, que defenderé y conservaré la religión católica, apostólica, romana, sin permitir otra alguna en el imperio; que guardaré y haré guardar la constitución que formare dicho congreso, y entre tanto la española en la parte que está vigente, y asimismo las leyes, órdenes y decretos que ha dado y en lo sucesivo diere el repetido congreso, no mirando en cuanto hiciere, sino al bien y provecho de la nación; que no exigiré jamás cantidad alguna de frutos, dinero, ni otra cosa, sino las que hubiere decretado el congreso; que no tomaré jamás a nadie sus propiedades, y que respetaré sobre todo la libertad política de la nación y la personal de cada individuo, y si en lo que he jurado o parte de ello, lo contrario hiciere, no debo ser obedecido, antes aquello en que contraviniere, sea nulo y de ningún valor. Así Dios me ayude y sea mi defensa, y si no me lo demande".

La estatua de Carlos III fue derribada en Puebla; el busto de bronce de Felipe V retirado del frontispicio de la Casa de Moneda; y volvió a escucharse el famoso grito de 1810: "¡Mueran los gachupines!". Comenzaron a llegar las felicitaciones. Entre todas ellas, la proclamación que desde Jalapa dirigió a las tropas el brigadier Antonio López de Santa—Anna: "No me es posible contener el exceso de mi gozo, por ser esta medida la más análoga a la prosperidad común; por la que suspirábamos y estábamos dispuestos a que se efectuase, aun cuando fuese necesario exterminar algunos genios díscolos y perturbadores, distantes de poseer las verdaderas virtudes de ciudadanos; anticipémonos, pues, corramos velozmente a proclamar y jurar al inmortal Iturbide por Emperador, ofreciéndole ser sus más constantes defensores hasta perder la existencia; sea el regimiento que mando el que primero acredite con esta irrefragable prueba, cuán activo, cuán particular interés toma en ver recompensado el mérito y afirmado el gobierno paternal que nos ha de regir. Multipliquemos nuestras voces llenas de júbilo y digamos sin cesar complaciéndonos en repetir, viva Agustín I, Emperador de México".

EL MARISCAL DEL SUR

Entre esas cartas congratulatorias tuvo señalado lugar la que el Mariscal del Sur, Vicente Guerrero, le dirigió desde Tixtla el 28 de mayo: "Cuando el ejército, el pueblo de Méjico y la nación representada en sus dignos diputados del soberano congreso constituyente, han exaltado a V. M. I. a ocupar el trono de este imperio, no me toca otra cosa que añadir mi voto a la voluntad general, y reconocer como es justo las leyes que dicta un pueblo digno y soberano. Éste, que después de tres siglos de arrastrar ominosas cadenas, se vió en la plenitud de su libertad debido al genio de V. M. I. y a sus mismos esfuerzos con que sacudió aquel yugo, no habrá escogido la peor suerte, y así como haya afianzado el pacto social para poseer en todo tiempo los derechos de su soberanía, ha querido retribuir agradecido los servicios que V.M.I. hizo por su felicidad, ni es de esperar que quien fue su libertador sea su tirano: tal confianza tienen los habitantes de este imperio, en cuyo número tengo la dicha de contarme".

Y poco después (4 junio) le comunicó las manifestaciones públicas que en Tixtla se llevaron a cabo entre dianas y repiques, agregando: "Nada faltó a nuestro regocijo sino la presencia de V. M. I.; resta echarme a sus imperiales plantas y el honor de besar su mano, pero no será muy tarde cuando logre esa satisfacción, si V. M. I. me lo permite. Bien querría marchar en este momento a cumplir con mi deber, pero no lo haré ínterin no tenga permis0 para ello, y si V. M. I. llevare a bien que con este objeto pase a esta corte, lo ejecutaré en obteniendo su licencia que espero a vuelta de correo. Ésta es contestación a la muy apreciable carta de V.M. I. de 29 del próximo pasado mayo con que me honró, presentándole de nuevo mi respeto, mi amor y eterna gratitud. Creo haber dado pruebas de estas verdades y me congratulo de merecer la estimación de V.M.I. en quien reconoceré toda mi vida mi único protector".

Estas expresiones de efusiva gratitud se compadecen admirablemente con los conceptos de una carta en que el general Guerrero le pidió auxilio para salvarlo de gran penuria y en la que, de puño y letra de Iturbide, se fueron anotando pesos. (Carta que he encontrado entre los documentos de Iturbide que se custodian en la Biblioteca del Congreso, en Washington).

El 23 de mayo el Congreso decretó que la monarquía era hereditaria, designando sucesor al primogénito don Agustín y dándole el tratamiento de Príncipe Imperial y Alteza Imperial; las hijas y demás hijos legítimos de Iturbide se llamarían Príncipes Mexicanos, con el rango de Altezas; don Joaquín y doña Nicolasa, su padre y su hermana, serían el Príncipe de la Unión y la Princesa de Iturbide, con idéntico tratamiento. También decretó que la moneda del Imperio llevase el busto del emperador en el anverso con el lema: "Augustinus Dei Providentia", en el reverso el águila coronada, y en la circunferencia "Mexici Primus Imperator Constitutionalis".

No faltó entre los diputados quien propusiera que tales leyendas quedarían mejor escritas en náhuatl; ¿pero el señor Alcocer arguyó que era mejor que fueran en latín, pues si no qué dirían las naciones civilizadas?

Nombrado un Consejo Provisional de Estado, Iturbide se apresuró a conceder ascensos y grados militares, entre ellos el de brigadier a don Felipe de la Garza, quien le fusilaría poco después.

EXCESIVA MODESTIA

El 22 de mayo de 1822 Iturbide contestó la carta de Bolívar, en esta forma:

"Agustín, por la Divina Providencia y por el Consejo de la nación, primer Emperador Constitucional de México.

Al Excmo. señor Simón Bolívar, Libertador y Presidente de la República de Colombia.

"Ciudadano Libertador: Recibid lo primero con agrado, mi admiración por vuestro heroísmo, mis deseos de imitar las virtudes militares y civiles de que disteis repetidos testimonios, y no esquivéis vuestra amistad a un hermano y compañero que se honrará con merecerla.

"La posición política que ocupáis exige se os den oportunos conocimientos de los sucesos que formarán época en la historia, y que tiene influencia en el sistema actual de las sociedades. Sabed pues, dignísimo Presidente de Colombia, que el Congreso Soberano, secundando los deseos del ejército y el pueblo, me elevó al solio de este Imperio el 19 del corriente. No sé qué encontraron en su conciudadano que le hiciese acreedor a tamaña merced.

En tal concepto me ciñeron la corona; pero ¡cuán lejos estoy de considerar un bien lo que impone sobre mis hombros un peso que me abruma! Carezco de la fuerza necesaria para sostener el cetro; lo repugné y cedí al fin por evitar males a mi patria, próxima a sucumbir de nuevo si no a la antigua esclavitud, a los horrores de la anarquía.

"Este accidente en nada altera la buena armonía establecida felizmente entre Colombia y México; las dos naciones son libres e independientes, tienen el gobierno que eligieron, y sus caudillos no pueden dejar de amarse y protegerse, atendida su reciprocidad de sentimientos.

"México reconoce a Colombia República soberana, le ofrece amistad eterna y todo lo que es consiguiente a esta oferta, hecha con sinceridad y por convencimiento de que es un deber que ya desde el principio del mundo impuso la naturaleza.

"El ciudadano Santa María fue recibido por este Gobierno con la atención debida a un Plenipotenciario de una República respetable, y la cordialidad que profesamos a sus representantes.

"Nuestro Ministro de Relaciones trabaja, conforme a las instrucciones que tiene, para que se active la salida de nuestro.

Enviado cerca de ese Gobierno, para felicitar a esa República soberana y a su digno Presidente.

"Sed feliz, ilustre Libertador del suelo que os vió nacer; haced la gloria de vuestra patria, y vivid tanto siempre triunfador y siempre dichoso, cuanto necesita la república y os desea vuestro fiel amigo. —AGUSTÍN".

No puede ser más clara la modestia de Iturbide en esta carta, si se la pone en parangón con lo que en sus memorias diría: "He sabido vencer con cincuenta hombres a más de tres mil: con trescientos sesenta a catorce mil; jamás me retiré en campaña sino una sola vez que como he dicho fuí mandado por otro, y con sólo ochocientos hombres emprendí quitar al gobierno español el dominio en la América del Septentrión cuando él contaba con todos los caudales, con once regimientos, expedicionarios europeos, siete veteranos, y diez y seis provinciales del país que se consideraban como de línea, y setenta u ochenta mil patriotas o realistas que habían obrado con firmeza contra los secuaces del Plan de Hidalgo".

DAMAS Y CABALLEROS

Había también que constituir la Casa Imperial; y bien pronto fueron nombrados:

Mayordomo mayor
Caballerizo mayor
Capitán de la guardia
Ayudantes

Limosnero mayor
Teniente de limosnero mayor
Capellanes de SS. MM.
Capellanes honorarios
Capellán mayor
Teniente de capellán mayor
Capellán privado de la familia
Confesores
Predicadores
Predicadores honorarios
Ayo de los Príncipes
Maestro de ceremonias
Sumiller de Palacio
Gentiles hombres de Cámara con ejercicio
Mayordomos de semana
Camarera mayor
Dama primera y guarda mayor
Damas
Damas honorarias
Camaristas
Médico y cirujano de Cámara de S.M.
Médico y cirujano de la familia imperial
Maestros de los caballeros pajes
Maestro de los Príncipes
Pedagogos
Ujieres de Palacio
Ayudas de cámara
Peluqueros
Guardarropas del Emperador y la Emperatriz
Impresor de cámara
Introductor de embajadores.

En dicha Casa Imperial figuraban el Capitán General de Guatemala don Gabino Gaínza, a quien se dio el rango de teniente general en el Ejército mexicano; el Obispo de Guadalajara, señor Ruiz de Cabañas, los brigadieres Malo, Echávarri, Ramiro, Cortázar, Armijo, Bustillo y don José María Cervantes, el Dr. Francisco

Montesdeoca, doña Ana María Iraeta de Mier, el Dr. Félix Flores Alatorre, el Oidor don Manuel de Campo y Ribas, y también el sabio don Andrés Manuel del Río, el descubridor del vanadio, en calidad de introductor de embajadores, por su conocimiento de varios idiomas.

Hubo una dama que rehusó figurar en la Corte: doña Josefa Ortiz de Domínguez, la animadora del movimiento de independencia que Hidalgo encabezó en Dolores, y quien, al recibir la invitación para que fuese dama de honor, dió esta respuesta:

—¡La que es reina en su hogar no puede ser dama de una emperatriz!

UNA MODISTA FRANCESA

La noche del 2 de junio hubo gran alarma en la metrópoli imperial. Se había frustrado el asalto a las casas de comercio que planearon los regimientos de la guarnición, no estando contentos por la falta de pago de sus haberes íntegros.

Pero la impaciencia por llevar adelante los preparativos para la coronación era demasiado visible, a pesar de la situación económica del país. "Los trajes adecuados a la dignidad imperial se imitaron de las estampas que pudieron haberse de la coronación de Napoleón, y una modista francesa, que se decía baronesa se encargó de hacerlos". Como no había dinero para comprar las joyas, fueron pedidas en préstamo al Monte de Piedad, y se tuvo entendido que la persecución que sufrió el director Couto fue por haber rehusado entregarlas".

Conforme al Ritual Romano, Agustín y Ana debían de ayunar tres días antes de la coronación; pero se tuvo a bien dispensarles de tal requisito. Respecto a los óleos con que debía consagrárseles, dice Zavala que se suscitaron cuestiones muy serias, "y se hubiera dado la mitad de las rentas de la Corona para obtener una parte del de la redoma de San Remigio".

BRILLO DE CONDECORACIONES

Para dar mayor realce a la ceremonia de la coronación fueron aprobados los estatutos de la Orden Imperial de Guadalupe; se nombraron Caballeros, se repartieron insignias, e Iturbide comenzó a distribuir condecoraciones con cruces de diversas clases, confiriéndolas a los obispos de Guadalajara, Puebla, Oaxaca y Nicaragua, el Arzobispo de Guatemala, el Marqués de Aycinena, los generales Filisola, Torres, Echávarri, Santa Anna, Garza, Barragán, Paredes, Parres, Cortázar, Arana, Bravo, Guerrero y Rayón; los diputados a Cortes que habían regresado de España, Ramos Arizpe, Gómez Pedraza, Navarrete y Molino; y varios militares, eclesiásticos, magistrados y abogados, así como tres de los príncipes de Iturbide.

Faltaba la aristocracia agraria —militar—dice Bulnes— y en consecuencia no era posible la monarquía absoluta ni constitucional, y algunos de los nobles eran militares, otros mineros y otros hacendados. Basta enumerar los siguientes: marqueses de San Miguel de Aguayo y de Santa Olaya, de Salvatierra, de Guadalupe Gallardo, de Santa Fé de Guardiola, de la Cadena, de Uluapa, de San Juan de Rayas, de Rivascacho, de Vivanco, de del Villar del Águila y de Castañiza; los condes del Peñasco, de San Mateo de Valparaíso, del Valle de Orizaba, de Valenciana, de Casa Rul, de Casa de Agreda, de San Pedro del Álamo, de la Presa de Jalpa, de la Cortina, de Pérez Gálvez, de la Torre Cossío, de San Mateo, de la Casa de Heras Soto y de Regla; y el vizconde de Velásquez (uno de los dos títulos mexicanos que confirmó la Regencia, siendo el otro el marqués de la Cadena).

Pero quien manejaría los fondos para cubrir los gastos de la Casa Imperial era Miguel Cavaleri, uno de los más allegados a Iturbide, y que fue fiel hasta en la desgracia.

AMIGOS Y AMIGOTES

¡Y qué amigos lo rodeaban a veces! Un barón de Rosenberg, aventurero alemán, a quien hizo teniente coronel y tuvo su fin en el patíbulo; un Manuel Bermúdez de Zozaya, extranjero íntimo suyo, gran jugador; un Miguel Cavaleri, otro de sus favoritos extranjeros, hombre sin fe, jugador insigne, viejo calavera entregado a toda especie de vicios y de inmoralidad, por cuyo medio agotaba Iturbide cuánto dinero entraba en las cajas nacionales; un Cristóbal Hubert, "monstruo de la tierra caliente"; un Epitacio Sánchez, muy dado al juego de gallos y que por esto llamaba "mi amo" a Iturbide; un

Vicente Filisola, italiano que peleó en Centroamérica y más tarde en Texas; un Antonio Joaquín Pérez que vino a México acompañado de dos buenas mozas que en clase de lavanderas se embarcaron con él en Cádiz y se alojaron en su palacio de Puebla.

Como en los versos de Manrique: "¡Qué amigo de sus amigos, que enemigo de enemigos!" Sabía corresponderles con creces, y "aunque sanguinario, inspiraba confianza por el mismo honor que él ponía en todas sus cosas".

Era el ejemplar clásico del manirroto. "Fue pródigo y generoso, halagando a sus mismos enemigos". La "loca prodigalidad que lo distinguía" subió de punto cuando cierta vez dió de su peculio al brigadier Antonio López de Santa—Anna 10.000 reales para que hiciera viaje expreso a México. El dinero se convertía en maravilloso instrumento en sus manos: pocos amos de hombres han sabido hacer más insinuante y fina la voz de tan poderoso caballero. Fue tanto "más temible cuanto parecía más franco y abierto". Pródigo para distribuir ascensos militares, no tenía escrúpulos tratándose de adquirir dinero y lo tomaba de donde podía.

Sin embargo, hay que reconocer que durante el efímero imperio, se condujo con moderación y hasta con desinterés, sin haber cometido actos de crueldad ni abusado del poder para adquirir fortuna. No de otro modo se explica que haya tenido que empeñar en Europa las joyas de su mujer. El mismo Bustamante se expresa de él así en los días del destierro: "Salía pobre el que había consumido la independencia de su nación".

Mientras se hacían los preparativos minuciosos para la coronación y el padre Luis Carrasco se devanaba los sesos aprendiendo las mismas instrucciones del Ritual Romano —que había traducido, adaptado y publicado—Iturbide tuvo a bien retirarse a San Agustín de las Cuevas (hoy Tlalpan, D.F.) ansioso de entregarse a ejercicios espirituales. En aquel retiro recibió la visita del famoso doctor don Servando Teresa de Mier, quien se decía descendiente —nada menos—que de Cuauhtémoc, y no tuvo pelos en la lengua para reprocharle que se fuera a coronar emperador. Durante la entrevista no le dio el tratamiento de Majestad: "En boca de Mier la consagración no era más que la aplicación del medicamento conocido con el nombre de "vinagre de los cuatro ladrones", y la ceremonia de la inauguración de la Orden de Guadalupe con los caballeros con sus mantos y plumajes, una comparsa de las danzas usadas por los indios en sus fiestas, compuesta de personajes ridículamente vestidos, que llaman huehuenches, apodo que quedó a los individuos de aquella Orden. La sospecha que entonces se tuvo de haber puesto Dávila (el jefe español que no abandonaba San Juan de Ulúa) en libertad al padre Mier, para hacer a Iturbide la hostilidad más efectiva que podía imaginar, considerando a aquel eclesiástico como una tea encendida que arrojaba sobre los combustibles de todas clases que los sucesos habían ido acumulando en el imperio mejicano, puede tenerse por una suposición verosímil, ya que no sea un hecho averiguado".

UNGIDO Y CORONADO

Llegó por fin el codiciado 21 de julio. Iba él hacia lo que Bolívar llamó, al referirse al nuevo Emperador, "las cuatro planchas cubiertas de carmesí que llaman trono".

La fiesta de la coronación fue más costosa, más solemne, pero no más resplandeciente que la de la mañana del día en que entró triunfante a la capital. Verdad es que "Agustín Primero llenaba en aquellas horas la imaginación de todos" y su ambición tomaba en los ánimos predispuestos, proporciones gigantescas, gracias a la leyenda real de Napoleón. Había hecho venir del Sur, expresamente, al mariscal de campo don Vicente Guerrero, que debía aparecer en el séquito. Cada hora disparaba el cañón, desde el amanecer hasta la puesta del sol. La Catedral Metropolitana lucía el ciprés de plata, el crucifijo de oro que fabricó Roda llega, y colgaduras de damasco y terciopelo carmesí con galones y flecos de oro.

Se habían erigido en el interior de la catedral los tronos a ambos lados del Evangelio: el mayor cerca del presbiterio y el menor junto al coro; se pusieron sitiales, "a la derecha para el Príncipe de la Unión y a la izquierda para la Emperatriz; y además a la derecha de aquél, sillas para los príncipes y a la izquierda otra para las princesas". En una estancia contigua a la Sala Capitular estaba una mesa bien surtida de viandas y licores y buen cuidado se tuvo de que estuviese presente el cirujano de la familia imperial, don Francisco Montesdeoca, con botiquín y medicinas. Había asientos para los parientes de Iturbide, sus ministros, los representantes de la nobleza, los caballeros de la Orden de Guadalupe, los consejeros imperiales, las familias distinguidas, y, por supuesto, los diputados y los diplomáticos; pero sólo se notó la presencia del cónsul de los Estados Unidos Mr. William Taylor; y para dar más sabor al espectáculo figuraba entre los concurrentes un pariente de Napoleón, el general francés D'Alvimar. El ministro de Colombia, don Miguel Santa María —único miembro del Cuerpo Diplomático— para quien se había destinado lugar prominente en la ceremonia y hasta escolta de honor para que le acompañase, pretextando enfermedad rehusó presentarse en la impotente ceremonia, retirándose de la capital durante algunos días.

Entre aquellos damascos, terciopelos, alhajas de oro y plata, luces y flores, apareció el obispo de Guadalajara, señor Ruiz de Cabañas, que era el consagrante, acompañado de los de Puebla, Durango y Oaxaca. El Arzobispo Metropolitano señor Fonte había vuelto a España después de sigiloso viaje a Tampico.

Las salvas de artillería, los repiques unánimes de todas las iglesias de la ciudad, anunciaron al dar las nueve de la mañana que el cortejo había salido de la residencia de Iturbide. Cada hora vibraba el cañón. Los diputados se hallaban reunidos desde las ocho en el salón de sesiones, y salieron en procesión, escoltados, rumbo a la Catedral para ocupar los sitios que protocolariamente les correspondía.

Iba a la vanguardia un escuadrón de caballería, y un piquete de infantería, que llevaba a ambos lados un estandarte con una cruz roja en fondo blanco; precedían a las parcialidades de indios de San Juan y de Santiago, las órdenes religiosas, los curas párrocos de la ciudad y alrededores, los funcionarios de los Tribunales de Minería, el Protomedicato, el Consulado, la Universidad y el Ayuntamiento, las personas de distinción, los empleados públicos, la Diputación Provisional, la Audiencia, y el Consejo de Estado; y luego, cuatro ujieres, dos reyes de armas, los pajes y el jefe del ceremonial.

La Emperatriz llevaba a su lado al Mariscal don Vicente Guerrero y al Coronel Corral; y en pos de ella iban sus damas de honor y su corona en una canasta que conducían el general Torres Valdivia y el brigadier Ramiro.

Iturbide lucía el uniforme de Coronel del famoso Regimiento de Celaya, y en su escolta figuraban cuatro de los generales más distinguidos, que llevaban la corona, tres diademas, el cetro, el anillo y el manto de terciopelo rojo "forrado de armiño y bordado en oro con pequeños carcajes y águilas coronadas".

En la comitiva de la Emperatriz figuraban sus hijas, doña Sabina y doña María de Jesús, la princesa Nicolasa, la camarera mayor, la guarda mayor y 24 diputados. Y en la del Emperador iban más diputados, su padre, el Príncipe Imperial, los príncipes don Ángel y don Salvador, el Capitán de la Guardia Imperial marqués de Salvatierra, el teniente de limosnero mayor, doctor don Félix Flores Alatorre, el Ministro de Justicia don José Domínguez Manzo, los de Estado, de Guerra y Hacienda, señores Herrera, Sota Riva y Medina, cuatro edecanes y por último la escolta y los coches de Palacio.

Al llegar a la puerta de la Catedral, que se hallaba cubierta con el toldo de las procesiones de gran gala, los obispos de Oaxaca y Durango se adelantaron para ofrecer agua bendita al Emperador y a la Emperatriz, y acto continuo éstos fueron conducidos bajo palio, hasta el coro, acompañados por dichos prelados y el Cabildo Eclesiástico.

Una vez que Iturbide entregó su espada al Presidente del Congreso, don Rafael Mangino, y los generales colocaron las insignias imperiales en el altar, Agustín y Ana ocuparon el trono menor, el que después abandonaron para acercarse junto al altar, en donde el obispo Ruiz de Cabañas les ungió en el brazo derecho, siendo enjugado el santo crisma por los canónigos Alcocer y Castillo. Bendecidas la corona y las insignias imperiales, el consagrante la entregó al presidente del Congreso, quien arengó a Iturbide en el momento de ceñirle las sienes. Se refiere que al ponerle la corona, que era de tamaño diferente al de la cabeza de Iturbide, se ladeó y el presidente Mangino hizo la advertencia:

— ¡No se le vaya a caer a Vuestra Majestad!

— Yo haré que no se me caiga.

Iturbide coronó a doña Ana María; y las demás insignias fueron puestas al Emperador por los generales que las portaban, y a la Emperatriz por sus damas de honor.

Ya ungidos y coronados se dirigieron hacia el trono mayor y el Obispo Ruiz de Cabañas, exclamó en voz alta, dirigiéndose a la concurrencia:

—¡Vivan Imperator in aeternum!

—¡Vivan el Emperador y la Emperatriz! —contestó el enorme concurso.

Entonces resonó el Te Deum. Los reyes de armas arrojaron hacia el pueblo las monedas que se habían acuñado para perpetuar aquella fecha. Y empezó la misa.

Subió al púlpito el Obispo de Puebla, señor Pérez Martínez, quien pronunció "uno de sus más estudiados sermones", apoyándose en el texto en que el Libro Primero de los Reyes relata la elección de Saúl:

—Bien veis al que ha elegido el Señor y que no tiene semejante en todo el pueblo, y clamó todo el pueblo y dijo, viva el rey.

En el momento del ofertorio, Agustín y Ana María descendieron del trono, para dirigirse hacia el altar y deponer las ofrendas que habían recibido de cinco diputados: dos cirios con trece monedas de oro en el uno y en el otro de plata, un pan de oro y un pan de plata y un cáliz, y las entregaron al consagrarse.

Al terminar la misa, el jefe de los reyes de armas lanzó esta exclamación:

—El muy piadoso y muy augusto Emperador constitucional primero de los mexicanos, Agustín, está coronado y entronizado. ¡Viva el Emperador!

—Viva el Emperador y Viva la Emperatriz —contestó la muchedumbre, mientras los repiques de las campanas y las salvas de la artillería reiteraban al pueblo de México que la coronación había concluido.

La espléndida comitiva volvió a la Casa de Moncada y desde el balcón, Agustín y Ana arrojaron hacia el pueblo numerosas monedas en conmemoración de aquel día brillante.

NUMISMÁTICA ITURBIDIANA

En la moneda imperial aparece el busto desnudo de Iturbide (que según Bustamante evocaba el del Emperador Octaviano, gordo y cruel), el águila coronada, y el "Mexici Primus Imperator Constitucionalis" en la circunferencia, tal como aparece en medias onzas de oro, pesos de plata y reales. Durango y Toluca (en cobre y plata), Guanajuato (con las efigies de Agustín y Ana María, diseño de Trasgallo), Oaxaca, Zacatecas, Guadalajara y México (en plata y oro) ofrecieron su homenaje al Imperio. Las onzas de oro de Guadalajara estaban mejor hechas que las de México, y el grabador Gordillo fabricó la moneda que el Consejo de Estado mandó acuñar, el mismo Gordillo que en 1810 había acuñado una de plata para adular al Virrey Venegas.

En el "Noticioso General" (26 junio 1822) aparece el decreto del Soberano Congreso sobre el tipo de la moneda imperial, y en el mismo periódico (22 noviembre) un artículo de F.E.T. sugiriendo un nuevo cuño de la moneda, porque según él ni el busto ni el águila ni el nopal se ceñían a las reglas de la heráldica, como si no vivieran aún el grabador Guerrero y el dibujante Mendoza: que para quitarle el aire plebeyo se pusiera al busto una tilma real a usanza de los emperadores precortesianos y en la cabeza de su lámina de oro exornada de plumas; y que se diera más relieve al busto, porque parecía que el grabador no había podido leer bien en las facciones de quien, como decían algunos periodistas de entonces, ocupaba el trono de Moctezuma. Naturalmente que cuando Iturbide cayó del trono, los diputados Cotero y Elozua hicieron moción para que se sustituyese el busto imperial por algún signo que diera valor republicano a la moneda ("La Águila Mexicana", 1º. Mayo 1823).

En León de Nicaragua también se acuñó moneda imperial; la moneda tiene en el anverso el busto de Iturbide con la fecha de la edición y este letrero: "AGUST. I. EMP. DE MÉXICO" y en el reverso "PROCLAM. EN LEÓN DE NICAR. A. 2 DE LA INDEPENDENCIA", rodeando el blasón de aquella ciudad, en que campean el volcán y el león rampante coronados, por una guirnalda. León fue una de las ciudades iturbidistas, mejor dicho, de las más entusiastas para pertenecer al Imperio Mexicano, así como Cartago en Costa Rica, Comayagua en Honduras y Quetzaltenango en Guatemala.

Otra moneda imperial es el real de plata que en el anverso tiene: "AGUSTÍN I, EMPERAD. DE MÉXICO", y en el reverso: "GUAT. EN LA PROCLAM. DE SU 1R. EMP.", sirviendo de fondo una guirnalda de laurel y el escudo ovalado de las armas guatemaltecas; y hay también otra con el lema: "AGUSTÍN I EMPERAD. DE MÉXICO" y en el anverso: "PROCLAMADO EN QUESALT.A. DE 1822".

Según el catálogo de Rosa—Pelletti se acuñó una moneda de cobre y de bronce en el Cusco, Perú, en enero de 1823, en honor de Iturbide.

"TU VIR DEI"

La coronación costó 6,985,33 pesos. Don Lucas Alamán dice: "Más ha costado cualquiera de los entierros de presidente o presidenta de la República, presidente de la Corte Suprema o del Senado, que se han hecho posteriormente", y lo mismo puede decirse respecto a las fiestas de toma de posesión de muchos gobernadores de los Estados Unidos, que los bromistas califican de "coronaciones".

Los aduladores aprovecharon la oportunidad. Uno de ellos formó con la palabra Iturbide el anagrama "Tu—vir—Dei", que bien pronto fue parafraseado con estos versos:

> Tú eres el varón de Dios,
> A quien tiene señalado
> Para e objeto sagrado
> De libertar su nación.
>
> Tiene en ti la religión
> Su esperanza, pues el cielo
> Favorece tu pío celo,
> Al ver que yace oprimida
> Por la España, que atrevida,
> En destruirla toma anhelo.

Entonces resonaron los versos de don Francisco Ortega que comienza así:

> ¡Y pudiste prestar fácil oído
> a falaz ambición, y el lauro eterno
> que tu frente ciñera,
> por la venda trocar que vil te ofrece
> la lisonja rastrera
> que pérfida y astuta te adormece!
> Sus, despierta y escucha los clamores
> que en tu pro y del azteca infortunado
> te dirige la Gloria:
> oye el hondo gemir del patriotismo,
> oye a la fiel Historia,
> y retrocede, jay! del hondo abismo.

Y concluía diciendo:

> ¡Oh, cuánto de pesares y desgracias;
> cuánto tiene de susto e inquietudes,
> de dolor y de llanto...
> Cuánto tiene de mengua y de mancilla,
> de horror y luto cuánto
> esa diadema que a tus ojos brilla.

ESOS DIPUTADOS

Con el pretexto de que tomaban parte en una conspiración contra el régimen, fueron conducidos a la cárcel algunos diputados (26 agosto) entre ellos el padre Mier, don José del Valle, don Carlos María Bustamante, don Marcial Zebadúa, don Juan de Dios Mayorga, don Francisco Sánchez de Tagle, don Juan Pablo Anaya, don José Joaquín de Herrera, don Joaquín Obregón, don Francisco Tarrazo, don José María Fagoaga, Echenique, Carrasco, Lombardo y Echarte y a la vez fueron capturados don Anastasio Zerecero y el periodista don Juan Bautista Morales, que dirigía "El Hombre Libre", defendiendo la causa republicana. La orden de captura la firmó el Sub—secretario de

Estado Lic. Andrés Quintana Roo, el mismo que en un aniversario de 16 de septiembre diría:

"¡Himnos sin fin a su indeleble gloria!
honor eterno a los varones claros
que el camino supieron prepararos
¡oh Iturbide inmortal!, a la victoria;
sus nombres antes fueron
cubiertos de luz pura, esplendorosa;
mas nuestros ojos vieron
brillar el tuyo como en noche hermosa
entre estrellas sin cuento
y la luna en el alto firmamento.

Ante aquel atropello, el diputado Gómez Farías propuso que el Congreso se disolviese, publicando un manifiesto; y pocos días después e brigadier Felipe de la Garza protestó desde Soto la Marina en contra de tal atentado; pero fué vencido.

Iturbide reunió a 40 diputadlos en su palacio, y entre otras afirmaciones les hizo las siguientes:

—Yo, señores no puedo dejar que la nación se precipite en la anarquía en las manos de hombres que por falta de experiencia unos, otros con mala intención, se han propuesto un sistema de oposición a la marcha que ha adoptado mi administración, privándome de los medios de hacer el bien. Cerca de ocho meses lleva el Congreso de sesiones, y no solamente no ha dado un solo paso para formar la Constitución del Imperio, objeto primario de su convocación y de los votos nacionales, sino que hasta ahora no se ha dado una ley sobre Hacienda, sobre el Ejército; todo el tiempo lo ha ocupado en discusiones que tenían por objeto humillarme, desconceptuarme y presentarme ante la nación como un tirano. La nación está cansada de esa lucha y desea un remedio...

La sesión duró doce horas y en ella hablaron diputados, ministros, consejeros y generales. Se trataba de reducir a 70 el número de diputados... Se aprobó el proyecto; pero Iturbide nada en firme logró, porque la lucha entre él y el Congreso hubo de recrudecerse.

El 18 de aquel mes recibió sus pasaportes el Ministro de Colombia, Lic. Santa María, por haber estado comprometido en la conjuración descubierta por los espías imperiales. Y el 31, por orden de Iturbide, el brigadier Cortázar disolvió el Congreso y se procedió a elegir una Junta Suprema Instituyente formada por 45 personas, entre ellas algunos de los diputados. Entonces el padre Mier —desde el convento en que se hallaba preso— lanzó un dardo, en el que aludía al señor Obispo de Durango, Marqués de Castañiza:

> Un obispo, presidente;
> dos payasos, secretarios;
> cien cuervos estrafalarios
> es la Junta Instituyente.
> Tan ruin y villana gente
> cierto es que legislarán
> a gusto del gran Sultán:
> un magnífico sermón
> será la Constitución
> que estos brutos formarán.

Pero la Junta acordó aumentar los impuestos al pulque y contratar un préstamo extranjero por 30.000.000 de pesos, el cual fracasó en Londres, así como imponer un préstamo forzoso de 2.800.000 pesos. Como había urgente necesidad de fondos para hacer frente a los gastos del Imperio, ordenó secuestrar los bienes de la familia de Hernán Cortés.

ENTREVISTA CON POINSETT

El gobierno de los Estados Unidos habían nombrado cónsul en la ciudad de México a James Smith Wilcocks, quien el 25 de octubre de 1821 se había dirigido a John Quincy Adams, Secretario de Estado, dándole noticias amplias sobre la consumación de la independencia y los diversos personajes que habían tomado parte en ella, elogiando "la intrepidez y los talentos" de Iturbide.

El 28 de octubre de 1822 había llegado a México Mr. Joel Roberts Poinsett, como agente confidencial de aquel gobierno ("maligno agente masónico", dice el Padre Cuevas en su "Historia de la Nación Mexicana"). Poinsett escribió más tarde un libro muy curioso sobre México, que tituló "Notes on Mexico in the autumn of 1822".

El 3 de noviembre del mismo año, Poinsett apuntó: "Esta mañana fuí presentado a Su Majestad. Al desmontarme del caballo en la puerta del Palacio que es un edificio amplio y hermoso, me recibieron numerosos guardias y luego subimos por una gran escalinata de piedra, en la que estaban alineados los centinelas, hasta un espacioso departamento en donde se hallaba un brigadier general, quien debía introducirme a su presencia. El Emperador estaba en su despacho y me recibió con gran urbanidad. Estaban con él dos de sus favoritos. Tomamos asiento y conversó conmigo durante media hora sin ningún embarazo, aprovechando la ocasión para elogiar a los Estados Unidos y nuestras instituciones, y a la vez para lamentar que éstas no pudiesen adaptarse a las condiciones de su país. Con modestia insinuó que había cedido con repugnancia a los deseos del pueblo, pero que se había visto obligado a ceñirse la corona para prevenir el desgobierno y la anarquía.

"Iturbide tiene cinco pies diez pulgadas de alto; es robusto y de buenas proporciones. Su cara es ovalada y sus facciones son agradables, excepto los ojos, que fija constantemente en el suelo o los desvía. Su cabello es castaño, usa patillas rojas y su tez blanca y rubicunda se parece más a la de un alemán que a la de un español. Como se oye pronunciar su nombre de diversas maneras, puedo decir que se le pronuncia acentuando igualmente cada sílaba I—tur—bi—de. No repetiré los cuentos que se oyen diariamente sobre el carácter y la conducta de este hombre. Antes de la última revolución triunfante, mandaba una fuerza pequeña al servicio de los realistas, y se le acusa de haber sido el más cruel y sanguinario perseguidor de los patriotas, y que nunca había perdonado a un prisionero. Sus cartas oficiales al Virrey lo atestiguan. En el intervalo entre el desastre de los insurgentes y la última revolución, residía en la metrópoli, y en una sociedad que no se distingue por su moral estricta se distinguió por su inmoralidad. Su usurpación del más alto puesto ha sido la más noble e injustificada; y su ejercicio del poder ha sido arbitrario y tiránico. Con trato agradable y exterior atractivo, y con generosidad exagerada, se ha ganado a los oficiales y los soldados, y mientras posea los medios para pagarles y recompensarles podrá mantenerse en el trono; pero cuando le falten esos medios, se derrumbará. Es una ley histórica, que un gobierno que no está fundado sobre la opinión pública, sino establecido y sostenido por la corrupción y la violencia, no puede existir sin amplios recursos para pagar a los soldados y mantener a los pensionistas y los partidarios. Consciente de su situación y de las probables consecuencias de su fracaso personal, está haciendo grandes esfuerzos para negociar empréstitos en Inglaterra; y es tal la infatuación de los hombres de negocios de este país, que es posible que logre realizar lo que desea. Las condiciones de un empréstito han sido acordadas ya, y un agente acaba de salir rumbo a Londres —otro se prepara con toda la pompa de un embajador, para salir con igual destino— y ayer me contaron, muy apenados, los profesores de Botánica y Mineralogía que habían recibido órdenes de Su Majestad para preparar unas colecciones que van a enviarse a Inglaterra. Entre todos los gobiernos de la América Española hay un gran deseo de quedar bien con la Gran Bretaña; y aunque el pueblo en todas partes es más amigo de nosotros, los gobiernos buscan, uniforme y ansiosamente, establecer relaciones diplomáticas y vincularse con la Gran Bretaña. El poder de esta nación les asusta y se dan cuenta de que sus intereses comerciales requieren la ayuda de un gran pueblo manufacturero y comercial.

"Lograremos algo del comercio de estos países, pero la cosecha será para los ingleses.

"Si se juzga a Iturbide por sus proclamas públicas, no me parece que sea un hombre de talento. Es rápido, atrevido y decisivo y no tiene escrúpulos respecto a los medios que debe emplear para conseguir lo que se propone".

LA PRINCESA MARÍA NICOLASA

A la multitud de problemas que rodeaban a Iturbide se sumó un grave motivo de discordia entre él y el brigadier Antonio López de Santa—Anna. Pretendía éste la mano de María Nicolasa, princesa de Iturbide, a pesar de que sólo tenía treinta años mientras ella frisaba en los sesenta. Apenas el Emperador se dió cuenta de propósito tan absurdo, señaló al travieso Don Juan cuál era la mejor puerta por donde debía abandonar el palacio de Moncada, ordenándole que se pusiese a las órdenes del brigader Luaces, que tenía el alto mando en Veracruz.

Puede asegurarse que aquel penoso incidente dio pábulo en la mente de Santa—Anna a la idea de convertirse algún día en Alteza Serenísima, y por lo pronto comenzó a meditar su venganza en la primera ocasión, que no estaba distante. Iturbide comenzó a recibir desde Veracruz numerosas quejas respecto a la conducta de su presunto cuñado, y antes de que éste fuese a soliviantar los ánimos contra el régimen, dispus0 marchar hacia Jalapa el 10 de noviembre.

Santa—Anna acudió inmediatamente a cumplimentarlo, y entre sonrisas y palabras sospechosas, le ordenó que saliera para la capital, en donde eran más necesarios sus servicios. Como Santa—Anna le dijera que no tenía fondos, Iturbide le entregó 500 pesos para que efectuara el viaje.

En esos días se necesitaban bestias para uso de la familia imperial, y como el alcalde de Jalapa, don Bernabé Elías, no pudo proporcionarlas, creyó Iturbide que trataba de sobornarlo, y ordenó que le pusieran una albarda como si fuese una mula. Cierto día, hallándose Santa—Anna sentado, el capitán de guardia le dijo:

—Señor Brigadier: ¡delante del Emperador nadie se sienta!

Las frustradas pretensiones de matrimonio con María Nicolasa, la orden categórica para que se presentara en la metrópoli y la afrentosa lección protocolaria que se le había dado, encendieron en los labios de Santa—Anna, al ver que Iturbide se alejaba, estas palabras significativas:

—¡Pronto veremos, señor brigadier, si delante del Emperador nadie se sienta!

UN PRINCIPE ROBUSTO

Iturbide regresó a Jalapa (1º. de diciembre) y la víspera había nacido Felipe Andrés María Guadalupe. La "Gaceta Extraordinaria del Gobierno Imperial de México" divulgó la noticia:

"La Divina Providencia que todos los días dispensa a la Nación Mexicana los efectos de su grande y maravillosa protección, se dignó atender sus fervorosos votos, concediendo a nuestra muy amable

Emperatriz un parto felicísimo. A las cuatro de la tarde del día de ayer, dió a luz un PRINCIPE tan hermoso como robusto, quedando S. M. I. sin novedad en su importante salud. Le comenzaron los dolores con remisión a las doce y sucesivamente se le agravaron, sin haber experimentado síntoma perjudicial. A la primera noticia que se le dió al Exmo. señor Ministro de Relaciones, dictó todas las disposiciones conducentes, pasando aviso a la Junta Instituyente, al Consejo de Estado, Cuerpo Diplomático, Grandes Cruces de la Orden Guadalupana, General del Ejército, Jefes de los Tribunales y Corporaciones, al M.I. y V. Cabildo Eclesiástico y Prelados de las Religiones. A las siete horas de la noche S.A. el Príncipe Imperial, acompañado de S.A. el Príncipe de la Unión, y de todos los individuos de la servidumbre de la Casa Imperial, presentó al PRINCIPE recién nacido en el salón principal del Palacio, donde aguardaba la Corte.

Allí mismo inmediatamente se le ministró el agua de socorro, por el Capellán Mayor de SS. MM. II, el Excmo. e Illmo. Señor Dr. Don Antonio Joaquín Pérez, Obispo de la Puebla, Caballero Gran Cruz de la Orden de Guadalupe y fue el Padrino de brazos S.A. el Príncipe Imperial, reservándose ponerle los Santos Oleos, hasta el regreso de S. M. el Emperador S.A.S. recibió las felicitaciones de los Cuerpos concurrentes, los que manifestaron un regocijo por el bien que recibe la Nación Mexicana con este nuevo vástago de la sucesión del Héroe invicto que le consiguió la libertad, y que para afianzarla más y más abandonó su casa y familia en los días próximos del parto de su amada Consorte por atender a la felicidad general.

Se anunció al público tan plausible suceso por medio de las salvas de artillería y repiques generales que se hicieron al tiempo de la presentación del PRÍNCIPE y de ministrarle al agua santa; y se reservó por la incomodidad de la hora el solemne TE DEUM, que en acción de gracias por tan grande y venturoso bien se cantará hoy a las once en la Santa Iglesia Metropolitana, con asistencia de la Corte".

Para celebrar dignamente aquel suceso, un adulador se apresuró a escribir y editar en la imprenta de don Alejandro Valdez una marcha que tenía por coro:

Sacerdotes, tomad las casullas,
organistas, las claves aptad,
y cantores, la voz entonad;
todos juntos cantad aleluyas
al Señor de la Gran Magestad,
por el parto de la Emperatriz,
fecundo y feliz,
fecundo y feliz,
fecundo y feliz.

La marcha concluía de este modo:

Albricias de gana
Agustín, nos des,
porque dio a luz tu Ana
un gallardo Andrés.

SANTA—ANNA SE REBELA

En la tarde del 2 de diciembre el brigadier Santa—Anna se rebeló en Veracruz contra el Imperio, proclamando la República, aunque es verdad que años más tarde confesó en sus memorias que no sabía el significado de esta palabra: intentó adueñarse de Jalapa y fué derrotado, dejando en poder de sus enemigos varios prisioneros que, por orden de Iturbide debían ser fusilados "con las casacas vueltas al revés", ejecuciones que impidió Echávarri. Si éste y Cortázar, que tenían bajo su mando fuertes divisiones hubieran cumplido las órdenes imperiales, habrían logrado ahogar en su cuna la rebelión y tomar la ciudad de Veracruz sin disparar un tiro, colocándose entre esta plaza y las tropas del rebelde, haciendo prisionero el resto de su caballería; pero permanecieron inmóviles.

Mientras tanto Iturbide había regresado a la capital en medio de repiques de campanas, cañonazos y cohetes, como si hubiese alcanzado una victoria. Esteban F. Austin dejó en una carta a su hermano Santiago, varias notas que pintan aquel retorno triunfal: "El clero llevaba cruces y se colocó una espléndida imagen de la Virgen María al comienzo de la calle de Plateros, frente a la Plaza Mayor;

otra imagen en la entrada del Palacio, cuyas ventanas y puertas lucían cortinas y festones, lo mismo que el resto de la calle, desde el arco triunfal, hallándose el Palacio bien iluminado con lamparitas suspensas de un lado a otro de la calle".

Se había construido un carro triunfal, cuyos gastos fueron puestos en la muy apreciable cuenta de la ciudad, y en él se intentó que Iturbide fuese conducido hasta Palacio, pero prudentemente, impidió tal demostración, porque la noche anterior a la fecha fijada para tal espectáculo, entró silenciosamente. A pesar de ello los aduladores no se conformaron con quedar chasqueados, pues inmediatamente sacaron una procesión desde el convento de San Francisco, en la que iban cien frailes y sacerdotes, llevando una rica imagen que descansaba sobre elegante peana de cristal, yendo adelante la guardia imperial y un carro que era tirado por varios religiosos, y en el que iba el retrato de Iturbide. En el desfile, en medio de repiques y luces marchaban una banda de música, un batallón de infantería y numerosas imágenes católicas". Según la descripción de Austin unos cuantos militares lanzaban vítores a Iturbide e insultos al Congreso, "no faltando el populacho semejante a los "lazzaroni" de Nápoles excepto por la mezcla de indios y mestizos, etc. Era el espectáculo del último grado de fanatismo que producían la ignorancia, la desnudez y la miseria".

ALBRICIAS DE AÑO NUEVO

Don Carlos María Bustamante cuenta que el 1º. de enero de 1823la capital del Imperio estaba conmovida al saber que Agustín I iba a cambiar de residencia, instalándose en la casa de campo de la Condesa de Pérez Gálvez, sin que ésta hubiese dado el permiso. Se habían echado abajo algunas paredes, habían sido sacados los muebles de la condesa y el cocinero imperial honradamente pedía una cocina con cincuenta hornillas, porque de otra manera no podría lucir sus habilidades.

Por cierto que ese día el Padre Mier se había escapado de la prisión de Santo Domingo, disfrazado de fraile, y el 2 era capturado en una casucha de la Plaza de Don Toribio, poniéndolo a buen recaudo en un sitio en donde no disponía más que de una mala sábana y un peor capote. Pocos días después Fray Servando sintió que algo extraordinario le sucedía, como si le hubiesen dado un tósigo, pues ya se sabía que Iturbide había exclamado cuando el inquieto fraile estaba preso en Veracruz:

—¿Cómo es que no se da a este hombre un veneno?

Un dominico joven y poco recomendable, el Padre José Antonio Marchena, había protegido la huída de Mier y en vano le buscaban para castigarle. No pasaba un día sin una sorpresa y el aire estaba rumoroso de chismes y de profecías. Que el general Lobato estaba en la cárcel, que el general Guerrero continuaba tranquilamente jugando a los gallos, que...

El año nuevo traía más de una sorpresa. De un momento a otro llegarían importantes noticias. Las tropas estaban convenientemente acuarteladas. Don Lorenzo de Zavala había perdido del todo la esperanza de que Iturbide le nombrase Ministro Plenipotenciario en París.

"El día de la Epifanía —según relato de Salado Álvarez— se encontraban en la puerta del Sagrario don Andrés Quintana Roo, que salía de rezar su rosario, y don Lorenzo de Zavala, que volvía de una logia en la calle del Reloj. Don Andrés habló con su paisano acerca de los peligros de la situación.

—Estamos muy mal... estamos perdidos.

Entonces su amigo le advirtió:

—Pues si quieres salvar la vida renuncia y espera en Dios, y en el buen nombre de tu esposa que te salvará. ¿Sabes que te llaman el sota—ministro, el Bataller del Imperio?"

"MI AMADÍSIMO GENERAL"

La sublevación de Santa—Anna —"aquel genio volcánico" que el 8 de enero anterior había llamado a Iturbide en una carta "mi amadísimo general"— acaecía en los momentos en que a los empleados se les debía varios sueldos, las cajas imperiales no podían hallarse en situación más precaria, y los políticos insistían en que Iturbide se habían burlado de su promesa de convocar a otro Congreso. En la proclama del rebelde —que fue redactada por el ministro Lic. Santa María— se declaraba que era nula la elección del

Emperador y se llamaba la atención hacia lo injusto de la prisión de los diputados, los gastos inútiles en Palacio y la dilapidación de los fondos públicos.

El general Victoria se había evadido de la capital. El ejército rebelde llevada el nombre de Ejército Libertador. Para hacer frente a los acontecimientos, Iturbide logró reunir un mísero donativo voluntario que apenas llegaba a los 40.000 pesos.

Entretanto Echávarri —"como un hijo mío", dice Iturbide en sus memorias— permanecía inactivo, en actitud sospechosa. El 5 de enero de 1823 los generales Guerrero y Bravo se evadieron de la capital.

AIRES DE MAL PRESAGIO

Nada importaba que el brigadier Santa—Anna hubiese proclamado la República. Iturbide había sido ungido y coronado; pero no había sido jurado. Su perfil estaba campante en medallas y monedas que habían mandado acuñar doce ciudades y hasta el Protomedicato le había ofrecido la inmortalidad en una joya numismática en que el grabador Gordillo se esmeró.

El Ayuntamiento, quería rendirle su homenaje con una fiesta ostentosa en la que, durante tres días, hubo misa solemne en la Catedral, salvas de artillería, banderas trigarantes, cuadros alegóricos, estatuas y máscaras, fuegos artificiales y hasta una corrida de toros en la Plaza de Armas.

Y así fue. El 24 de enero se hallaban reunidos en Palacio con la familia imperial los más altos dignatarios eclesiásticos, los ediles, los primates de la política, los heraldos y reyes de armas; y llevando el estandarte imperial el señor Alcalde desfiló la procesión en medio de un concurso de 80.000 espectadores que invadían la plaza.

—¡Agustín, por la Divina Providencia, Emperador Primero de los Mexicanos! ¡Viva el Emperador!

El inmenso vocerío respondió al unísono:

—¡Viva el Emperador!

Las músicas militares, los cañonazos, las campanas jubilosas proclamaron que Iturbide había sido jurado por la Muy Noble y Muy Leal ciudad de México. Y las monedas que habían sido acuñadas con tan fausto motivo, comenzaron a llover hacia la muchedumbre delirante.

En presencia de Iturbide, su familia, la Corte y numerosas autoridades civiles y militares, se cantó en la Catedral una misa de acción de gracias y por la noche la ciudad ostentó iluminaciones que competían con la pirotecnia. En la corrida de toros un gran viento derrumbó los adornos que lucían las Casas Consistoriales: remedo de huracán, lúgubre presagio.

LA EMBAJADA COMANCHE

Guonique, jefe de los indios comanches, había llegado a la metrópoli imperial, después de un viaje de seiscientas leguas, trayendo el mensaje de paz que le encomendaron el anciano Ptisinampa y los jefes, capitanes y ancianos que en una asamblea que duró tres días "resolvieron por unanimidad de votos, que supuesto había acabado del todo el gobierno español, y no eran españoles los que gobernaban a la Nación mexicana, sino un Emperador natural del país", etc. Se calculaba en varios miles el número de aquellos indios en una vasta comarca al norte del Imperio.

Los comanches eran bárbaros que saqueaban los ranchos, las haciendas y las poblaciones por donde iban pasando como racha devastadora, y además de robarse los ganados y las semillas, hacían prisioneros y perpetraban toda suerte de depredaciones.

Guonique firmó un tratado con el Imperio, representando a éste el Lic. Juan Francisco de Azcárate, que acababa de ser nombrado enviado extraordinario ante la Corte de Londres.

He aquí los catorce artículos del curioso documento, que resulta distinguido en la historia de la incorporación del indio a la vida mexicana:

"1.— Habrá paz y amistad perpétua entre ambas naciones: cesan las hostilidades de todas clases, y se olvida lo ocurrido durante el gobierno español.

2.— Se restituyen mutuamente los prisioneros, menos los que de su voluntad, quieran quedarse en la nación en que se hallan; a los padres, madres y parientes que reclamen algunos, avisando al enviado de la Nación Comanche que ha de residir en Béjar, se les entregará si existieren.

3.— La Nación Comanche en toda la extensión de su territorio defenderá la frontera de las provincias de Tejas, Coahuila, Nuevo Reino de León y Nuevo Santander, de las incursiones de las naciones bárbaras, avisando oportunamente luego que sepa que tratan de hacer hostilidades.

4.— No permitirá que nación alguna penetre por su territorio al de la mexicana, la resistirá con las armas y dará aviso al Emperador.

5.— Resistirá igualmente que la española bien por sí sola o auxiliada de otras de Europa o alguna de estas lo intenten, y avisará para que uniéndosele las tropas del Imperio, obren de acuerdo.

6.— Si por el territorio de la mexicana la nación española por sí o auxiliada de europeas, o éstas hicieren algún desembarco, ocurrirá la Comanche con todas sus fuerzas al punto que se le señale, dándole municiones de guerra y boca, reforzándola con las fuerzas del Imperio para impedir se apoderen siquiera de un palmo de tierra.

7.— Avisará al Emperador de las gentes que entren por su territorio a explorarlo.

8.— Hará la Comanche el comercio en Béjar únicamente, viniendo sus comerciantes por caminos públicos y bajo la dirección de un jefe responsable, de los daños que hagan y con pasaporte del Emperador que será la medalla acordada; los mexicanos lo harán del mismo modo cuando entren al país Comanche.

9.— Los artículos de comercio por parte de los mexicanos son todo género de seda, lana, algodón, quinquillería, víveres, colambre, instrumentos de las artes, toda clase de obra de mano, caballos, mulas, toros, carneros, chivos, que permutarán como convengan por los particulares pactos que celebren por carecer los Comanches de moneda.

10.— Éstos lo harán con pieles de sibola, bura, venado, oso, castor, nutria, marta, tigre, cueros curtidos, manteca, sebo, unto, carne seca, lenguas de sibola, fruta, víveres y demás producciones naturales de su terreno. La introducción y saca será libre de todo derecho por ahora.

11.— Conserva la Nación mexicana la integridad de su territorio según la línea convenida en el último tratado con los Estados Unidos;

y en lo de adelante se convendrá con la Comanche en señalarle los términos del que deba ocupar.

12.— Tendrá la Comanche en Béjar un enviado con un intérprete nombrados y dotados por el Emperador: el enviado se entenderá directamente con el Excmo. Sr. Secretario de Estado, Ministro de Relaciones Interiores y Exteriores, y en lo ejecutivo que no admita espera, dispondrá el Gobernador lo conveniente, dando cuenta ambos separadamente a S. M. I.

13.— La Nación Comanche para correr mesteña por medio de su enviado, dará parte al Gobernador de Béjar para que señale personas de confianza que los acompañen y las bestias erradas que cojan, las devolverán por la pensión acostumbrada.

14.— El Emperador ofrece a la Nación Comanche recibir cada cuatro años doce jóvenes para que se eduquen en esta corte por cuenta del Imperio en las ciencias y artes que más se apliquen, y devolverlos cuando estén instruidos, pare que la Nación de esta suerte se civilice y eduque".

Guonique se despidió de Iturbide (8 de enero), pero al saber que los generales Bravo y Guerrero habían salido de la capital, se le presentó de nuevo, en compañía de sus intérpretes, en audiencia pública, para reiterarle lealtad:

"Señor. Después de despedido de V. M. I, para regresar a mi Nación me han impuesto mis intérpretes en el suceso ocurrido el lunes de la presente semana. Juro a V. M. I. por el sol y por la tierra que me llenó de indignación semejante hecho, porque alcanzo que se dirige a fomentar la división a favor del gobierno español cuya furia resistió siempre la Nación Comanche sufriendo males indecibles. Agradecido a los favores que se ha dignado V.M. I. hacerle en mi persona, no puedo menos de significarle que en cumplimiento del tratado de paz que como jefe de ella acabo de celebrar con V. M. I. en toda la luna de marzo, pondré en la raya divisoria cuatro mil hombres armados mandados por mí, mi compañero Barbaquista y la persona que merezca la confianza de V.M. I. para que disponga de esta fuerza en el punto o puntos que tenga a bien.

Además otro cuerpo igual o mayor en número, cuidará de las cuatro provincias de Oriente para que no sean invadidas por enemigos interiores ni exteriores. De este modo coadyuvará la Nación

Comanche a sostener el sistema de gobierno adoptado por la mexicana y la Corona que justamente puso sobre las sienes de V. M. I. como su Libertador: será independiente y libre, quedando después destruidos los enemigos del bien público en la quietud de las aguas de las lagunas pasado el huracán. Confíe V.M.I. en la Nación Comanche de Oriente: ella, sus subordinadas y aliadas son guerreras y fuertes: saben sostener lo que una vez dicen; desbaratan a los enemigos del Imperio con el fusil, la lanza y la flecha, del mismo modo que lo hacen con las fieras bravas, y como vencen cada día a las naciones que se les oponen: no serán gravosas al Imperio, porque no se mueven por interés sino sólo por el deseo de conservar la independencia de este suelo; y se arreglarán a lo convenido en el artículo 6 del tratado de paz que he firmado. Todos debemos vivir con la quietud y seguridad con que los pájaros de pluma hermosa vuelan por el aire alegrando los campos, y debemos acabar con las aves de rapiña que los inquietan.

"Esto he dicho al enviado de mi nación que hace de mi intérprete el teniente coronel D. Francisco Ruiz para que lo exponga a V. M.I. palabra por palabra por ignorar yo el arte de escribir; por esta causa firma mi nombre este papel, cuyo contenido ratificaré ante V. M. I. en la audiencia que deseo y pido me conceda, y en la que así mismo diré a V. M. I. verbalmente por medio de los intérpretes otras cosas que me ocurren y pueden ser muy importantes.

"El sol y la tierra concedan a V. M. I. la luz, la abundancia y la serenidad de los días alegres. México y enero 10 de 1823. —Señor— A ruego del capitán Guonique. Francisco Ruiz".

Ya para despedirse aseguró a Iturbide algo más: que dentro de seis meses podría poner a sus órdenes un ejército de 27.000 comanches.

En cambio, los negros de la Costa Rica de Guerrero se habían rebelado proclamado Rey a Fernando VII, pero fueron rápidamente subyugados.

El primero de febrero se firmaba el Plan de Casa Mata por Echávarri, a quien Iturbide había hecho Mariscal de Campo y hasta se dijo que trataba de casarlo con su hija mayor. Los generales Cortázar y Lobato, que también fueron enviados contra Santa—Anna, entrevistaron a éste. Los masones habían decretado la guerra a

Iturbide. El dinero de los españoles se hallaba en espera de los acontecimientos.

EL PUEBLO SOBERANO

El Plan de Casa Mata, suscrito en Veracruz, convocaba a un nuevo Congreso y juraba defenderlo; el Ejército no atentaría contra la vida del Emperador; y reiteraba lo que Fray Melchor Talamantes afirmó desde 1808: "La soberanía reside esencialmente en la nación". Copia del Plan sería entregada a Iturbide. Al recibir en una corrida de toros la desagradable noticia, Iturbide simuló tranquilidad.

—Se ha sorprendido a parte del Ejército. Yo lo desengañaré —prometió a los miembros de la Junta Instituyente.

Y en vez de tomar una resolución rápida, prefirió parlamentar con los rebeldes, enviando una comisión en la que figuraba el general Negrete, su compañero inseparable a la hora de jugar el tresillo.

Se adhirieron al Plan de Casa Mata, el Marqués de Vivanco —a quien Iturbide había colmado de favores—; el general Quintanar en Guadalajara, otro de los hombres en quienes la confianza iturbidiana era más ciega; el general Armijo en Cuernavaca, Barragán en Querétaro, don Miguel Ramos Arizpe en Saltillo ("montando en una mula, con un trabuco en el arzón, excitaba al pueblo con el lenguaje y movimientos más violentos"); y, para que rebasara el asombro, el general Negrete se adhirió también. "El Imperio de Iturbide —escribe Alamán— estaba reducido a la ciudad de México". Y apareció un impreso escandaloso: "Manda nuestro emperador, que ninguno le obedezca".

En medio de semejante confusión, Iturbide quiso transar. Puso en libertad a los presos políticos, uno de ellos don José del Valle, diputado por Guatemala, y lo nombró Secretario de Relaciones. Comenzaron también las deserciones de las tropas, una de ellas la de los granaderos a caballo de la Guardia Imperial. El Ejército Restaurador del Sistema Constitucional era irresistible.

Echávarri dejó el mando y en su lugar quedó al frente de la junta de gobierno en Puebla el Marqués de Vivanco. No había más remedio que reinstaurar al Congreso y así lo hizo Iturbide por decreto (4 de marzo), en los momentos en que don Carlos María de Bustamante rehusaba abandonar la prisión hasta que no se le dijera por qué había estado preso. Nuevamente reunidos los diputados, Iturbide se presentó (7 de marzo) ante ellos, dando disculpas por la disolución del Congreso y hablando en términos conciliatorios. Poco después se trasladó a Tacubaya, uno de los alrededores floridos de la capital.

LA CORONA EN AÑICOS

Iturbide abdicó ante el Congreso (19 de marzo). Y al día siguiente ratificó su resolución, anunciando que se expatriaba voluntariamente, ya que "su presencia en el territorio del Imperio, cesando de ser emperador, podría servir de pretexto a muchos movimientos que se le atribuían, aunque está enteramente decidido a no tomar parte jamás".

Y agregaba: "Que a pesar de las rentas que se le han concedido, primero como Gran Almirante y después como Emperador, el estado del tesoro y la necesidad de mantener las tropas y empleados civiles, consideraciones siempre superiores en su opinión a las que le eran personales, le han impedido recibir más que una pequeña parte de los fondos que tenía concedidos. Mas habiendo sido necesario proveer a los gastos indispensables de su casa, y dar a la autoridad de que estaba revestido algún brillo, se ha visto obligado a contraer algunas deudas con sus amigos, deudas que no ascienden a mucho (150.000 pesos), y para cuyo pago ha empeñado su honor, lo que le hace esperar que la nación resolverá su pago" (20 de marzo).

Entonces fue cuando sonaron en el Congreso las voces destempladas del odio y la revancha. Algunos de los diputados que estuvieron presentes en la coronación imperial y disfrutando de empleos, formularon estas preguntas:

— ¿Iturbide había sido nombrado legítimamente Emperador?

—¿El actual Congreso tenía facultad para admitir su renuncia?

—¿Era conveniente y útil tratar esta cuestión? ¿Era del momento?

Así las contestó en sus memorias: "Dejé el mando porque ya estaba libre de las obligaciones, que violentamente me arrastraron a obtenerlo: la patria no necesitaba de mis servicios contra enemigos exteriores, que por entonces no tenía; y con respecto a los interiores, lejos de serle útil, podía perjudicarle mi presencia, porque ella era un pretexto, para que se dijese que se hacía la guerra por mi ambición, y un motivo para que permaneciese por más tiempo oculta la hipocresía política de los partidos; no lo hice por miedo de mis enemigos: a todos los conozco, y sé lo que valen; tampoco porque hubiese perdido en el concepto del pueblo, y me faltase el amor de los soldados; bien sabía que a mi voz los más se reunían a los valientes que me acompañaban; y los pocos que quedasen, lo verificarían en la primera acción, o serían derrotados".

En junta de generales (26 de marzo) se acordó que tres días después saldría por la ruta de Tulancingo en compañía de su familia, escoltándolos el general Bravo, como aquel lo deseaba. El Congreso volvió a instalarse (29 de marzo) y eligió un triunvirato que ejercería el Poder Ejecutivo interinamente, integrado por los generales Bravo, Victoria y Negrete. Hasta el 7 de abril no fué discutida la abdicación; y al día siguiente se expidió este decreto:

"El Soberano Congreso Constituyente Mexicano, en la sesión del 8 de abril, ha decretado lo siguiente:

1°. La coronación de D. Agustín de Iturbide fue nula y de ningún valor, por haber sido obra de la fuerza y de la violencia. En consecuencia, no ha lugar a deliberar sobre su abdicación.

2°. Por lo mismo, el Congreso declara que la sucesión hereditaria y los títulos que emanan de la corona son nulos, y que todos los actos del gobierno establecido desde el 19 de mayo de 1822 hasta el 23 de marzo son ilegales, sujetándose a la revisión del gobierno actual, que podrá confirmarlos o revocarlos.

3°. El Supremo Poder Ejecutivo queda encargado de apresurar la salida de D. Agustín de Iturbide del territorio mexicano.

4°. Su embarque se verificará en un puerto del golfo de México, sobre un buque neutral, que transportará a cuenta de la nación a D. Agustín de Iturbide y su familia al puerto que ellos señalen.

5°. Recibirá D. Agustín de Iturbide durante su vida una pensión anual de veinte y cinco mil pesos, que se pagarán en esta capital, con la condición de que establezca su residencia en un punto de Italia. Después de su muerte, gozará su familia de una pensión anual de ocho mil pesos, conforme a las ordenanzas militares.

6°. D. Agustín de Iturbide tendrá el tratamiento de Excelencia".

Al efectuarse la votación —dice Alamán— se aprobó la primera parte del dictamen por 94 votos contra 7, siendo de notar, que votaron por la nulidad de la elección el mismo que firmó la proposición para que aquella se hiciese, y casi todos los que con él la suscribieron. Hubo oposición en cuanto a la asignación anual. El Padre Mier opinó que Iturbide debería ser ahorcado —proposición que quiso fundar en doctrinas de Santo Tomás—. El Congreso anuló el Plan de Iguala y los Tratados de Córdoba.

Los nerviosos vecinos de la capital comenzaron a fijar sus miradas (11 de abril) en unos cartelones que habían amanecido pegados en las paredes y en otros sitios públicos:

"Siendo consiguiente al decreto del Soberano Congreso Constituyente Mejicano de 8 de este mes, publicado ayer por bando en esta capital, que se quiten de cualquier lugar o paraje público, las efigies del excelentísimo señor don Agustín de Iturbide y su esposa, que se habían colocado como emperadores de estas provincias, y que igualmente se borren sus nombres de los sitios públicos en que se hallen escritos dándoles aquel título, he dispuesto que así se verifique dentro de tercero día; en el concepto de que los transgresores sufrirán las multas de 10 a 50 pesos, según las circunstancias, aplicables a la subsistencia de los pobres presos en la cárcel de corte, quedando también sujetos a que de su cuenta se ponga en ejecución lo mandado. Francisco Molinos del Campo, Fernando Navarro, secretario de gobierno político.

No bastó esa disposición, porque poco después (16 de abril) fue publicado el siguiente decreto: "El Soberano Congreso Constituyente Mexicano en atención a estar declarado por artículo primero del decreto de 8 del corriente, que D. Agustín de Iturbide no ha sido Emperador de México, ha decretado lo siguiente:

"Que se tenga por traidor a quien proclame al expresado D. Agustín de Iturbide con vivas, o influya de cualquiera otro modo a recomendarle como Emperador".

Iturbide dirigió desde Tacubaya un mensaje de despedida; y poco después salió rumbo al destierro (30 mayo) acompañado de su esposa y sus ocho hijos, su padre, su hermana Nicolasa, su primo don Domingo Malo y sus cuatro hijos, su secretario don Juan Gómez Navarrete y esposa, don Francisco Álvarez, cuatro de familia y un sirviente; los sacerdotes José Antonio López, Ignacio Correa, Fray Ignacio Treviño y Fray Gaspar Tembleque; Miguel Cavaleri y el sargento Pío Marchá Rafael Romero, que había sido camarista de Iturbide, y un huérfano de apellido Villalón.

Al mando del general Bravo, la escolta iba formada por 500 hombres: dos cuerpos del Ejército Libertador y soldados que habían permanecido fieles a Iturbide en Tacubaya. También iba, como secretario de Bravo, el fraile peruano José Antonio Marchena.

Pasaron primeramente por la hacienda de "La Lechería" y por Apan; y de allí fueron a Tulancingo, en donde comenzó a ser víctima de las descortesías de Bravo.

"En el corto número de pueblos por donde pasé —leemos en sus memorias—fui recibido con repique de campanas; y a pesar de la dureza con que la escolta trataba a los que se me acercaban, la multitud me rodeaba para verme y darme las más sinceras pruebas de amor y de respeto. Después de mi salida de México, el nuevo gobierno se vió obligado a recurrir a la fuerza para impedir que el pueblo hiciese demostraciones honoríficas en mi favor; y cuando el marqués de Vivanco, como general en jefe arengó a las tropas que yo había dejado en Tacubaya, tuvo el disgusto de oírles gritar: ¡Viva Agustín! y que oyeran su arenga con desprecio. Éstas y las otras que parecerían si se refiriesen, pequeñeces, son demostraciones de que no fue la voluntad general la que influyó en mi separación del mando supremo".

En la hacienda de Lucas Martín, Iturbide envió a Bravo el telescopio que le había prometido como regalo que le sería útil para que viera mejor el porvenir; y al siguiente día el coronel Villada le anunció que estaba incomunicado. En dicha hacienda gastó Iturbide el último de los 4.000 pesos con que había emprendido el viaje; y como Bravo no daba fe a lo que Iturbide le aseveraba, éste insistió hasta el grado de invitarle a que le registrara el equipaje, y fue así como pudo obtener que le entregara 1.000 pesos, a pesar de que no eran suficientes para los gastos que debía hacer hasta el momento de embarcarse.

En acatamiento de las órdenes recibidas, Bravo remitió desde Lucas Martín a don Francisco Álvarez al Castillo de Perote. Pernoctaron en seguida en Puente Nacional y al llegar se hizo en los fortines una salva en honor del general Bravo, mientras se lanzaba mueras a la tiranía; pero como ya Bravo y sus oficiales se habían aposentado en el único mesón, Iturbide y su familia no tuvieron más que resignarse a dormir en el coche. Fue allí en donde, gracias al coronel Villada, supo Iturbide que había un plan para asesinarle.

Al entrevistarse con el general Victoria en Río de la Antigua, Iturbide le regaló un reloj, correspondiéndole Victoria con un pañuelo de seda, y le manifestó cuán agradecido estaba por la atención de haberle visitado.

Refiere Malo, sobrino de Iturbide, que las autoridades de Veracruz enviaron viandas y vinos para obsequiar en la Antigua a Victoria y a Bravo; que la voz popular propalaba el rumor de que Iturbide llevaba consigo un millón de pesos; y así explica que las autoridades aduanales de Veracruz se presentaron con balanzas para efectuar un registro del equipaje y pesar los caudales.

La noche del 10 hubo un intento para asesinar a Iturbide —según Malo—, "pues que sintiendo ruido cerca de su cama se incorporó y encontró a un oficial a quien preguntó qué buscaba allí a hora tan desusada", sólo dió por respuesta que buscaba quien le cambiara un peso.

A las 11 y cinco minutos de la mañana del 11 estaba lista la fragata "Rowllins", de cuatrocientas toneladas y doce cañones, perteneciente a la Compañía Alemana de las Indias; y en ella entraron Iturbide y su familia, su sobrino Malo, el presbítero López, Fray Treviño, don Francisco Álvarez y su familia, y tres criados de Iturbide.

"Unos días antes de llegar a la Antigua, el Sr: Iturbide hizo presente que habiendo sido el caudillo de la independencia y hallándose aún ocupado por los españoles el Castillo de Ulúa, sería conveniente alguna medida para evitar lo hicieran prisionero —dice Malo— y para, aquietarlo de este temor se le dijo que una corbeta de guerra inglesa daría escolta a la vista mientras nos poníamos en camino y se lo participaba porque se volvía a Veracruz. Con tal resolución quedamos a merced de los españoles, y con tanto riesgo cuanto que había llegado a Ulúa una escuadra de la Habana con el revelo de la guarnición de aquel castillo. El viento refrescó mucho en nuestro favor, y al siguiente día nos hallamos fuera del alcance de los buques españoles".

"El capitán Quelch de la fragata, fue el mismo que se encontró un año después mandando el bergantín en que regresamos, y ya entonces a las órdenes del Sr. Iturbide nos refirió los términos de su contrato con el gobierno mexicano, que fueron los de conducirnos a tierra directamente, sin tocar en puerto alguno, a menos de grave avería, pero le agregaron que si podía dejarnos en alguna isla o costa desierta, quedaba en libertad de hacerlo en la inteligencia que de comprobado se le pagaría por completo el flete".

Mientras navegaba Iturbide comenzó a dictar sus memorias a Malo, las cuales llevan el título de "Manifiesto a la Nación Mexicana" y fueron firmadas en Liorna el 27 de septiembre.

UNAS GOTAS DE AMARGO

Los primeros días del viaje iba mareado, y apenas comenzó a sentir alivio recordó que tenía en su camarote una botella con amargo de Inglaterra, que le gustaba tomar antes de comer. Ordenó que le prepararan una copa, "dando antes a probarlo a su hijo pequeño Ángel, que siempre lo acompañaba; después el Sr. Iturbide comenzó a beberla, más notándole un gusto sospechoso, hizo llamar al capitán, preguntándole quien se había encargado de preparar aquella botella, y sabiendo que había sido el padre Marchena, sospechó una mala intención, dejó la copa y en su lugar tomó una dosis de aceite que le hizo tomar también a su hijo Ángel. Ambos arrojaron con ella el licor que tenían ya en el estómago, más no obstante esta precaución, fueron atacados de un mal nervioso que les desfiguró el rostro, y aunque el Sr. Iturbide solicitó del capitán acercarse a la primera tierra que avistaran, aquél se negó a consecuencia del convenio celebrado con el Gobierno General. El mal no siguió en aumento, pero permaneció hasta el arribo a Liorna".

Después de 83 días de viaje llegaron a Liorna (2 agosto); siendo preciso que guardaran cuarentena de treinta días porque llegaban de un país que era foco de fiebre amarilla. Después del saludo del gobernador de la plaza, Iturbide recibió la visita del excónsul español don Mariano Torrente, quien acudía a ponerse a sus órdenes. Torrente había sido destituido por su ideología liberal, y acaso por este resentimiento o porque deseaba aprovechar la venta de los secretos de Iturbide para poder reconciliarse con Fernando VII, procuró ganarse su confianza y más tarde escribió su "Historia de la Revolución Hispanoamericana" en que lo deja muy mal parado.

Así que desembarcaron, se buscó una residencia, y se instaló en la hermosa casa de campo, la Villa Guevara, que pertenecía a Paulina Borghese, hermana de Napoleón. Después de vender las letras sobre Cádiz que le habían dado antes de embarcarse, en pago de la mitad de la pensión anual acordada por el Congreso, resultó que, deducidos los derechos de exportación y la pérdida en el cambio, se redujeron a 9.700 pesos.

LA VISITA DEL GRAN DUQUE

El padre José María Marchena tenía comisión de vigilarle; su correspondencia con el Ministro de Relaciones Exteriores, don Lucas Alamán (quien ocupaba tal cargo desde el 16 de abril) traía abundantes noticias, que, en cierto modo eran invenciones para justificar su sueldo, pues dice J. R. Malo que Marchena llegó a Liorna cuando ya Iturbide había salido para Londres. Marchena debía dar sus informes por medio de don Francisco de Borja Migoni, quien era el agente financiero del Gobierno en Londres. El pasaporte y las instrucciones dadas a Marchena llevaban fecha 13 de julio, y a la vez se le proporcionó otro con el nombre de Juan Villafranca.

Iturbide visitó al Gran Duque de Toscana, hermano del Emperador de Austria (29 de octubre); y permaneció quince días en Florencia. El gobernador de Liorna le comunicó que tenía licencia para residir un mes y le sugirió se trasladase a otro país que no se hallase bajo la influencia de la Santa Alianza. Hizo imprimir (27 septiembre) en Londres un manifiesto que fue traducido al inglés y al francés por Miguel José Quin. Bien sea por advertencia que el gobernador le hizo, o por noticias que le llegaron de México, resolvió abandonar Liorna.

HABÍA QUE IR A LONDRES

El 30 de noviembre se embarcó en el bergantín "Gratitud" rumbo a Londres, en compañía de sus hijos Ángel y Agustín, el padre Treviño, el señor Torrente, don Francisco Álvarez y su familia, el intérprete italiano Morandini y el señor Malo. Un temporal le obligó a regresarse a Liorna, en donde desembarcó el 7 de diciembre, reanudando el viaje el 8, pero en carruaje. El itinerario fue el siguiente: Chambery, Suiza, Prusia, Alemania y los Países Bajos, hasta llegar a Ostende. Al pasar por Francfot fue preciso —dice Malo— vender un aderezo de brillantes de doña María, por el que dieron 6.000 pesos.

Al llegar a Ostende tomaron un vaporcito y bien pronto se hallaban instalados (1º. enero de 1824) en la Saint Paul's Coffee House, y como les dijeron que allí no se hospedaba la gente decente, se trasladaron a otra (4 de diciembre) a George Street Picadilly. Para establecerse con la familia y poner a sus dos hijos en un colegio fue á Bath. El 9 de abril se reunió con Ana María.

EL ESPÍA MARCHENA

Ignoraba que el espía Marchena le seguía los pasos. Entre las informaciones recibidas por Alamán hay una del 15 de noviembre: "Iturbide permanece en Florencia muy despreciado (he visto carta de Iturbide), más los ingleses tratan de llevarlo a Londres, y se cree aquí que será para espantarnos o amedrentarnos".

Dos personas fueron las primeras que le visitaron en Londres: don Francisco Migoni, veracruzano avecindado en aquella capital, y el italiano Rivasinolli que había estado algún tiempo en México. Cuenta el sobrino Malo que "Migoni se hizo de las confianzas del Sr. Iturbide para prestar así sus servicios al gobierno de México que le había encargado observar la conducta de aquel señor, y con él y con Rivasinolli visitó los mejores establecimientos de Londres". Iturbide comunicó (13 febrero) al Congreso de México que había llegado a Londres, enviándole esta exposición:

"El amor a la patria animó el grito de Iguala: él me hizo salir de ella arrostrando graves obstáculos y arde hoy en mi pecho de la misma manera, sin que hayan sido bastante para sacrificarlo, ni los términos en que fue concebido el decreto de 8 de abril de 1823, ni las expresiones que algunas autoridades y alguna corporación han vertido contra mi buen nombre, sin provecho y sin verdad; todo lo he visto como resultado de equívocos y de pasiones de individuos; respecto de la nación mexicana, no encuentro sino motivos de reconocimiento y gratitud eterna.

"Por esto, luego que se descubrieron de un modo claro las miradas europeas contra las Américas, lo que estuvo de tiempo muy atrás en mi previsión, resolví pasar a un punto donde estuviese expedito para volver a servir a los mexicanos, si ellos lo querían, y frustrar las medidas que, para impedirlo, presumí tomaban algunos ministros, enviados ante el gobierno de Toscana, y que posteriormente he visto confirmadas por hechos públicos que supongo en conocimiento de Vuestra Soberanía.

"A los representantes de esa gran nación pertenece calcular y decidir, si mis servicios como un simple militar, por el prestigio que acaso subsistirá en mi favor, pueden ser de utilidad para reunir los votos de los pueblos, y contribuir con ellos y con mi espada a asegurar la independencia y libertad de ese país; a mí toca sólo manifestar la disposición en que me hallo para servir, y con sabido fundamento puedo ofrecer, que llevaría conmigo armas, municiones, vestuarios y dinero, y protestar solemnemente, que si viese a México con su libertad asegurada, con una voz sola, y con un interés a todos sus habitantes, y sin enemigos poderosos que combatir, no haría sino felicitarla por tantas venturas y congratularme cordialmente con ella desde mi retiro. Ni mis deseos, ni mis palabras deben interpretarse: la felicidad verdadera de mi patria es la que siempre quise; y por ella hago al Todopoderoso ferviente votos".

El espía Marchena comunicaba (25 febrero): "La conducta de Iturbide aquí es demasiado reservada, sale pocas veces a la calle y algunas veces va al teatro en donde toma palco como para su persona. No sé precisamente el gasto que hace diario, más todas clases de comestibles entran en abundancia. Ha puesto coche y decente, de un color verde según tenía otro en México.

NOTICIAS DE MÉXICO

Noticias alarmantes comenzaron a llegar a México desde una carta del 18 de diciembre, fechada en París: en ella se decía que había desaparecido de Pisa, saliendo en un barco inglés acompañado de toda su familia, sin pasaporte ni conocimiento de las autoridades, ignorándose su paradero. La nueva fue comentada por el diario "El Sol", diciendo que algunos atribuían tal desaparición al temor de que la Santa Alianza lo entregara a España, y "en este caso alabamos su conducta, pues los tiranos aliados hubieran vengado la libertad que disfrutamos en su persona, digna por otra parte y desde lejos, de nuestro aprecio".

Una carta de Roma (27 diciembre) ratificaba que había salido de Pisa, y decía que todo el tiempo que estuvo en Italia llevó una vida misteriosa, sin gastar mucho dinero, antes bien aparentando pobreza, de modo que a las personas que le habían servido no les pudo dar más que una de las medallas con que fué perpetuada su proclamación imperial, y que tal regalo los había resentido, especialmente a un doctor que le había corregido un papel público que deseaba imprimir contra los generales Negrete y Echávarri, pero no pudo publicar porque lo impidió el Gran Duque de Toscana. El informante añadía que Iturbide intentó visitar la Corte Pontificia y que no pudo lograr su intento porque se le prohibió llegar a Roma aunque fuese de paseo.

Entretanto había anarquía en México, mejor dicho, confusión. Los Iturbidistas no cesaban en su empeño de restablecerle en el trono.

Uno de los amigos de Iturbide en Londres, Mr. Michael Joseph Quin, en el prefacio de las memorias de Iturbide puntualizó lo siguiente: "No había un solo buque de los que llegaban de las costas de México a Inglaterra, que no trajese un gran número de cartas invitándole con insistencia a volver a su país. Se le decía que la República Federal que se había organizado, sólo comprendía un pequeño número de provincias unidas entre sí por un lazo muy débil; que el partido realista o borbonista empleaba todos los resortes de la intriga para alimentar disensiones intestinas, a las cuales había dado origen la reciente contrarrevolución, y que no se encontraba entre los republicanos un solo hombre de bastante energía, talento y influencia personal para organizar un gobierno, que si no fuese durable, tuviese al menos la ventaja de ser popular. Los autores de estas cartas lamentaban las desgracias de un pueblo sin confianza en sus jefes, y hacían el cuadro más triste de la situación del país. Conjuraban a Iturbide en nombre de la patria, de sus amigos, de sus parientes, y de su anciano padre, a los que había dejado en México, y en virtud del juramento solemne que había hecho de asegurar la independencia de su país, a que regresase a salvarlo otra vez de su rutina. Iturbide había conservado relaciones que no le permitían dudar que Fernando VII tuviera intención de hacer una nueva tentativa para reconquistar al menos una parte de las antiguas colonias. Sabía positivamente que esta tentativa sería favorecida por todos los miembros de la Santa Alianza, y que la oposición de Inglaterra a tomar parte en un congreso sobre los asuntos de América era el único obstáculo que les impedía obrar abiertamente. No ignoraba todo cuanto se hacía y podía hacerse por intrigas secretas y medios bien empleados de corrupción, y que si la Francia no podía dar prestados sus buques y tropas a la España, como lo había prematuramente ofrecido, podría muy bien ponerse de acuerdo con las otras potencias continentales, para suministrar secretamente a Fernando los medios de equipar nuevas expediciones, mientras que agentes misteriosos soplasen el fuego de la discordia en los Estados americanos".

No puede aún afirmarse que Iturbide proyectaba a su regreso a México reinstaurar el Imperio; pero tal parece que era uno de los propósitos de los iturbidistas, entre ellos los generales Anastasio Bustamante y Luis Cortázar, que eran sus partidarios decididos y maniobraban subterráneamente. Mientras tanto en la capital seguía apareciendo el órgano discreto del iturbidismo, el diario "Águila Mexicana", dirigido por Juan Gómez Navarrete, compadre de Iturbide.

Zavala da mucha importancia a las reiteradas invitaciones que Iturbide recibía de México para restablecerlo en el trono: "Lleno de estas ilusiones, arrastrado por el amor tan natural que tienen todos los hombres a su país natal, preocupado con el ejemplo de los rápidos triunfos de Napoleón cuando su desembarco en Cannes, y olvidando su terrible caída, y más que todo, la funesta catástrofe del rey Murat, se arrojó de nuevo en el golfo de la política y de las revoluciones".

Bustamante, Cortázar, el periodista cubano Antonio J. Valdés, el canónigo Toribio González, el ex—Ministro de Relaciones del Imperio, don José Manuel de Herrera, el polaco Rosenberg y Eduardo García, pariente de Iturbide, eran los que constituían en Guadalajara el grupo iturbidista. "Mantenían con él correspondencia, y alimentaban sus esperanzas, trabajando activamente para prepararle el camino. Los que habían contribuido tanto a la caída de este caudillo, veían el riesgo que amenazaba y obraban con la mayor actividad para neutralizar los esfuerzos de los que procuraban una restauración". Aunque siempre se distinguió por lo bien informado, en esta vez se dejóengañar por sus amigos, que le hacían una semblanza errónea de lo que realmente pasaba en México y de las posibilidades que tenía para su regreso al trono.

El espía Marchena, al explicar la llegada de Iturbide a Inglaterra en busca de apoyo para organizar una expedición, comunicaba el rumor de que había salido para los Estados Unidos el 5 de enero y que su proyecto era pasar a las costas del sur de México, por la vía de Panamá o de Guatemala, ya que debía presentarse en Guadalajara; y a la vez daba el nombre de cierto sujeto que rehizo una visita y que al tratarle le pareció muy superficial.

TRAIDOR Y FUERA DE LA LEY

Al mismo tiempo que los temores de un tumulto a favor de Iturbide obligaron al general Herrera, comandante general de Valladolid, a llegar hasta la línea divisoria de Michoacán y Jalisco, el general Bravo fue enviado a Guadalajara para entrar en arreglos con los disidentes, lo cual obtuvo gracias a una capitulación. El Congreso de México (28 abril) lanzó este decreto:

"El Soberano Congreso General Constituyente se ha servido decretar lo que sigue:

1. Se declara traidor y fuera de la ley a D. Agustín de Iturbide, siempre que bajo cualquier título se presente en algún punto de nuestro territorio. En este caso, queda por el mismo hecho declarado enemigo público del Estado.

2. Se declaran traidores a la Federación, y serán juzgados conforme a la ley de 27 de septiembre de 1823, cuantos cooperen por escritos encomiásticos o de cualquiera otro modo, a favorecer su regreso a la República Mexicana.

3. La misma declaración se hace respecto de cuantos de alguna manera protegieren las miras de cualquier invasor extranjero, los cuales serán juzgados con arreglo a la misma ley".

Tal decreto fue apoyado por don Carlos María Bustamante y su colega Lombardo, y éste pidió que la misma declaración se hiciese en contra de todo aquél que aspirase "a ser monarca entre nosotros". El padre Mier hizo notar que la comisión redactora había consignado la frase "sea cual fuere el título con que se presente", y como se acordó que la votación fuese nominal, resultó aprobada por 76 diputados contra el voto de los señores Alcocer y Martínez Vea, figurando entre los primeros Mangino, Gómez Farías, Zavala, Cañedo, Bustamante, Mier, Rejón y otros anti—iturbidistas conocidos.

Algunos de sus amigos, como Cavaleri, estaban en actividad ostensible; y una carta de un espía en La Habana, comunicó que aquél había estado de paso allí, a bordo del bergantín inglés "Carnation" y que contó que iba a Inglaterra en busca del ex—emperador, asegurándose además que algunos comerciantes habaneros, que tenían relaciones con Tampico, habían recibido de Guadalajara, por aquella vía, un dinero para Iturbide.

EL HOMBRE NECESARIO

Ya seguro de que su regreso sería el de Napoleón al abandonar la Isla de Elba, mandó imprimir papel moneda en gran cantidad, preparó el manifiesto que dirigiría a los mexicanos en el momento de desembarcar, consiguió dinero para fletar un barco e instaló a seis de sus hijos en colegios.

El 27 de abril había sido puesto fuera de la ley en México y escribió a su hijo mayor, dándole consejos:

"A tiempo mismo que mi espíritu es más débil, conozco que la Providencia divina se complace en probarme con fuerza.

"Ármate con la constante lectura de buenos libros y con la mayor desconfianza de tus propias fuerzas y de tu juicio".

"No pierdas jamás de vista cuál es el fin del hombre; estando firme en él, recordándolo frecuentemente, tu marcha será recta; nada te importe la crítica de los impíos y libertinos; compadécete de ellos y desprecia sus máximas, por lisonjeros y brillantes que se te presenten.

"Ocupa todo el tiempo en obras de moral cristiana y en tus estudios; así vivirás más contento y más sano, y te encontrarás en pocos años capaz de servir a la sociedad a que pertenezcas, a tu familia y a ti mismo.

"La virtud y el saber son bienes de valor inestimable, que nadie puede quitar al hombre; los demás valen poco, y se pierden con mayor facilidad que se adquieren.

"Es preciso que vivas muy sobre tu genio: eres demasiado seco y aun adusto, estudia para hacerte afable, dulce, oficioso; procura servir a cuantos puedas; respeta a tus maestros y gentes de la casa en que vas a vivir, y con los de tu edad sé también comedido sin familiarizarte.

"Procura tener por amigos a hombres virtuosos e instruidos, porque en su compañía siempre ganarás.

"Sin dificultad te persuadirás que varones sabios y ejercitados en el modo de dirigir y enseñar a los jóvenes, sabrán mejor que tú lo que te conviene.

"No creas que sólo puede aprenderse aquello a que somos inclinados naturalmente: la inclinación contribuye, es verdad, para la mayor felicidad, pero también lo es, que la razón persuade y la voluntad obedece.

"Cuando el hombre conoce la ventaja que le ha de producir una obra y se decide a practicarla, con el estudio y el trabajo vence la repugnancia y destruye los obstáculos".

"El temor santo de Dios, buena instrucción y maneras corteses, son las cualidades que harán tu verdadera felicidad y tu fortuna; para lograrlas: buenos libros y compañías; mucha aplicación y sumo cuidado".

La carta concluía de este modo: "Adiós, hijo mío, muy amado: el Todopoderoso te conceda los bienes que te deseo; y a mí el inexplicable contento de verte adornado de todas las luces y requisitos necesarios y convenientes para ser un buen hijo, un buen hermano, un buen patriota, y para desempeñar dignamente los cargos a que la providencia divina te destine".

Antes de abandonar Londres dirigió (6 de mayo) tres cartas: una al primer ministro Canning, otra a Lord Cochrane, almirante y héroe de la guerra de Independencia en Suramérica, y la tercera a sus amigos Quin, Fletcher y Jacob.

La carta dirigida a Canning era así:

"El amor a mi patria y la obligación que contraje haciendo su independencia, me ponen en la necesaria de volver a ella y prescindir de mi propia conveniencia y, gusto que hago consistir en el pequeño círculo de mi familia.

"Mi objeto es contribuir a la consolidación de un gobierno, que haga feliz aquel país, digno de serlo, y que ocupe el rango que le corresponde entre las demás naciones. He sido llamado de diversos puntos repetidamente, y no puedo hacerme sordo por más tiempo.

"Voy, no a buscar un imperio que nada me lisonjea, ni quiero; estoy como un soldado, no a fomentar la discordia ni la guerra sino a mediar entre los partidos opuestos y a procurar la paz. Uno de mis primeros cuidados será fijar bases para establecer relaciones sólidas y de interés recíproco con la Gran Bretaña. Siempre opiné del mismo modo.

"Habría manifestado a V. E. anticipadamente mi resolución, pues es bastante conocido el modo de pensar de V. E. y su finísima penetración, pero creí que podría comprometer en alguna manera la alta política de este gobierno.

"Por la misma razón no me procuré el honor de ofrecer mis respetos personalmente a S.M. el rey de la Gran Bretaña, y aun ahora no puedo sino rogar a V. E. proceda como estime más conveniente en este punto, recibiendo mi carta, como la exposición del alto aprecio y afecto, con que se repite del Sr. Canning. —Agustín de Iturbide".

A Lord Cochrane le escribió:

"Señor Almirante. Soy llamado con mucho empeño por personas respetables de muchos lugares de México, que me honran con el concepto de que puedo contribuir muy eficazmente a reunir la opinión, y consolidar la independencia y libertad de aquel país. No puedo negarme a los clamores de una patria tan cara, y me he resuelto a dejar la tranquilidad del retiro, aunque estaba decidido a permanecer hasta el fin de mis días. Ya resuelto me impongo de nuevo la obligación de procurar a mi cara patria, por todos medios, su seguridad y tranquilidad; es un obstáculo para ello el castillo de Ulúa y he aquí el objeto satisfactorio de mi carta: Al Lord Cochrane quiero que se deba una parte grande en la remoción de aquel escollo: sus talentos, su valor, su actividad y su decisión a favor de la libertad de los pueblos, acreditada tantas veces, me hace esperar prestará gustoso sus auxilios importantes, tan pronto como pueda y apoyo esta esperanza también, en las ofertas generosas que se sirvió hacer a México de sus servicios, hallándome yo a la cabeza de la regencia de aquella nación. Me lisonjeo de que la milicia y tripulación sería bien recompensada de sus fatigas y el Lord Cochrane aumentaría con esta operación sus glorias y la nación mexicana las reconocería con mucha gratitud.

"Si Lord Cochrane se decidiese por la afirmativa, será útil anticipe un oficial de su confianza para acordar en México los puntos que estimare convenientes, pues ahora no puedo hablar sino con generalidad, y asegurarle que es un admirador justo de las virtudes relevantes del Sr. Cochrane, con la mayor consideración y afecto.— Agustín de Iturbide".

Al mismo tiempo preparó una exposición que dirigiría a la República de Centroamérica al desembarcar. En ella decía:

"He venido a México para sostener su independencia y libertad justa, para contrastar el espíritu de partido, restablecer la paz disipando la anarquía más desastrosa; he venido, en fin, a contribuir por mi parte a la prosperidad y engrandecimiento de mi patria, pero vengo sin otro carácter que aquél con que formé el plan de su independencia, en el año de 21,y me lisongeo de que lograré igual éxito. Los mismos enemigos que tiene el territorio que compuso el Virreinato de México, tienen las provincias del Reino de Guatemala; y mi disposición para servir a ésta es igual a la que tengo a favor de aquél; con mi paso a Europa adquirí algunos conccimientos, y contraje relaciones que podré hacer valer a favor de mi patria (por tal reputo también a las provincias unidas de la América Central): dinero en abundancia, armas y cuanto sea necesario para mantener la independencia y promover su prosperidad, tendrán unos y otros, consolidando el gobierno y uniformando la opinión, y yo tendré el placer de servirlas eficazmente, aprovechando las circunstancias que en mi favor se presentan para el efecto".

Insistía en que era el hombre que México necesitaba para salvarse, uniformar la opinión pública, dar vida a la minería y el comercio y poner punto final al desorden. Así lo reiteró en su carta a los señores Quin, Fletcher y Jacob, en la que les decía: "He sido invitado por diversas partes, considerándome necesario para formar allí una opinión y consolidar el gobierno; no tengo la presunción de creerme tal, pero sí estoy seguro de poder contribuir en gran manera a la amalgamación de los intereses particulares de las provincias, y calmar en parte las pasiones exaltadas, que preparan la anarquía más desastrosa: con tal objetivo voy sin otra ambición por mi parte, que la gloria de hacer bien a mis semejantes, y desempeñar las obligaciones que contraje con mi patria al nacer, ya que dio grande extensión al suceso de la independencia: cuando abdique la corona de México lo hice con gusto y mis sentimientos no varían".

ADIÓS A LONDRES

Sigilosamente abandonó Londres (4 de mayo), pero al llegar a Southampton supo que el general José de San Martín —el héroe de la independencia de Argentina, Chile y Perú— había llegado a la capital británica, y entonces regresó inmediatamente para entrevistarle.

A bordo del bergantín "Spring", capitaneado por el capitán Quelch, el mismo que lo llevó de Veracruz a Liorna, embarcó rumbo a México (11 mayo) en unión de Ana María, sus dos niños, su sobrino Malo, el teniente coronel polaco Carlos Benesky, los padres López y Treviño, el intérprete Morandini, dos criados españoles, una camarera francesa y un impresor con sus útiles de trabajo.

Las sospechas de que regresaba a México se acentuaron cuando el Congreso Constituyente (7 mayo) se enteró de la exposición que le había dirigido (13 febrero), ofreciéndole sus servicios y prometiendo traer armas, municiones y vestuario. La comisión especial nombrada para examinar dicha exposición dictaminó que se publicara con el decreto en que se le ponía fuera de la ley.

El diputado Bustamante opinó que su declaración había sido oída "con desagrado"; el padre Mier enmendó dicha frase poniendo "con desprecio" y don José Basilio Guerra fue de parecer que se pusiese "con indignación". El despiadado dictamen se aprobó ruidosamente. Iturbide exigía que se le entregasen 12.000 pesos a cuenta de su pensión, y el Congreso rehusaba pagársela, alegando que había dejado de percibirla porque se marchó de Liorna.

Noticias contradictorias, siempre alarmantes, seguían llegando a México. El 14 de mayo fueron sorprendidos en la capital varios militares y civiles que conspiraban en una casa de la calle de Celaya y al ser registrados sus papeles se encontró uno en que había el lema "Dios, Independencia, Héroe de Iguala". Uno de los primeros rumores que circularon, llegó en carta (17 mayo) dirigida al general Miguel Barragán, que estaba en aquellos días en Jalapa, asegurando que a bordo del bergantín "Cruel", Iturbide se había embarcado en Southampton el 11, rumbo a México, en compañía de su mujer, hijos y criados, y que todo no era más que una intriga del gobierno francés.

El "Sunday Times" de Londres (24 mayo) al publicar una carta de Iturbide a un amigo suyo, en la que le anunciaba su viaje, ratificaba la fecha en que se había hecho a la mar.

El Gobierno se hallaba al tanto, gracias a un caballero inglés recién llegado, de que Iturbide había pedido el apoyo de Inglaterra para recuperar el trono, prometiendo el comercio exclusivo de México por cierto número de años, en pago de las tropas, barcos y recursos que se le dieran; pero al rehusar oírle, el Gobierno inglés le había ordenado salir inmediatamente, obligándole a embarcarse rumbo a Holanda.

Tantas eran las conjeturas en torno a su viaje y a sus propósitos, que lo que publicaban los diarios de Londres y los de México no permitía, sin embargo, conocer la verdad. Don Mariano Torrente, el ex—cónsul español que había conocido en Liorna, le escribió desde París comunicándole que había sostenido amplia conferencia con el Duque de San Carlos, embajador de España en aquella ciudad, y "que en ella le participó que su gobierno, de acuerdo con las naciones de la Santa Alianza, había pensado y preparaba una expedición para reconquistar a México, proponiéndole escribir a su amigo, a quien suponía muy resentido por la mala correspondencia de sus paisanos, así como arrepentido de haber hecho la independencia de México; que Fernando VII olvidaría su defección, y poniéndole a la cabeza del ejército invasor le daría el mando de la Nueva España, si lograba hacerlo volver sobre sus pasos; que sí admitía, esperara en París la contestación, y en tal caso se escogería para conferencia un lugar fuera de los dominios de Francia e Inglaterra". "Esta carta—dice Malo—le causó mucha indignación y muy ofendido por la conducta de Torrente, quien tuvo tiempo de sobra para conocer su carácter y la firmeza de sus principios, ni siquiera la contestó".

El "Spring" apareció en la bahía de San Bernardo, provincia de Texas (29 de junio), cuando ya el gobierno tenía la noticia exacta de su salida. El teniente coronel Benesky, apenas anclaron, se dirigió en busca del coronel Trespalacios; pero lo único que encontró, fueron varias chozas de indios bárbaros. Ni el capitán conocía bien la costa. Entonces resolvieron dirigirse hacia Tampico (1° julio); las corrientes marinas los obligaron a detenerse frente a la barra de Soto la Marina (14 julio).

Iturbide confiaba en que el general Felipe de la Garza, que le debía ciertas consideraciones desde 1822, cuando se rebeló contra el Imperio, le trataría con generosidad y quizás le acompañaría en la aventura.

ITURBIDE O EL DIABLO

Pero antes desembarcó Benesky, para darse cuenta de si De la Garza permanecía en Soto la Marina y cuál era la verdadera situación del país. Benesky se dirigió hacia el pueblo, a unas veinte leguas de la rada, llevando una carta del padre Treviño, pariente de Garza, y la cual simuló fechada en Londres. En ella Treviño recomendaba a Benesky y a "un compañero suyo" que permanecería a bordo, siendo el propósito de ambos presentar al gobierno de México un plan de colonización por irlandeses. Iturbide recomendó a Benesky le dijera que se encontraba en Londres al lado de su familia por no haber podido residir en Italia. Después de saludarse, Felipe de la Garza —que seguramente ya tenía noticias de la capital— sospechó quién era el compañero de Benesky que se quedaba a bordo; pero fingió creer a Benesky y hasta le dijo que era partidario de Iturbide y creía conveniente que volviese al país; "y de tal manera habló a Benesky, que lo creyó, y suponemos que con su mejor intención, y queriendo complacer a Garza, le declaró que allí estaba, de cuyo indiscreto aviso se aprovechó Garza". Muy satisfecho regresó Benesky a bordo contando cuánto anhelaba Garza el regreso de Iturbide, y entregando la respuesta para el padre Treviño dirigida a Londres, pues se le dijo que el buque en que llegó sólo había tocado allí para dejarlo con su compañero, pasar después a Veracruz y volverse a Europa. En su carta Garza ofrecía al padre Treviño cumpliría gustoso su recomendación, y le encargaba saludar cordialmente de su parte al Sr. Iturbide, "a quien deseaba ver en el país, pues tal cual se hallaba, necesitaba de su presencia, asegurándole que su vuelta sería como la de Napoleón en Egipto, y que si gustaba hacerla por allí lo encontraría pronto para unírsele con su tropa, y además hallaría armas y dinero".

No había tiempo que esperar. El permiso para ir a tierra estaba dado por Garza. Iturbide escribió a su amigo Fletcher en Londres (15 julio), la siguiente carta:

"Mi apreciable amigo: hoy voy a tierra acompañado sólo de Benesky a tener una conferencia con el general que manda esta provincia, esperando que sus disposiciones sean favorables a mí, en virtud de que las tiene muy buenas en beneficio de mi patria. Sin embargo, indican no estar la opinión en el punto en que me figuraba, y no será difícil que se presente grande oposición y aún ocurran desgracias. Si entre éstas ocurriese mi fallecimiento, mi mujer entrará con V. en contestación, sobre nuestras cuentas y negocios pendientes; mas yo entretanto no puedo prescindir, de renovar para este caso los encargos a V. con respecto a mis hijos, a quienes ruego preste los mismos auxilios, por nuestra amistad a su beneficio, cuidando especialmente de que se conserven siempre en la religión de sus padres. No puedo decir más, sino que es de V. su afectísimo amigo Q. S. M. B".

Ese mismo día por la tarde, después de leer la carta de Garza para el Padre Treviño y de saber de labios de Benesky que Garza deseaba su regreso y le daba el tratamiento de Emperador, resolvió bajar a tierra, y montó a caballo en el desembarcadero donde había apostado 21 hombres. En ese momento fué reconocido por don Juan Manuel de Asúnsolo, comerciante de Durango que había llegado de Nueva Orleáns a dicho puerto y que en el Bajío militó a las órdenes de Iturbide. Al verle montar con tanta elegancia y destreza —llevaba Iturbide levita y pantalones negros— Asúnsolo dijo al oficial del destacamiento:

—¡O ése que ha tomado el caballo es Iturbide o el Diablo en su figura!

—No, señor —contestó el oficial— es un compañero de ese extranjero a quienes el señor general ha dado permiso de pasar al pueblo.

No quedó satisfecho Asúnsolo con la respuesta y como llevaba la divisa de teniente coronel le ordenó que enviara dos dragones a seguir al recién llegado, y aunque Asúnsolo no ejercía mando, fué obedecido.

Benesky dió a Iturbide la voz de alarma: les iban siguiendo, no había duda. Fueron alcanzados en la ranchería "Los Arroyos" donde habían hecho alto para descansar, y en la mañana del 16 apareció el brigadier Garza al frente de tropa e Iturbide se dió a reconocer:

—Señor Iturbide ¿usted aquí?

—Sí, he venido a dar un paseo por mi país.

—Pues se ha comprometido usted y me ha comprometido.

—¡Cómo ha de ser!

Se dirigieron hacia Soto la Marina. Garza le dió hasta entonces la noticia de que el Congreso había dado un decreto en que se le ponía fuera de la ley, noticia que bien pudo haberle dado en la carta que dirigió al Padre Treviño, lo cual pone muy en claro la perfidia de Garza, ya que —como dice Malo— si no hubiera engañado a Benesky debió haber comunicado a Iturbide el decreto que éste no podía saber a su salida de Inglaterra.

Por un momento parecía que Garza estaba dispuesto a entenderse con Iturbide, pues Benesky preguntó a éste, mientras marchaban rumbo a Soto la Marina:

—¿Qué tal encuentra usted al señor general?

—Muy bien —repuso Iturbide.

Cenó y durmió tranquilamente y se levantó tarde al día siguiente. Al mediodía, por medio de un ayudante, Garza envió a decir a Iturbide que se preparara a morir dentro de tres horas. Entonces le pidió permiso para que desembarcara el capellán Treviño.

Iturbide, comenzó a dictar a Benesky la representación que deseaba elevar al Congreso de México, y que comenzaba de este modo:

"Con asombro he sabido que vuestra soberanía me ha proscrito y declarado fuera de la ley, circulando el decreto para los efectos consiguientes. Tal resolución dictada por el cuerpo más respetable de la patria en que la circunspección y la justicia deben formar su primer carácter, me hace recorrer cuidadosamente mi conducta para hallar el crimen atroz que dió motivo a dictar providencia tan cruel a los representantes de una nación que ha hecho alarde de ser ilimitada su clemencia y lenidad.

Discurro que haber formado el Plan de Iguala y el ejército trigarante que convirtieron a la patria repentinamente de esclava en señora, será el crimen. Si será el haber establecido el sistema constitucional en México, reuniendo violentamente un Congreso que le diese leyes conforme a la voluntad y conveniencia de ella. Si el haber destruido dos veces los planes que se formaron para erigirme monarca desde el año de 1821. Si el haber admitido la corona, cuando yo no pude evitarlo, haciendo este gran sacrificio para librar a la patria como en efecto, la libré entonces, de la anarquía. Si será, por no haber dado empleos a mis deudos más inmediatos, ni aumentando su fortuna.

Si será porque conservando la representación nacional en la Junta Instituyente, reformé un Congreso que en nueve meses no hizo cosa alguna de Constitución, de ejército ni hacienda, y que voluntaria o involuntariamente nos arrastraba con todas sus providencias a la anarquía y al yugo español; porque corté los pasos al Congreso que en el mismo día que se instaló y juró mantener separados los tres poderes de la nación, se los abrogó todos y se separó de los términos de los poderes que había recibido, quebrantando sus solemnes juramentos; un Congreso, en fin, que había desmerecido la confianza pública, como lo manifestó toda la nación después de mi salida, privándolo de los poderes que antes le había dado para constituirla.

Si será, porque restablecí ese mismo Congreso, para librar otra vez a la patria de la anarquía, dejando a mi salida un centro de unión, estando seguro de que este cuerpo haría cuanto pudiese en mi contra, porque en él reinaba, siento decirlo, el espíritu de partido, la inmoralidad y las ideas miserables. Si será, porque apenas se indicó por dos o tres diputaciones provinciales de una parte del ejército, que la nación deseaba, un nuevo gobierno, abdiqué gustoso la corona que se me había obligado a admitir. Si será, porque...".

Iturbide continuaba haciéndose una serie de preguntas en esa exposición, seguramente ya resignado a morir, procurando volcar en ese escrito todo su resentimiento y profiriendo duros ataques a un Congreso que estaba formado, en su gran mayoría, por muchos de sus enemigos, que, como es natural deseaban su muerte por temor de que si regresaba al poder o a tener preponderancia política o militar, ejerciera represalias.

"Si será —continuaba diciendo— porque me entregué ciego a los que ya me habían faltado como jefe supremo de la nación, y puse mi existencia en manos de aquéllos que por todos medios, sin exceptuar los más bajos y miserables habían procurado destruirla, pareciéndome todo preferible a que se vertiera una sola gota de sangre americana en mi defensa.

Si será, porque a costa de sacrificios míos, de mi familia y amigos, evité los choques intestinos que habría dado grandes ventajas a la facción española, empeñada entonces como ahora en dividirnos, para poner la pesada condena en las cervices americanas. Si será, porque dejé a mi honrado, virtuosísimo y venerable padre en escasez y yo partí con ocho hijos y mi mujer con mucha probabilidad de mendigar mi subsistencia, a dos mil leguas de mi patria. Si será, porque habiendo estado en mi mano, no tomé de los fondos de la nación lo que ella misma me había asignado; porque las escaseces quise que fueran pagadas de preferencia a las necesidades de mi estado, los sueldos y las dietas de aquéllos que fingían creerme lleno de tesoros, y lo aseguraban así sin pudor a la faz de la nación, que poco antes o después había de conocer la verdad.

Si será, porque con riesgos de todas clases me sobrepuse a las amenazas de la santa Liga para ponerme en disposición de volver a servir a mi patria cuando se preparaba contra ella. Si será porque hice exposición de mi buena voluntad al mismo Congreso Soberano, no habiendo escrito una sola palabra a mis deudos ni a mis amigos que les diese la menor esperanza de mi vuelta a este país, para que no sirviese de ocasión ni aún remota para disensiones interiores".

Al terminar este párrafo recalcaba su perplejidad ante la resolución que contra él se había tomado, y no encontraba el motivo que la justificase. Luego continuó dictando:

"Si será, porque a este Soberano Congreso le manifesté francamente mis deseos por el bien de la nación, y que en manera alguna me contemplaba ofendido por ella. Si será, porque he escuchado filosóficamente las calumnias mayores, y perdonado a mis enemigos, ya sean de voluntad, ya por equivocaciones erróneas. Si será, porque ofrecía traer armas, dinero y cuanto se necesitase y protesté cordialmente que contribuiría gustoso a sostener el gobierno que a la nación fuera grato. No encuentro, señores, después de tan escrupuloso examen, cuál o cuáles sean los crímenes por qué el Soberano Congreso me ha condenado. Yo quisiera saberlo, para destruir el error, pues estoy seguro que mis ideas son rectísimas, y que los resortes de mi corazón son la felicidad de mi patria, amor a la gloria sublime y desinterés de cuanto en algún modo pueda llamarse material".

Mientras Iturbide seguía dictando mandó un recado al brigadier Garza advirtiéndole que a cualquier, reo, por grave que fuese su crimen "se le concedían tres días para que se preparase, y que él los necesita con más justicia teniendo a su familia repartida en lugares muy distantes y le mandó el borrador que estaba dictando para la representación nacional".

Doña Ana María estaba grávida a bordo, frente a Soto la Marina. Garza suspendió el fusilamiento, no se sabe por qué y a la misma hora en que debía ejecutarlo, salió con Iturbide rumbo a Padilla, en donde se hallaba reunido el Congreso del Estado, para ponerle a su disposición.

El 18 por la mañana, encontrándose en un paraje llamado "Los Muchachitos", Garza celebró junta de oficiales, mientras Iturbide estaba a cierta distancia en compañía de su capellán y de Benesky. Había pasado un cuarto de hora y la tropa de Garza se había formado en círculo, cuando Benesky preguntó a Iturbide qué significarían aquellos movimientos.

—Sin duda aquí han resuelto fusilarme, y quizá no lo ejecutaron en Soto la Marina porque la compañía veterana de artillería que allí se encuentra, dió señales de interés por mi persona.

Entonces ocurrió algo extraño. Garza arengó a los soldados diciéndoles que creía que Iturbide obraba de buena fe, que no sería capaz de alterar el sosiego público, que el decreto de proscripción le parecía necesitaba una aclaración por parte del Poder Legislativo, y que, mientras tanto, no debería tratársele como a reo, y que iba a dejarlo en libertad para que al frente de la tropa marchase a Padilla a ponerse a la disposición del Congreso.

Garza llamó a Iturbide y le dijo:

—Estos señores se han convencido de las buenas intenciones con que usted ha vuelto a su país, y atendiendo a las razones que les he manifestado se deciden, conmigo, a ponerse a las órdenes de usted, y desde este momento puede dictarles las que guste, y yo, regresaré a la Marina para arreglar las cosas en el sentido de nuestro convenio, que es defender el territorio contra la expedición extranjera.

Garza ordenó a la tropa que lo reconociesen como generalísimo, siendo el primero que lo hacía devolviéndole la espada. Fue entonces cuando le pidió que le entregase la carta comprometedora que le había escrito al padre Treviño, y acaso no deseando demostrarle desconfianza, Iturbide se la devolvió.

Así las cosas, Garza volvió a Soto la Marina e Iturbide se dirigió hacia Padilla. El Congreso había dado desde el 18 órdenes al Gobernador del Estado, don José Bernardo Gutiérrez de Lara, para que decapitara a Iturbide. Éste envió mensajeros a los diputados, invitándoles a conferenciar en los alrededores de Padilla, pero apenas se dieron cuenta de su presencia inminente, se fugaron, quedando solamente siete, ante los cuales Iturbide la mañana del 19 solicitó permiso para presentarse como comandante general del Estado, permiso que el Congreso le negó.

Ante esa respuesta, Garza volvió a aparecer en escena, y al saber la respuesta del Congreso, sugirió a Iturbide la conveniencia de que entrase como si estuviese arrestado.

—Me he vuelto por temor de que encuentre usted resistencia en el Congreso.

—Pues ha acertado usted, porque acaban de llegar los oficiales que comisioné para hablar a los diputados y se niegan a recibirme —dijo Iturbide.

—Si a usted le parece avisaré al Congreso que le conduzco preso y después le salvaré yo.

—Puede usted obrar como guste, pues Benesky y yo estamos a su disposición.

La conferencia de Garza con los diputados duró hasta las tres de la tarde de aquel día. En ella sostuvo las mismas razones que había dado a los soldados en el momento de ponerles a las órdenes de Iturbide e insistió en que como éste no había tenido conocimiento del terrible decreto en que se le ponía fuera de la ley, no podía imponérsele tal pena. El Congreso insistió en que el decreto debía cumplirse, dando a Garza la comisión sangrienta; Iturbide se hallaba custodiado por 20 hombres, en un aposento que daba hacia la plaza de Padilla.

A las tres de la tarde el ayudante de Garza, don Gordiano del Castillo, le notificó a Iturbide la resolución del Congreso y que dentro de tres horas sería pasado por las armas. Benesky le sugirió que pidiera prórroga de tiempo a lo que se negó considerando que todo era inútil.

"La ruina de mi patria y su deshonra, aún momentánea, son las dos cosas a que tengo jurado no sobrevivir...

"En este estado de mi exposición, se me presenta el ayudante don Gordiano Castillo, y me intima, cuando menos lo esperaba, en nombre del general ciudadano Felipe de la Garza, la pena de muerte para ejecutarse a las seis de la tarde y eran las dos y cuarto. ¡Santo Dios! ¿Cómo podría pintar los sentimientos que se agolparon sobre mi espíritu? Yo veía perecer a mi patria por la división anterior y a manos del gobierno español su enemigo irreconciliable; veía que manos americanas decretaron mi sentencia y manos americanas la iban a ejecutar; que se me aplicaba una pena, de que no tenía ni podía tener noticia, porque fue fulminada en abril, y mi salida de Londres se verificó el 4 de mayo, y la de la isla de Wight el 11, y no tocado en puerto alguno hasta mi llegada a la barra de Soto la Marina; veía ejecutar esta pena sin oírme, y lo que es más, sin darme el tiempo necesario para disponer como cristiano; veía seis hijos tiernos en un país extranjero, y en el que no es dominante la religión santa que profesamos, otros dos de cuatro años y de diecisiete meses a bordo del bergantín con su infeliz madre, que lleva en el vientre otro inocente, veía... mas para qué perder tiempo con relaciones tiernas. Sigo a lo esencial de mi narración".

La exposición al Congreso concluyó de este modo:

"No pedí por la conservación de la vida que ofrecí tantas veces a mi patria, y he expuesto muchas por librarla de sus enemigos: mi súplica se redujo a que me concediesen tres días para disponer mi conciencia, que por desgracia no es tan libre en la vida privada, como en la pública; a que se me permitiese escribir algunas instrucciones a mi mujer e hijos, y a que se salvase de pena tan cruel a mi amigo

Carlos Benesky, más inocente, si puede ser, que yo, y que por amistad y seguro de la rectitud de mis intenciones volvió a servir a esta patria mía, que le condena... El general Garza, no pudiendo dudar de la justicia de mis exposiciones, de que me presenté de buena fe, sin un hombre, un fusil, ni la menor señal de hostilidad, en la parte de la República en que menos amigos tenía, y decidido a obedecer las resoluciones del Soberano Congreso General, ya fuese admitiendo mis servicios, ya disponiendo mi salida del territorio de la República y a no volver más a él, suspendió la ejecución de la pena, y salió en la tarde del 17 dirigiéndome con una escolta al honorable Congreso de Tamaulipas, en Padilla, en donde quedaré sepultado dentro de tres horas para perpetua memoria. Padilla, Julio 19, a las tres de la tarde. Agustín de Iturbide".

El ayudante Castillo volvió a presentarse a Iturbide para intimarle de nuevo la sentencia. Fue entonces cuando Iturbide escribió una carta despidiéndose de su mujer:

"Ana santa, mujer de mi alma..."

Se confesó con el padre Gutiérrez de Lara, Presidente del Congreso de Tamaulipas, recomendándole entregar su reloj a su sobrino Malo y su rosario a doña Ana María.

LA MUERTE DEL CAUDILLO

Garza se retiró hacia el río de Padilla y dió orden de que no se le llamara aunque Iturbide lo pidiera, hasta que se le hubiera ejecutado. Al dar las seis de la tarde Iturbide avisó a sus guardias que era llegado el momento supremo. Su voz fue siempre entera, tan rotunda que se oyó hasta el ángulo de la plaza en donde iba a ser fusilado.

—¡A ver muchachos, daré al mundo la última vista!

Miró a todos lados; pidió un vaso de agua, la que apenas probó, preguntó cuál era el sitio en que lo iban a fusilar, rogó que se distribuyese entre la tropa que asistía a la ejecución tres onzas y media de oro que llevaba en moneditas, y luego, virilmente, exclamó:

—Mexicanos: en el acto mismo de mi muerte, os recomiendo el amor a la patria y observancia de nuestra religión: ella es quien nos ha de conducir a la gloria. Muero por haber venido a ayudaros; y muero gustoso, porque muero entre vosotros: muero con honor, no como traidor; no quedará a mis hijos y su potestad esta marcha: soy traidor, no. Guardad subordinación y prestad obediencia a vuestros jefes, que haciendo lo que ellos mandan, es cumplir con Dios. No digo esto lleno de vanidad, porque estoy muy distante de tenerla".

Enseguida rezó el Credo, besó el crucifijo que se le presentó, y el ayudante Castillo dió la voz tremenda. Iturbide, de rodillas, recibió las balas en la frente y en el pecho.

El cadáver fue amortajado con el hábito del terciario franciscano, y toda la noche estuvo expuesto entre cuatro velas, en la pieza que servía de capilla y de sala de sesiones al Congreso. Se dio permiso a los soldados para que tomasen de la ropa de Iturbide lo que desearon. "Yo ví a un oficial con las botas —dice Malo— y cuando le reconvine por aquel desacato me contestó que las había tomado por reliquia".

Al siguiente día fue sepultado su cadáver, después de la misa en que se hallaban presentes los diputados de Tamaulipas, la tropa y gente del pueblo. El cura de Padilla, don José Miguel de la Garza García, —uno de los que habían dado su voto para que se le fusilara— cantó la misa, y en la iglesia vieja de la población, el cadáver quedó sepultado en la viva tierra.

En los momentos en que había sido fusilado desembarcaron en Soto la Marina doña Ana María, sus hijos, los padres López y Treviño y demás compañeros de infortunio. La señora, sus hijos y sus criados, fueron alojados en la casa de Garza, y los demás en la del cura, poniéndoseles una guardia de 20 hombres, "que un jefe nos dijo estaba por precaución para evitarnos algún ultraje, pues que en aquel pueblo no escaseaban los malhechores, pero que podíamos —dice Malo— salir siempre que lo tuviéramos por conveniente, y que el mismo jefe iría al día siguiente para que paseáramos el pueblo, aunque poco o nada tenía que ver".

Pocos días después se hizo el inventario del equipaje y de los papeles de Iturbide, encontrándose entre ellos el manifiesto que había redactado a bordo del "Spring", y que comenzaba así:

"Mexicanos: al llegar a vuestras playas, después de saludaros con el más viejo afecto y cordialidad, mi primer deber es instruiros de los motivos porque he vuelto de la Italia, cómo vengo, y con qué objeto; espero que os prestéis dóciles a mi voz y que daréis a mis palabras el ascenso que merece el que en todas ocasiones fue veraz" ...

Y después de afirmar que llegaba "no como un emperador, sino como un soldado, y como un mexicano", anunciaba que venía a sostener con su espada la independencia y la libertad de México y a servir de mediador, "restablecer el inestimable bien de la paz, sostener el gobierno que sea más conforme a la voluntad nacional, sin restricción alguna, y concurrir con vosotros a promover eficazmente la prosperidad de nuestra común patria".

La noticia de su captura se conoció en la capital el 23, y hasta el 26, pudo "El Sol" dar detalles de la tragedia, ateniéndose a las noticias dadas por el extraordinario de Veracruz. El mismo diario en su edición del 29 hacía estas reflexiones: "Compadezcamos su infortunio y tratemos solamente de hacer olvidar las funestas divisiones en que íbamos a precipitarnos. Sea esta una época de reconciliación, y olvidando hasta el nombre de los partidos que nos arrastraban a nuestra ruina, no haya más partido que el de la nación, ni más deseo que el de consolidar sus benéficas instituciones."

El brigadier Garza fue declarado "benemérito del Estado de Tamaulipas" (20 julio); y el 28 el Ministro de la Guerra, general Mier y Terán, le anunció que sería ascendido a general de brigada efectivo en el momento en que hubiera vacante; pero al mismo tiempo le reprochó su indecisión para decapitar a Iturbide sumariamente.

A bordo de una goleta, (16 de septiembre), los supervivientes de aquella catástrofe abandonaron las playas mexicanas, refugiándose en Nueva Orleáns. Doña Ana residió muchos años en Filadelfia, hasta su muerte, (21 de enero de 1861). Agustín Jerónimo, el primogénito, estuvo en Colombia y fue edecán de Bolívar. Ángel de Iturbide casó en Washington con Alice Green y su hijo Agustín, lo mismo que su primo don Salvador y la tía de éstos, doña Josefina, fueron declarados Príncipes de Iturbide por decreto de Maximiliano.

El coronel Benesky regresó a México y se suicidó en Saltillo, mientras se hallaba a las órdenes de Santa—Anna. El general Echávarri, casi en la miseria, recibió en sus últimos días la protección de la ex—emperatriz. El padre López entró a la Compañía de Jesús: el Padre Marchena fué asesinado en un sótano, en esta capital, y —según dice Malo— por miedo que le tuvieron los miembros de una conspiración que había formado para matar a varias personas cuya lista se encontró en su poder; y finalmente, el 8 de julio de 1832, el general Manuel Mier y Terán, se suicidó arrojándose sobre su espada, frente a la tumba de Iturbide, decepcionado al fracasar sus ambiciones de llegar a la Presidencia.

EN LA LARGA TINIEBLA

En la capilla de San Felipe de Jesús, de la Catedral Metropolitana de México, descansan desde el 27 de octubre de 1839, sumidos en larga tiniebla, los restos del soldado que no conoció el miedo y mucho la ingratitud; el que fue encumbrado por la violencia y por ella cayó del solio; el que dió muerte a hierro y a hierro murió; el consumador de la independencia de México, el creador de la bandera mexicana. Si resucitara se daría cuenta de que, a más de un siglo de su patíbulo las Tres Garantías siguen siendo una esperanza.

¡Pasajero, detente!

BIBLIOGRAFÍA

1.—"Noticias curiosas acerca de don Agustín de Iturbide". América Española,28 septiembre 1921.

2.—"Agustín de Iturbide. Vida y memorias", Carlos Navarro y Rodrigo, (México 1906).

3.—"Memorias para la historia de las revoluciones en México", Anastasio Zerecero.

4.—"¿Traicionó Iturbide a los conspiradores de Valladolid?", Antonio Arriaga, Excelsior, 26 julio 1938.

5.—"Obras" del Lic. Alejandro Villaseñor. (1910).

6.—"Cuadro histórico de México", Carlos María de Bustamante.

7.—"Historia de México", Lucas Alamán. (1852).

8.—"Correspondencia y diario militar de don Agustín de Iturbide.1810—1813" (1923).

9.—"Bosquejo ligerísimo de la revolución de México desde el grito de Iguala hasta la proclamación imperial de Iturbide", Vicente Rocafuerte (Filadelfia 1822).

10.—"Romances", Guillermo Prieto.

11.—"Apuntes históricos sobre el destierro, vuelta al territorio mexicano y muerte del Libertador D. Agustín de Iturbide", José R. Malo (1869).

12.—"Ensayo histórico de las revoluciones de México", Lorenzo de Zavala (1845).

13.—"Notes on México, made in the automn of 1822", Joel R. Poinsett, (Filadelfia 1824)

14.—"Le Mexique", J.C. Beltrami. (París 1830).

15.—"La guerra de independencia", Francisco Bulnes, (1910).

16.—"Historia de México", Alfonso Toro (1926).

17.—"México en el siglo XIX", Emilio del Castillo Negrete (1875).

18.—"Los dos libertadores". Documentos históricos, La Voz de México, (4 octubre 1872).

19.—"México. Su evolución social", Justo Sierra (1900).

20.—"Gaceta del Gobierno Imperial de México", (1821—1823).

21.—Papeles de Iturbide en la Biblioteca del Congreso de Washington.

22. —"Cómo era Iturbide", Rafael Heliodoro Valle (1922).

23.—"La anexión de Centro América a México", Rafael Heliodoro Valle (Vols. I—IV).

FLOR DE MESOAMÉRICA

PREFACIO

En estas páginas he recogido algunos fragmentos de la vida popular en estos países que los arqueólogos han designado con el nombre de Mesoamérica, indicando aquéllos en donde la vida pre— colombina alzó pirámides. Tienen el mismo acento de mi libro "Tierras de pan llevar" y espero que algo significarán para los estudiosos del Folklore los enamorados de las tierras de la perpetua primavera, y todos aquellos que buscan la expresión en la novela o el relato que se cuenta a la lumbre de la hoguera en los caminos.

Debo dar las gracias al Ministerio de Cultura de El Salvador porque en su afán de dar a conocer la producción literaria de Centro América, ha tenido la gentileza muy especial de invitarme para que brinde estas páginas en haz que llevan en sus alas, como las mariposas, el oro errante del trópico y la luz siempre amorosa y vertical que cae sobre los montes coronados por el sol que tarda para morirse.

R.H.V.

México, D. F., 7 de mayo de 1955.

EN LOOR DE LA HAMACA

Dos embajadores hispanoamericanos eran el centro de conversación en el sótano de una embajada. De pronto, uno de ellos recordó al otro la promesa de regalarle una hamaca de Nicaragua.

—¡Pero una hamaca de colores! —interrumpí—. Hay hamacas azules para tener sueños azules y hamacas de iris para entrar en la región más aérea de los sueños.

—Las hamacas paraguayas son famosas —agregó un filósofo argentino—. Tengo noticias de que la hamaca es de origen taino, mejor dicho arawuako. La hamaca parece haber nacido en alguna región del Brasil.

—Hay que hacer una interpretación sociológica de la hamaca.

—Ante todo urge trazar el mapa geográfico de la hamaca. La de Yucatán que, de seguro, llegó allí por el contacto de los mayas con los tainos de Cuba, antes de la llegada de Grijalva.

—¿Y cuáles son las mejores hamacas de América?

—Habría que escoger la hamaca de cabuya blanca...

—¡Nadie ha escrito el poema de la hamaca! A Chocano se le olvidó. En los cronistas de Indias se habla de ella, pero en simples referencias.

—Se sabe que Pánfilo de Narváez fue derrotado por Cortés debido a que dormía tranquilamente en hamaca la noche en que don Hernán Cortés le cayó de improviso, al otro lado del Río de las Chachalacas.

—¡Hay hamacas para el amor!

—En el Estado mexicano de Guerrero Emma Rhe encontró unos indios que pasan en hamaca todo el día, acompañados de una guitarra. Del techo pende el racimo de bananos maduros y el indio tiene una técnica especial para no levantarse a cortar el banano, pues le basta hacerlo con dos dedos del pie.

—Insisto en que la hamaca paraguaya es famosa.

—En la costa del Perú hacen hamacas deliciosas.

—Recordemos que Pizarro tendía en su palacio de Lima una hamaca bien colgada de unas higueras.

—Eso no pudo ser porque la higuera es un árbol muy bajo y débil...

—Ya es tiempo de hacer una investigación formal sobre eso, porque Pizarro no era tan confiado como Narváez.

—Pienso escribir un ensayo que se llamaría "Del arte de dormir en hamaca".

EL HIMNO NACIONAL DE HONDURAS

Tu bandera es un lampo de cielo, por un bloque nieves cruzado —así comienza el Himno Nacional de Honduras.

Un lampo de cielo. Un cielo azul profundo. Y al medio todo lo blanco de Honduras, a pesar de toda la sangre y las lágrimas que han corrido sobre su tierra con pinos de esmeraldas y jazmines de seda.

Y se ven en su fondo sagrado, cinco estrellas de pálido azul —así continúa el coro del Himno.

Sobre lo blanco, el azul del cielo de Honduras. La niebla se levanta de los pinares, como diaria oración del incienso. Esa niebla que, al llegar el mediodía, se suma al esplendor del azul infinito.

Augusto C. Coello escribió las palabras del Himno y Carlos Hartling les puso música.

Coello (1884—1941) era un escritor vehemente, que hizo poemas, discursos, proclamas de guerra y páginas de historia; era uno de los hondureños luminosos, que pasó por la tierra como una llamarada tropical que se mezclaba, por los abuelos, al fuego del Mediterráneo. Hartling (1869—1920) era alemán de Erfurt, educado musicalmente en Leipzig y Múnich y más tarde, en su país de origen, fue director de escuelas de música, orquestas y bandas militares. Llegó a Honduras en 1896, contratado para dirigir la de Tegucigalpa, habiéndola tenido bajo su batuta durante 19 años. Fue el primero que interpretó en Honduras a Beethoven, al ejecutar con su violín en un concierto la Novena Sinfonía.

Una mañana, a las cinco, abandonó rápidamente el lecho y se sentó en su cuarto de trabajo a escribir música. Quería aprisionar la que le brotaba como agua sonora desde lo más alto de un monte. Era la música del Himno que le había encomendado su jefe militar. Invitó a Lupe Ferrari, su esposa, para que ejecutara al piano lo que decía el borrador.

"¡Muy bien! —exclamó—. Tengo que hacer unas ligeras reformas. Pero ya está listo..."

Así se cumplía el encargo que le hizo el Ministerio de Guerra. En 1915, el Presidente Membreño firmó el decreto aprobando el Himno, y al año siguiente el Congreso Nacional lo puso en vigor. Fue cantado por primera vez en una escuela, por un grupo de niños.

Antes hubo otros himnos que no ganaron la simpatía popular. Eran himnos de guerra, como los de otros países americanos. El de Coello y Hartling comienza con palabras tranquilas, armoniosas, en un fino aire de paz, que constituyen la semblanza de una tierra acariciada por el mar y el sol.

En tu emblema que un mar rumoroso
con sus ondas bravías escuda
de un volcán tras la cima desnuda
hay un astro de nítida luz.

Este es el final del coro del Himno que compusieron Coello y Hartling y que al ser escuchado por los hondureños, les estremece las fibras íntimas, les lleva hacia la frontera ilímite del recuerdo, sobre todo cuando se encuentran lejos del terruño querido. En el coro figuran el cielo, el mar, las estrellas, una cumbre y un astro radiante, en un paisaje de pureza.

Sólo hay en él una estrofa bélica:

Por guardar ese emblema divino
marcharemos, ¡Oh patria! a la muerte;
generosa será nuestra suerte
si morimos pensando en tu amor.

Al término de esa estrofa regresa el coro, con sus voces de paz, de transparencia límpida, con una invitación a la fraternidad de todos los hondureños que, al escucharlo, se emocionan profundamente.

Era Honduras un mar agitado
donde opuestos los vientos chocaban
negras nubes su cielo velaban
anunciando fatal tempestad.

Así decía un canto que, al mediar el siglo pasado, escribió José Trinidad Reyes. Un canto que parecía himno nacional, porque sus versos tienen la medida y el ritmo de los himnos de los países hispanoamericanos.

Argentina:
Oíd mortales, el grito sagrado

México:
Mexicanos, al grito de guerra

Guatemala:
Guatemala, feliz, que tus aras

Cuba:
Que morir por la patria es vivir

En 1893 José Antonio Domínguez escribió su "Himno Marcial", y el coro decía:

> Compatriotas, la suerte de Honduras
> hoy se salva o se acaba de hundir:
> ya no no más despotismo y torturas:
> es preciso triunfar o morir.

Aunque Domínguez era, por su timidez, incapaz de matar con una piedra a un pajarillo, volvió a sentirse belicoso y escribió otro himno, que empezaba así:

> Compatriotas: de Honduras los fueros
> con la vida sepamos guardar:
> si hay tirano también hay aceros
> y es de libres tan sólo triunfar.

Las ocho estrofas del Himno de Honduras, cada una de ocho versos, hablan de sus minas de oro, —"en tus cuencas de oro"—, en las que, "india virgen y hermosa", se reclinaba al llegar Cristóbal Colón durante su último viaje al Nuevo Mundo en 1502. Se refiere también al indio Lempira, quien a la llegada del conquistador fue uno de los varios caciques que hicieron resistencia; y sucumbió traidoramente, rodando desde la cumbre del peñón en que se había acuartelado. Habla de la revolución francesa y el advenimiento de la República, que sirvieron de ejemplo a los países hispanoamericanos para que se rebelaran contra el poderío de España.

En el Himno de Honduras se hace la presentación de su escudo y una síntesis de su historia política hasta el nacimiento, el alba del 15 de septiembre de 1821, en que un gran hondureño —el sabio estadista y escritor José Cecilio del Valle—redactó el acta de independencia, en prosa memorable que tiene el ritmo de un poema que se prolonga en canto triunfal.

El Himno de Honduras es un mensaje de esperanza y alegría, una invitación a la vida, bajo la luz del sol, ante dos mares abiertos a la imaginación de los poetas y al ímpetu de los trabajadores, que con la mente o las manos, deben ganarse con decoro su pan y labrar dignamente la grandeza de su patria para hacerla feliz.

PAÍS EN FLOR

En el centro de Centro América —el bello central de los próceres— se halla Honduras, el país de las aguas caudalosas y las montañas en flor, islas en ambos mares, arca de los metales, cornucopia de las frutas en que el trópico tiene innúmeras alacenas. Su padrino fue Cristóbal Colón, quien en su cuarto viaje, después de tormentas largas y épicos tormentos, cayendo de rodillas exclamó: "Gracias a Dios, que hemos salido de estas Honduras".

Su Puerto Cortés —con bahía de luz— perpetúa el nombre del conquistador. Antes alzaron los mayas una estatua al Dios del Viento y tuvieron en Copán el primer congreso científico que hubo en América. Después llegaron los buscadores del paso interoceánico. Rubén Darío, de niño vio pasar las nubes sobre San Marcos de Colón. En sus bosques el sabio Arthur Twomey ha encontrado una riqueza: los más bellos pájaros del mundo. "Patria del oro y del talento cuna", exclamó el poeta cubano José Joaquín Palma. El pino, alto y vertical, siempre verde, semeja el símbolo de la juventud y la esperanza.

Tiene en su haber la mayor producción bananera del mundo, la Escuela Agrícola Panamericana, la más rica mina de oro y plata en Centro América, y un sistema nervioso en que la araña de la aviación siente las vibraciones del hemisferio. Por ella pasaron las dos civilizaciones más fuertes de México antiguo. Mayas y mexicanos se pierden en el laberinto de los nombres melódicos: Yojoa, Tencoà, Omoa, Oropolí, Danlí, Guascorán, Ulúa. Y de repente la hermosura del español en una mina: Montecielo.

ÁUREAS ALBRICIAS

Por su posición geográfica, Honduras ha recibido ciertas ondas de primacía. Es la primera tierra firme de nuestro continente que contempló Colón. El primer reformador liberal en Hispano América (Francisco Morazán, 1827). Uno de los primeros pensadores que hablaron de la unión interamericana (José Cecilio del Valle, 1820). El primer autor de teatro en Centro América (José Trinidad Reyes, 1840).

Las montañas y las mínimas vías de comunicación explican la lenta marcha del progreso, desde la época española. La escasa convivialidad de sus poblaciones ha sido uno de los motivos de las largas guerras civiles, fomentadas por localismos regionales, intransigencias, odios, codicias, y por intereses extranjeros.

RIQUEZAS NATURALES

Además de las minas, tiene Honduras riqueza agrícola y pecuaria. Exporta ganado vacuno, madera, arroz y café. También sombreros de junco, que afuera llaman de Panamá, café que podría competir con el mejor. Y muchas yerbas medicinales. No debe estar distante el día en que se explote la riqueza pesquera.

La base de la alimentación está en el maíz (que proporciona varios números del menú popular), el queso y el frijol, las legumbres y las frutas más tropicales. Tiene la cocina criolla, entre otros platos, el tamal y las rosquillas, el mondongo y la carne de olla, el chorizo y la "gallina en pinol".

EL GOLFO DE FONSECA

Le pertenece la tercera parte. Es una de las maravillas del agua y el paisaje sólo comparable a la Bahía de San Francisco de California o al mar de Acapulco. Esteros, islas y playas concurren a darle esplendidez. Es una de sus riquezas vírgenes, que culminará en balnearios y emporios.

Entre las islas que afloran de ese mar interior, sobresale la del Tigre, con su puerto de Amapala. Varias veces la visitaron los piratas y aun se habla de uno de los tesoros escondidos allí por Francis Drake, después de saquear iglesias en los litorales del sur.

PRETÉRITO IMPERFECTO

Los tres siglos de dominio español en Honduras pasaron como una larga siesta que, a ratos, era interrumpida por las campanas. Las minas de oro y plata abundaron, pero el aislamiento del mundo fue casi total. No fue posible tener como otros países americanos, ni imprenta, ni Universidad, ni periódico, ni hotel, ni banco. Algunos misioneros se hundían en las selvas para reunir en pueblos a los indios salvajes. La capital de la provincia era Comayagua. Un hospital fundado por los franciscanos o un colegio seminario para enseñar latín y letras, eso fue todo.

Los únicos puntos directos de contacto con el exterior eran los puertos de Trujillo y de Cortés, a donde llegaban pasajeros y mercaderías. Para trasladarse desde la costa hacia el interior había que viajar a caballo o en mula. En tres siglos no se construyó carreteras. Tal vez de aquella circunstancia nació el refrán "meterse en Honduras".

Si alguien deseaba hacer estudios formales, tenía que ir a Guatemala o México. Algunos jóvenes se distinguieron en los colegios de los jesuitas mexicanos. Por ejemplo, Juan de Ugarte, uno de los jesuitas que hizo labor civilizadora en la Baja California; y el P. José Lino Fábrega, que en su destierro en Italia interpretó el "Códice Borgiano", de gran utilidad para el conocimiento de la historia del México Antiguo.

Cada año había una matanza, dirigida por el caudillo que deseaba la presidencia, para gobernar el país como si fuera su propiedad exclusiva y gozarla con sus más adictos. Uno de esos caudillos, el general José María Medina, celebró debidamente presentado por el diplomático en Londres (1866), un empréstito de tres millones de libras esterlinas, para la construcción del ferrocarril interoceánico. El empréstito terminó en sonado escándalo y Honduras únicamente obtuvo unos cuantos kilómetros de la vía soñada.

Las luchas entre los partidos liberal y conservador, desde la separación de Honduras como uno de los Estados de la Federación de Centro América, eran estimuladas por alianzas con los vecinos, lo cual convirtió el territorio hondureño en el campo de batalla de aquellos gobernantes de Guatemala o Nicaragua que pretendían el poder hegemónico sobre los otros cuatro países. Segmentos del litoral hondureño fueron ocupados en dos ocasiones por tropas inglesas que apoyaban el irrisorio reino atlántico de la Mosquitia y tal pretensión la canceló un tratado con Inglaterra.

En varias ocasiones Honduras ha participado en movimientos que tendían a reconstruir el régimen federal en que un hondureño eminente —militar y hombre civil— el general Francisco Morazán, fue el blanco de los ataques continuos (1827 a 1842) de los que defendían la soberanía de los cinco Estados. Todas las tentativas fracasaron por razones políticas y económicas que algún día desaparecerán, cuando la educación y la multiplicidad de intereses aproximadores hagan fácil, si no el retorno de la federación, sí formar una confederación. Una parte de la historia de esa lucha se halla incluida en las "Memorias" que Morazán escribió en David (1841), que era entonces ciudad colombiana.

UN INSTANTE DE AURORA

Pudo disfrutar Honduras 16 años de calma y de progreso, bajo las administraciones del Dr. Marco Aurelio Soto y Luis Bográn. Se les puede clasificar entre los que algunos historiadores llaman "dictadores ilustrados". Bajo el primero se emprendió la reforma liberal, que había iniciado Morazán (separación de la Iglesia y el Estado, institución del registro civil, la enseñanza laica, gratuita y obligatoria), fue restaurada la Universidad Nacional, se emprendieron numerosas obras materiales, se reformaron los códigos —por contener preceptos que tuvieron validez bajo el régimen monárquico español— y por vez primera el gobierno dio apoyo a la juventud; consideró un deber la defensa de la cultura y la salvación del patrimonio espiritual (creación del Archivo y la Biblioteca Nacionales, homenajes a los compatriotas ilustres). Durante el régimen del presidente Bográn (1883—1891), se instituyó la Academia Científico—Literaria de Honduras, se dio impulso a las inversiones del capital norteamericano, fueron contratados los servicios de distinguidos catedráticos españoles y se fundó la Escuela de Artes y Oficios y la Litografía Nacional.

OTROS GOBERNANTES

Al hacer el balance de las administraciones siguientes, pueden señalarse muy bien los más visibles actos constructivos: bajo el régimen del Dr. Policarpo Bonilla (1894—1899), fue abolida la pena de muerte, y los jóvenes recibieron mayores estímulos, sobre todo los que mostraban vocación literaria; el general Terencio Sierra (1899—1903) se interesó por la construcción de la carretera que comunica a la capital con el Pacífico; el del general Manuel Bonilla (1903—1907), por la fundación de la Escuela Normal; y el del doctor Miguel Paz Baraona (1925—1929), por haber encontrado el procedimiento para el pago de la deuda inglesa, la cual ha sido cancelada bajo el régimen del doctor Juan Manuel Gálvez (marzo,1953).

ALGUNAS PERSONALIDADES

Entre las figuras sobresalientes, Honduras puede mostrar, además de las mencionadas, las siguientes: José Trinidad Reyes, el fundador de la Universidad Nacional, hombre de letras, humanista funcional, autor del primer libro de texto, "Lecciones de Física", y de nueve "Pastorelas", que aún son representadas en la temporada de Navidad; Ramón Rosa, escritor, orador y estadista; los poetas Juan Ramón Molina ("Tierras, Mares y Cielos"), José Antonio Domínguez,

Froylán Turcios —fundador de "Esfinge", y "Ariel", revista antológica de primer orden en nuestro idioma—, Ramón Ortega, Alfonso Guillén Zelaya y Luis Andrés Zúñiga (Premio Nacional de Literatura 1951), Paulino Valladares, director del diario "El Cronista", uno de los periódicos más prestigiados en Centro América; el tribuno Álvaro Contreras; los catedráticos universitarios Rafael Alvarado Manzano y José María González, los prosistas Salatiel Rosales y Augusto C. Coello, autor del Himno Nacional; Alberto Membreño, jurista y autor de "Hondureñismos", el pintor Pablo Zelaya Sierra, el musicólogo Manuel de Adalid y Gamero; y dos investigadores de historia, Antonio R. Vallejo y Rómulo E. Durón.

EL PAISAJE DE HONDURAS

Cuando Hernán Cortés descubrió el primer rostro de México, al contemplar las montañas coronadas de niebla, pensó que estaba en esa región de España en que las cumbres y lo misterioso constituyen el encanto del paisaje, y al informar al Rey sobre aquel primer asombro le dijo que todo lo que estaba viendo se le parecía a España, y, sin quererlo, bautizó a las nuevas tierras con el nombre de "Nueva España", un nombre que siguió iluminando los anales de tres siglos y que nos sigue dando la ilusión perfecta del Nuevo Mundo. Invoco esta visión de Cortés para presentar algunas imágenes del Nuevo Mundo, en que Honduras es uno de los matices sorprendentes.

En la fisiología del istmo centroamericano, Honduras es la víscera entrañable. Entre dos tierras con lagos —Guatemala y Nicaragua— tiene también Honduras el privilegio de poseer uno de los más hermosos fragmentos de agua: el Lago de Yojoa. Sobre su frente hay un enjambre de islas paradisíacas y a sus pies comparte con El Salvador y Nicaragua uno de los golfos más bellos, el de Fonseca. Su territorio, de 115,205 kilómetros cuadrados, en el que los colores del trópico se encienden más opulentos, apenas tiene aproximadamente 1,400,000 habitantes que, en su mayoría, están aislados por las montañas y los ríos.

En su geografía voluntariosa no hay cuatro estaciones. El furor del mediodía en sus dos litorales se atempera con la brisa de las noches livianas, en que las estrellas parecen estar al alcance de la mano y las flores se estremecen de sobresalto al sentir el paso de las aves audibles que huyen del fantasma de la nieve del norte. Las únicas sorpresas ingratas son las tempestades eléctricas que en la Costa Norte reproducen los largos días de soledad y de espanto, los mismos que salieron al encuentro de Cristóbal Colón antes de que, al sentir la primera sonrisa de la tierra firme, cayera de rodillas y la bautizara.

Pero antes de que Colón llegara al país hondureño, unos hombres que procedían de regiones que aún son misteriosas en la geografía prehistórica, se detuvieron en un ángulo de esa tierra y levantaron una de las ciudades que los arqueólogos y los artistas visitan, arrodillados íntimamente, al presenciar los desposorios de la arquitectura y el paisaje. Los mayas dejaron en Copán uno de los testimonios de su gusto refinado al escoger el sitio en que reverenciarían a sus dioses y darían largos años de felicidad a sus escultores. La figura del Dios del Viento preside el coro de las tierras que el genio maya esculpió con manos religiosas para encanto de la posteridad. En las noches de Copán se siente pasar el numen del paisaje que los mayas amaron y los hierofantes —Maudslay y Morley— supieron atisbar desde sus observatorios.

La primera vez que el ojo europeo se fijó en el paisaje de Honduras fue cuando Colón y sus compañeros, al llegar a la isla de Guanaja, "vieron también muchos pinos", según el relato de su hijo don Fernando; y poco después —agrega— "la tierra estaba muy verde y hermosa".

Tierra verde, pinos, tierra de numerosos pinares: tal es Honduras, bajo un intenso cielo azul, en el que nació su bandera. Cielo turquí, tierra verde, toda la gama biológica y poética del pino. Y allá en el fondo de los pinares, los pueblecitos blancos que parecen de alfeñique. Así están en la biografía mínima de Honduras trazada por su pintor José Antonio Velásquez.

Así es, por el color, el paisaje hondureño. A veces es un largo silencio en las comarcas del interior en que los bosques son catedrales verdes sobre las que se deslizan, irreverentes, las guacamayas estentóreas. Y en aquel silencio, que se diría se siente desplomarse, aparece de súbito una figura humana, que está callada, con su paisaje de melancolía muy adentro, su corazón de guitarra rota y sus "remotidades". Esta palabra es la más precisa en el diccionario inédito del paisaje hondureño; y hay otra, que se diría de puro abolengo español, y que por sí sola es una pintura: la palabra "íngrimo", es decir íntimo, solitario en la soledad.

Algunos han pretendido que el paisaje no existe, sino que el viajero, el poeta, el "íngrimo" lo crean con su imaginación, y que es una simple mentira óptica. Puede ser así, pero sus huellas aparecen en poemas y en relatos y cuentos. Hace un siglo vivió en Honduras un santo que se llamaba José Trinidad Reyes; un santo que tenía el fino sentimiento de la naturaleza y que tradujo en pastorelas las emociones en que se suman colores tenues del Nuevo Testamento y presencias fúlgidas del trópico. Hizo dialogar en tierra hondureña a los ángeles con los pastores; "y la tierra con nueva juventud aparecía".

En sus versos surgen con insistencia la luna de Honduras y las estrellas del alba; y en sus vacaciones, al margen de una laguna circundada de pinos y corimbos salvajes, sentía.

> "Bajo el pabellón de estrellas,
> el ambiente de las flores
> que es tan grato".

Los pinos que Cristóbal de Olid encontró en Honduras le producían imágenes de Michoacán. Hernán Cortés (1526) escribió al Rey contándole que había enviado desde Trujillo un grupo de españoles hacia la tierra adentro y que encontraron "un muy hermoso valle poblado de muchos y muy grandes pueblos, abundosos de todas las cosas que en la tierra hay; muy aparejado para criar en toda ella todo género de ganado y plantar todas y cualesquier planta de la península".

Con esas palabras, el conquistador se asomaba al paisaje geográfico de Honduras, que el obispo Cristóbal de Pedraza (1544) esbozó en un cuadro más amplio. Pasó el tiempo, y un día un poeta de Bayamo, José Joaquín Palma, vio desde una meseta, en el fondo de la lontananza con montes, una ciudad blanca, dentro de un círculo de pinares, y exclamó:

> "Bella, indolente, garrida,
> Tegucigalpa allí asoma

como un nido de paloma
sobre una rama florida".

El cubano Palma vivió en Honduras en una época en que el Presidente de la República Marco Aurelio Soto, y el Ministro General del Gobierno Ramón Rosa, eran los más ilustres vecinos de la ciudad que tiene un bello puente español y dos ríos con hontanares hondos. Rosa usó pinceles suaves en sus ejercicios de colorista romántico que escribía en prosa, y Soto sembró claveles en el huerto de la leyenda. Después de ellos, aparecieron otros prosistas que dejaron estampas, acuarelas y calcomanías y que dialogaron con el paisaje; Juan Ramón Molina en el prólogo de un libro de Froylán Turcios, en el que los crepúsculos de Olancho iluminan las frentes idílicas, a la sombra de los besos en flor.

"Se ve temblar el alma de la tarde sonora", dijo Turcios; y en una visión de sencillez elemental, Alfonso Guillén Zelaya habló así:

"La casita de Pablo siempre estuvo vestida
de bejucos del monte y en flor; era un altar
donde el sol y los pájaros en cada amanecida,
celebraban la misa primera del lugar".

LOS MOTIVOS DEL AGUA

Tierra de ríos que arrastran sombras de países celestes, en Honduras se siente el estremecimiento nupcial de la naturaleza. En una de las márgenes del Ulúa, Augusto C. Coello encontró esta prosa: "La tarde, diáfana y serena, hacía fiesta de colores en el cielo, y bandadas de garzas níveas y rosadas abatían su vuelo en la playa. El río, irresistible como el destino, corría desatentado y ciego, y sobre él las embarcaciones flotaban doradas por los últimos rayos del sol poniente".

El lago de Yojoa me inspiró estos versos:

En el inverosímil mediodía
que nácares y flores desbarata,
surge tu imagen de cristal y plata,

montaña azul y suave lejanía.

Antiguo amor y eterna poesía,
agua llena de sol—fuga y cantata—,
Venus en tu hermosura se retrata
inefable como una melodía.

Yo soy la voz que llega del lejano
confín para aprender el canto llano
en tu silencio puro de infinito;

Voy al futuro y vengo del pasado,
y sólo con mirarte me he embriagado
de luz, como si fuera un pajarito.

Pero es en el Golfo de Fonseca en donde están los paisajes radiosos. Las islas, las mareas, los esteros, la fauna alada, las playas, las lejanías, todo concurre a enriquecerlo. No son totalmente admirados aún; pero ha de llegar el día en que el hombre los exalte en obras de arte puro, así como se ha hecho con las dos bahías, sus rivales, San Francisco y Acapulco. Hay una acuarela de Juan Ramón Molina en elogio de ese mar de maravilla:

"El cielo tenía un color lechoso, un color de ópalo, suavemente bañado de rosa. En el oriente empezaba a ascender el sol; pero era un sol pálido, como visto a través de un vidrio opaco. Grandes resplandores partían de aquel foco luminoso, entre los que flotaban mil nubecillas ligeras, nacaradas, solas, impalpables, semejantes a copos de espuma o alas de ángel. Poco a poco una luz más intensa, más brillante, fue disolviendo el rosado del cielo, y el sol, un sol magnífico, un sol de fuego, un sol de púrpura, apareció en el espacio, que se transformó en bruñida bóveda de plata, en convexo espejo resplandeciente. El mar se tiñó de tonos azulados, y nuestra balandra, llevada antes a grandes golpes de remos, hinchó su vela latina y se deslizó como un gran cisne".

LA RESONANCIA DEL AZUL

No hay paisaje en Honduras sin la presencia de una montaña. "Raya el cristal azul del vasto cielo —banda de loros de plumaje verde" (Turcios)... "Montañas de zafiros, dilatados" (Jorge F. Zepeda).

"Sentí un goce inmenso cuando vi los primeros pinos y robles —dice Argentina Díaz Lozano en "Peregrinaje"— y respiré con delicia la fresca brisa y contemplé agradecida el cielo limpio y azul de mi Honduras"...

"El sol espléndido iluminaba el mundo —continúa— y yo abarcaba con mis ojos los agrestes paisajes de mi tierra admirativa y sintiéndome parte del suelo, de las rocas, del lejano horizonte marcado por montañas oscuras, del cielo azul intenso", etc.

Y otra voz poética que se murió al nacer, clamó: "Azul... y más azul... Luna y azul" (Ramón Padilla Coello). En las lejanías al parpadear la estrella de la tarde, "se alzan humos hacia el cielo azul", (Marcos Carías Reyes en "La Heredad"). La de éste es una obsesión aguda...: "Las grandes montañas que al mediodía son intensamente azules", "la sierra ¡la sierra azul! picachos, declives y simas hondas, y más picachos...senderos blancos, valles oscuros donde los ríos serpentean como boas gigantescas y en el confín: la sierra azul...", "La Honduras de las sierras azules".

DE PRONTO, LOS VALLES

Después de subir y bajar montañas, surge el valle como un paréntesis de suavidad. El paisaje ha cambiado. Los ríos dejan de desgarrarse en los precipicios. El valle puede ser el de Comayagua o el de Lepaguare, el de Quimistán o el de Yoro, el de Sensenti o el de Jamastrán. ¡Qué bello paisaje de nombres melódicos! En el de Sula, el viajero se queda sorprendido cuando ve surgir, de pronto, el saludo de un árbol gigante, con su corona de flores de fuego, ¿en las que el oro hace gala de su poderío en el aire... ¿Qué pintor hondureño ha aceptado la innovación de ese árbol para darnos algún rasgo de la fisonomía estética de Honduras?

LOS OJOS NUEVOS

Para apreciar el paisaje hondureño, su intimidad, su hechizo, hay que leer tres libros de escritores extranjeros: "The Mosquito Shore" de George Ephraim Squier (London, 1855), "Explorations and adventures in Honduras" de William V. Wells (New York, 1857) y "La jungla entre las nubes" de Víctor W. Von Hagen (Buenos Aires, 1949). Los dos primeros pertenecen a la época que precede inmediatamente a las narraciones de Eliseo Reclus y Rodolfo Cronau y el célebre libro de John Lloyd Stephens "Incidents of travel in Central América, Chiapas, and Yucatan" (New York, 1841). Squier dejó una semblanza espléndida del paisaje geológico de Honduras:

"Saliendo del golfo de Fonseca y avanzando al norte, se presenta la línea volcánica de la costa, con sus altos picos de escorias, cubiertos también de yerba; y vastas masas de rocas blancas y bermejas rodean los grandes núcleos de las grandes piedras de canto de las plataformas. Vistas a cierta distancia parecen colinas de basalto y toman diversas formas de castillos, según cambia la posición del viajero. Entre ellas se encuentran ocasionalmente vetas de piedra de cal azul, de cuarzo y de piedras verdes; y en diferentes sitios se presentan audazmente, a través de las rocas superiores, ricos hilos de oro y plata.

"A medida que se avanza hacia el interior, las montañas se van elevando por una sucesión de terrazas, profundamente cortadas por raudales que descienden a la mar. Estas terrazas son una colección de capas de piedra arenosa (talpetate) que forman juntas tales escarpados que las mulas pasan con dificultad. Pero cuando se ha acabado de subir, el viajero encuentra a la vista anchas sabanas sembradas de pinos, encinas y arbustos. En general, la capa del suelo es ligera y una vegetación escasa se esfuerza en vano para suavizar el aspecto salvaje de la naturaleza. Las rocas desnudas reflejan la luz solar que, de una manera ofuscante, brilla sobre ellas, a través de una atmósfera transparente y rarificada en aquellas regiones elevadas".

("Notes on Central America", 1855).

El libro de William V. Wells tiene el acento de humanidad de "La vida en México" de la Marquesa Calderón de la Barca; es un álbum en que el folklore, la geografía y la historia desfilan en litografías y daguerrotipos. Cuando se refiere al Valle de Lepaguare, hace gala de excelente descriptor: "El invierno es la estación húmeda; no es, como generalmente se cree, un caer continuo de lluvia. Lo constituyen una serie de aguaceros rápidos y de tempestades con intervalos de sol brillante. La lluvia caerá a torrentes, toda la noche, acompañada de rayos, truenos y viento —alarmantes, pero no destructores— hinchando los ríos y sus afluentes lodosos que bajan de la montaña y de nuevo recobran sus líneas naturales cuando el sol resplandece de nuevo a través de las nubes del amanecer sobre un paisaje que está diversificado rica y tiernamente con verde y oro. Un aire tibio encanta a los sentidos; los ojos se alivian; pero no están deslumbrados con los matices fulgurantes que se reflejan en las gotas de rocío que parecen un trabajo de plata y de púrpura, disipándose gradualmente a medida que avanza el día y hace que estos cuadros encantadores parezcan más próximos y familiares a quien los contempla".

La sorpresa de Wells se convirtió en asombro cuando iba camino del Guayape, el río que arrastra partículas de oro...

"Salimos antes de la madrugada, para cruzar la larga llanura que bordea el Guayape, al otro lado de las montañas, antes que calentara el medio día que allí fustiga con intensidad igual al de la costa. Media hora de galope atravesando charcos silenciosos, nos llevó hasta el pie de la cordillera, a la que subimos a paso rápido para contemplar desde la cumbre la salida del sol, que se anunciaba brillante".

"El sol empezaba a dorar el horizonte del oriente apenas llegamos a la meseta que hacía media hora queríamos ganar. La vista era un océano de bosques —una llanura vasta, atravesada por cordilleras regulares— entre las cuales el Guayape y sus afluentes zigzagueaban como hilos de plata. La mancha de una nube fulgurante caía sobre el filo de la montaña, pero de repente se derritió así que el día se rompe en las montañas sobre el paisaje".

"Era tan claro el cielo que casi dolía el ojo al atisbar hacia la bóveda en busca de una nube azul contra la monotonía. Un aire fresco, que soplaba sobre las faldas de Santa Cruz del Oro, movía gentilmente las hojas cerca de nosotros; pero más allá todo estaba silencioso e inmóvil. Me desmonté y contemplé desde una roca las luces que ascendían hacia los cerros hasta que el sol se elevó y produjo el efecto mágico, que para todo viajero es inolvidable, al teñir las montañas con un esplendor que ningún artista podría imitar, e impartiendo un tono vívido al océano de verdor".

EL PAISAJE INDESCUBIERTO

La expresión de Ángel Guido puede muy bien aplicarse al paisaje de Honduras. Nada se ha hecho para aprovecharlo e identificarlo a la cultura. Ni en la canción, ni en la leyenda, un poco en la pintura de hoy. Sólo el maya de Copán pudo recrearlo en su obra arquitectónica. Darío fue justo al afirmar que "si hay poesía en nuestra América ella está en las cosas viejas, en Palenque y Utatlán".

Dijo bien Von Hagen, desde un rincón de la ciudad antigua, cuando dijo: "Tan fascinadores eran el silencio y la profunda belleza de aquel lugar, que si en aquel momento un sacerdote hubiese atravesado el patio con ricas vestiduras y su alto morrión de plumas, creo que me hubiera parecido algo muy natural, así como se aceptan en los sueños los acontecimientos más raros".

He dicho que el maya sí aprovechó el paisaje para su obra de arte; y así fue. Porque en las piedras reprodujo algunos valores de la flora circundante y no pocos símbolos de su mitología. ¿Por qué no sucedió lo mismo en la época española? Tuvimos reales de minas (Opoteca, El Corpus, Guascorán, Tegucigalpa); pero no nos ha quedado en joyas de oro y plata aquel paisaje estético. Apenas unas iglesias blancas en pueblos con tejados rojos. Huellas del barroco en uno que otro altar mayor; y nada más. Podría ya emprenderse una investigación en el mueble y la cerámica.

En tres siglos de dominación española no tuvimos ni imprenta ni grabado; y hasta que apareció José Trinidad Reyes, el paisaje hizo acto de presencia en la literatura, tímidamente. Ni tuvimos en el paisaje antropológico los trajes coloridos de los indios de Guatemala y el Perú; y apenas algunas danzas en Occidente, en las que Santiago sigue matando moros y ganando batallas para la cristiandad. De repente, hacia el mar, surge algún ejemplo en que se conjugan tres paisajes: el antropológico (un grupo de familia) bajo un paisaje de la arquitectura doméstica (la choza humilde) y encima de los dos, un paisaje vegetal, estilizado por un árbol alto y frondoso.

Tegucigalpa, la capital, es la única ciudad de piedra en el paisaje histórico de la época colonial centroamericana, del cual es un breve trasunto. Las otras capitales que fueron construidas con idéntico material, sucumbieron en terremotos. El paisaje de Tegucigalpa rodeada de pinos fue aniquilado por el hacha de los destructores de belleza.

Honduras posee un vasto tesoro en su alacena de paisajes. La Honduras insular, en donde O'Henry encontró temas y colores para su libro "Cabbagres and Kings", está en espera, como Yojoa y Copán, del día en que el hombre explore ordenadamente esa riqueza.

Ha dicho Manolo Cuadra que "es la montaña el cuadro sintomático de Honduras, con su misterio brutal y su dulzura de íntimas melancolías". La montaña violenta, áspera, en que los árboles y las aguas no ofrecen gradaciones tenues del color como en la pintura del impresionismo francés. Si el paisaje es el conjunto de formas, líneas y rostros humanos—y hasta fragancias—que nos ofrece el mundo sensible, el hombre es en cierto grado una de sus expresiones. La naturaleza exuberante, con ríos que se salen de madre y bosques que se derraman como los ríos, y si son densos, ciñen al paisaje y al hombre, puede muy bien servir para interpretación de la vida histórica de Honduras.

"El gringo lenca" de Arturo Oquelí y "Barro" de Paca Navas de Miralda son felices atisbos hacia esa humanidad en que el dolor ha sido, mucho tiempo, el compañero inseparable del hombre. Ese hombre que pasa por las páginas del libro de Archie Carr Jr. ("High jungles and low"), naturalista con alma de poeta y que, por remoto, por no incorporado culturalmente al resto de la población, ofrece en la Mosquitia una reserva espléndida para el futuro; esa tierra que Squier describió con punzadora nostalgia:

"La noche era tranquila y bella y la luna en creciente invadía el aire con una luz suavizada y soñadora, tersa y tranquila, mezclando así lo real con lo irreal que algunas veces nos hace imaginarnos que todo no había sido más que un sueño".

EL CORONEL ZÚÑIGA

(Página de "Pretérito Perfecto")

Maravillosos días aquellos en que fui huésped consentido de uno de mis mejores amigos de Comayagüela, el coronel don Manuel Zúñiga. Pequeñito, vibrante, generoso, con sus ojos de duende gracioso, su dentadura íntegra y su pelo de muchacho, como los de todos los indios, su memoria me transportaba a una Honduras demasiado distante, aquella en que de los árboles de Olancho colgaban los cadáveres de los facciosos. Me fascinaba su conversación, que era un hilo de oro que me conducía suavemente a un pretérito anecdótico. Su arsenal de historietas era vasto y por su memoria pasaban personajes que hicieron historia, figuras y figurones que no se me pueden borrar en los entretelones del recuerdo.

—Aquella vez— me dijo— habíamos tomado Comayagua y Medinón huía... El Presidente Arias tuvo a bien comisionarme para perseguirle y si le hubiéramos dado alcance, mis instrucciones no podían ser más terminantes. Medinón se dirigía hacia la Costa Norte y le salí al paso en un sitio en que me derrotó. Pasaron muchos días, y uno de tantos, en casa de Santos Bardales, en Comayagua, estaban conversando Medinón, Domingo Vásquez y Santos, el pobre Santos que fue asesinado cuando era comandante de Amapala. Pues bien, amiguito, de repente me dijo Medinón: "¿Y qué hubieras hecho conmigo si me hubieras capturado aquella vez que me perseguías?".

—¡Pues llevaba instrucciones muy terminantes del Presidente Arias!.

—Pero, hombre —repuso el general—, ¿cómo te hubieras atrevido a hacer eso con un presidente de la República?

—Sí—le contesté— ¡pero lo que usted hizo conmigo, haberme desterrado a Belice, eso no se hace con un coronel!

—¿De modo que usted conoció al general Vásquez?

—¡Era terrible aquel hombre! Por poco me fusila, pero verá usted cómo me le escapé... Siendo yo jefe de la policía en Tegucigalpa, en tiempo del general Bográn, éste me ordenó que capturara a Domingo y lo hiciera constar en las notas de policía así: "Domingo Vásquez, por vago"... Acaté aquella orden y Domingo esperó tomar la represalia, y el día que subió a la presidencia, dio órdenes para que a Santos Soto y a mí nos llevaran ante él.

—¿Y al señor Soto por qué?

—Porque cuando llevaban a Domingo para la oficina de policía, al pasar por el Parque de Morazán, Santos se rio... Y esa fue una afrenta más... Por eso le exigió que le entregase una fuerte suma de dinero y a mí me exigió tan sólo 20,000 pesos. "Pero, Domingo —le dije—, ¿y de dónde voy a sacar esa suma?". "No lo sé, pero debes traérmela, y si no hoy mismo te ponemos en capilla". "Hay que hacer una rebaja y veré si Alvarado Manzano me puede prestar esa suma". Al ver que no podía conseguirla con ninguno de mis amigos, me dispuse a la fuga. Mi casa en Comayagüela tiene, como Ud. lo sabe, dos puertas hacia las dos calles. El soldado que me custodiaba no lo sabía; le pedí que me permitiera entrar en la casa para cambiarme de ropa y el soldadito se quedó inútilmente esperándome porque ya tenía yo listo un caballito volador que me transportó en un suspiro hasta la frontera de Nicaragua. Para mi desgracia, al caer Domingo entró Policarpo y como éste me tenía mala voluntad, aquí me tiene usted que de las brasas pasé a las llamas.

—¿Y lo pusieron en capilla?

—Me tocó aquella vez, cuando Domingo me puso en capilla, agonizar en compañía de Coronado, quien tenía una tienda comercial en el barrio de Los Dolores. Coronado expiraba, no dejándome dormir, y de repente decía: "¡Este tirano, este bárbaro!" Y como yo no podía conciliar el sueño le dije: "¡Pero, Coronado, cállate, ¡que estamos moribundos!"

Así eran los relatos entretenidos de mi gran amigo el coronel en su hacienda "La Pradera", en donde disfruté su ancha hospitalidad. El día se nos fugaba, charlando y comiendo. Nunca he sido más goloso que entonces. Nos traían a la cama el desayuno: un vaso de leche espumante; y luego era el desayuno verdadero, con carne asada, huevos fritos, queso y café. A eso de las once de la mañana doña Petrona, la cuñada del coronel, nos presentaba unas maravillosas "pupusas" que había preparado con una unción que me atrevo a llamar religiosa; y luego era el almuerzo, con toda clase de productos de la hacienda, desde el pollo gordo hasta los frijoles que tenían recónditos secretos y la leche opípara, las frutas, todo lo apetecible en aquel monte eglógico, menos pescado, porque de eso no había, a pesar de que el río próximo arrastraba hasta iguanas ictiófagas. Luego nos metíamos en las hamacas y proseguía la charla, que era de nunca acabar y es lástima que no haya tomado notas porque hoy podría escribir un libro delicioso con todo lo que se agolpaba en la memoria del coronel Zúñiga. La siesta abría un paréntesis hasta que llegaba la tarde y a veces caía el aguacero, invadiéndonos con su deliciosa frescura.

CLAVELES DE SANTA LUCÍA

Atrás quedaba el camino en el polvo dorado del sol, las casitas que nos dieron blancas buenas tardes y la cruz de la Mina Grande, ante la que es costumbre de los caminantes rezar tres credos. Santa Lucía se apareció, vestida de pinares, cándida en la luz patriarcal del día, como novia saliendo a recibirnos al balcón de sus montañas.

Todo lo de aquel pueblo me era familiar: un Cristo de las Mercedes, su incensario de plata antigua, sus claveles que huelen desde antes de reventar, sus muchachas bonitas.

En aquel tiempo la brisa arrastraba esencias, hablaba quedamente al oído... y hasta las calandrias viudas se asomaban entre los follajes para sacudir en el aire el azul del cielo montaraz. Pero nada que pudiera compararse a la gloria de sus claveles; quizá su leyenda me dejaba más alucinado que el negro purpúreo de sus pétalos, doloroso color que ahora mezcla el torrente devoto a la sangre del Cristo que regaló aquel monarca "siempre de luto hasta los pies vestido".

—Mire, niño —exclamó una señora, dando la bienvenida—; claveles habrá en el mundo, pero ninguno como los de Santa Lucía. ¡Y sólo aquí se dan tan bien, al grado que se puede poner la matita encima de una roca y al siguiente día comienza a echar varas... ¡Estas flores son una bendición!

De pronto, aprovechando el entusiasmo de la "Santa Lucía" hospitalaria, atreví mi pregunta:

—Deben haber venido de España las primeras matas. ¡Andalucía! ¡Santa Lucía! ¿No será equivocación de nombres?

—Pues sabrá usted que una vez el Santo Cristo fue sacado en procesión alrededor del pueblo, y aquello fue para que lloviera. Cada vez que lo sacan de la iglesia se suelta a llover. Y el Señor se moja y hay que limpiarlo, que ungirlo con bálsamo santo; y queda tan hermoso que no hay escultor que pueda darle ese color de la piel. Sabrá usted que esa vez —¿cuánto tiempo hará?— la gente del pueblo estaba portándose mal y el Señor tenía enojo por ello. Cuando regresó al templo, lo que había comenzado garúa terminó aguacero. Pero lo que pasó enseguida, no lo creerá usted; apenas lo pusieron en el altar, comenzó a echar sangre de las heridas, y la gente se precipitó a recogerla, arrodillándose, en telas limpias. ¡Milagro!, decían todos, a medida que la sangre iba cayendo y se convertía en claveles. Unos claveles grandes y tan olorosos como si fueran los primeros que se encendían en la tierra. Y dicen que entonces esas flores se dieron con tanta abundancia y primor, que pueden ser cosechadas entre las piedras de este pueblo. Aquí hasta los claveles son agradecidos...

Y aquel relato, dicho con tal candor que yo apenas puedo repetir con palabras idénticas, se me quedó grabado para siempre, y al recordarlo siento que mi corazón —como en una tierra por la que acaba de pasar la lluvia— el milagro vuelve a encenderse en la claridad del sol. Cuando ya no crea en estas cosas que me traen fragancias recónditas, no me he de postrar ante el Cristo que hace siglos se ha hecho un altar entre jardines; pero me conformaré con aspirar el efluvio de uno cualquiera de los claveles humildes que prolongan la excelsitud de esa leyenda purpúreamente dolorosa que parece brotar de las heridas abiertas del pueblo.

UN "GUAJIRO" DE OLANCHO

Don Espiridión Ordóñez, uno de los tres dueños de casas de alto en Juticalpa, casas de dos pisos, era destilador del Gobierno y de la familia Ordóñez... Don Salomón Ordóñez era tío mío, y cuando mi padre murió, que murió en un valle llamado Suyate, que queda a unas 10 millas al sur de Catacamas, mandó unas carretas para traer la familia, pero mi madre no aceptó y me mandó a la escuela pública que dirigía Policarpo Melura, y allí trabajaba Gregorio Lobo, y también un señor Yanuario Campos...

Al terminar mi escuela allí mi madre me mandó a Juticalpa, esperanzada en que el tío Espiridión me ayudaría... Como él no me daba más que un peso los domingos, yo quedé desamparado, sin qué hacer, y en ese tiempo hubo una revolución... Yo tendría 13 o 14años, y me fui con la revolución, con protestas de los que enlistaban o reclutaban y los estudiantes entraban a sacarme de la línea en donde yo estaba...pero yo rehusaba y me regresaba, y al fin me fui general Bonilla caminando día y noche... El general José Ángel Rosales, que era de Catacamas, me ordenó que me presentará a él... y me dijo:

"Tengo un telegrama de su tío Ramón López, íntimo amigo mío, y me dice que usted no tiene por qué estar en la guerra, alístese para regresar"...

Yo no sabía qué era el militarismo y le dije: "si vivo me regresaré a Olancho". El general me felicitó... Seguimos día y noche, unos días caminando y otros sin comer... Nos estacionamos en San Marcos de Colón y allí estuvimos varios días... Esa gente nos daba de repente un sartén de frijoles chúcaros... Me dormía en la calle. Vinieron los de Nicaragua y nos atacaron en San Marcos de Colón y nos derrotaron y no pudimos juntarnos con las otras fuerzas que tomaron por donde pudieron... El "clarín" —¡no recuerdo el nombre!— estaba con nosotros y procedimos y nos encontramos con otras fuerzas.

El "clarín" había estado en otras guerras y había perdido un brazo y una pierna... El de Juticalpa era bajito, y de tiempo en tiempo nos daban algo de comer... El "clarín", creo que era sargento… Ya para llegar a Tegucigalpa hay un lugar que se llama El Sauce y al llegar allí nos dijeron que el general Bonilla estaba allí... nos dijeron que tal vez nos ayudaría... él estaba durmiendo en una hamaca y ya era presidente y eso fue por 1906... cuando vino Miguel R. Dávila, y al levantarse de la hamaca se le presentó el "clarín" y le dijo que no habíamos comido y nos dio un peso a cada uno... y eso era nada para lo que habíamos andado y hasta habíamos tomado agua con orines de vaca... Nos fuimos al cuartel detrás de San Francisco y allí me daban cincuenta centavos al día...

Y al triunfar la revolución cada quien se volvió a su casa y me regresé a Olancho... Mi madre me recibió con los brazos abiertos y con unas rosquillas que me había preparado... Y allí empieza la historia buena de mi vida... Al terminar el rosario de la madrugada, como a eso de las cuatro y media o cinco de la mañana dije a mi madre que no podía vivir en Catacamas... "La vida aquí es muy dura y deseo irme a Juticalpa a estudiar"... y entonces me dijo: "tienes mis bendiciones y puedes irte"...

Entonces mi padrino Gabriel Moya, que era diputado y estaba por casarse y había comprado la ropa de la novia... A don Gabriel yo le ensillaba la mula y él me daba de comer y fuimos hasta cerca de Danlí para ver a su novia, y luego continuamos para Tegucigalpa... Y al llegar, después de varias semanas, estábamos en casa de un señor Sagastume, que era gordo, y el otro se llamaba Lisandro, pues eran dos hermanos... le llevé una carta de Tomás Cálix Martínez, de Catacamas, a don Justo Gómez Osorio y don Justo me dijo: "Bueno, aquí va usted a comer"...

Y caminaba yo en Tegucigalpa haciendo mandados, y tantos que hasta me salieron callos... Y al terminar varias semanas de mi trabajo con mi padrino Moya me dio un tostón que se lo devolví... Justo Gómez me puso en una escuela que era de enseñanza superior, y al terminar el año empecé a estudiar en una escuela de contabilidad que dirigía don Serapio Hernández... Donato Díaz de Medina era uno de mis compañeros... ¡Bueno! al terminar allí tuve un puesto en la Escuela de Contabilidad y también seis clases en la Escuela de Artillería que dirigía Felipe Pineda, de Guatemala, que tenía muchas heridas en todo el cuerpo y las manos sin dedos y para poder firmar tenía que meterse la pluma entre el pulgar y me tenía mucho aprecio y allí empezaron los chismes...

Me quitaron los puestos y entonces le cuento el cuento a Rosendo y le dije que quería irme a París o a Buenos Aires, y cuando Christmas llegó con la revolución que botó a Dávila alquilé un departamento en el Jockey Club... Por allí llegaba Guillén Zelaya y Foncho vivía por donde vivía un profesor flaquito que no era Guardiolita sino Luis Landa. Foncho vivía en uno de los cuartos de la casa de la familia Mass y era íntimo, pero muy íntimo de Abel, y de allí me vine a Tampa, como cónsul... Y de allí no ha habido más que cosas buenas hasta hoy que me vino la ceguera... Estando en Tampa, el doctor Membreño me envió a Cuba para abrir el comercio del ganado hondureño y allí fui amigo de Rafael Martínez Ibor, cónsul de Cuba en Tampa, y de Carlos Manuel de Céspedes, que fue Ministro en Washington y Presidente cubano... Juan Riaño, que era Ministro de España, era amigo de Céspedes y ambos iban a Tampa a pasar el Carnaval en que aparecía Gasparilla, el Pirata, y allí conocí también a Samuel Gompers, el padre de la organización del trabajo en este país, y a Alfredo Quevedo, capitán del barco de guerra cubano *Cuba* "y el alcalde de Tampa por muchos años, Mr. D.B. Mckay... Y conocí también a muchos de los fabricantes de tabaco, que eran millonarios de Cuba... Estuve en la Habana, en la Universidad, y seguí unos cursos en el Seminario Consular y Diplomático de ella, cuando era decano el doctor Ricardo Dolz...y don Daniel Sánchez Bustamante, un gran viejito, era el propietario... Y lo demás muy bien lo sabes...".

He aquí el relato, al parecer deshilvanado, pero muy colorido y rutilante de recuerdos, que, en un paréntesis de la conversación, acaba de hacerme mi paisano y amigo desde hace mucho tiempo Alfredo López Galeano, quien insiste en que se le considere "guajiro" de Olancho.

"Conocí a Alfredo durante mi primera estada en Washington, en uno de los terribles días en que la ´influenza española´ estaba haciendo estragos, más de los que hizo la primera Guerra Mundial. Un día, mi jefe en la Misión de Honduras, el doctor Bonilla, recibió la noticia de que en un hotel estaba agonizando un hondureño, y me pidió que acudiese a visitarle. El hondureño era López Galeano, quien había llegado para hablar con el Ministro de Honduras, el nervioso don José López Gutiérrez, sobre su inesperada remoción del consulado de Honduras en Tampa. Como le vi tan grave, pero resignado, le pregunté si en algo podía servirle y me contestó: ´Quiero decir mi última voluntad´. Tenía familia en Olancho y entre sus parientes figuraba un amigo mío, Rosendo López, a quien se alude en este relato. Gran sorpresa la mía cuando Alfredo me dijo: ´Debajo de la cama quedan mis zapatos viejos, y pido, por favor, que al ocurrir mi muerte sean enviados al señor López Gutiérrez... ´".

Desde entonces sostuvimos charlas que nunca se acabarán, pues sabe decir cosas tan entretenidas y ha tratado tanta gente y recibido muchas decepciones (amiguitos a quienes sirvió y hasta sentó a su mesa y más tarde le desconocieron y hasta le untaron chismes).

Un día Alfredo tuvo mucho dinero; pero el dinero se escapa como el agua entre las más poderosas manos y también le abandonó. Pero no por ello tuvo que amilanarse, y como conocía a diestro y siniestro la ciudad de Washington, compró un automóvil de alquiler y personalmente se puso al servicio de los transeúntes, reconstruyó su vida y cuando estaba otra vez ascendiendo, un accidente automovilístico le provocó la ceguera. No hace mucho que alguien me telefoneó preguntándome si conocía al "guajiro" olanchano y desde cuándo, porque deseaba que apareciéramos en un programa de televisión. Fue en Nueva York en donde apadriné aquel acto noble que me hizo resplandecer una de las aristas del pueblo norteamericano, la de que sabe utilizar hasta a los caídos en desgracia, para reincorporarlos a la vida. Y aquí termina, por ahora, este relato que algún día ampliaré al hablar de otros personajes de la comedia humana a quienes no he querido nombrar por ahora.

IMÁGENES DE HONDURAS

Ha vuelto el hijo pródigo, casi como un fantasma que se pasea entre las tumbas. Nuevos rostros salen a recibirle. En la sorpresa del retorno encuentra algunos amigos que desde la infancia están cada vez más lejos en las lejanías del tiempo. Los pinares de Honduras son los mismos: azules de viento y de cielo, con su corazón de fragancia.

Aquel balcón, aquellos jazmines nocturnos entre las noches de las cabelleras; aquel río arrastrándose como inválido; y, de pronto, buscando asilo en el pecho dulce de la soledad, el grito de los alcaravanes agoreros. ¡Ah!, mi Tegucigalpa con campanas como palomas de risa y de sol, mientras el ángel que anunció a María pasaba entre puntillas a eso de las seis de la tarde interrumpiendo el coro de los niños que lo confundían con el "ángel de la bola de oro"...

Así la he vuelto a ver, con su castillo feudal hacia el río, su Puente Mallol, sus casas blancas, sus muchachas morenas, sus recuerdos azules. Dan ganas de quedarse allí, para toda la vida viendo morir la tarde desde un balcón, tomando la presión arterial del aire...

De pronto, desde el automóvil, Lolita, Luis Andrés, Fernando... El hijo pródigo les estrujaba sobre su corazón, porque eran las imágenes melancólicas de los días que han pasado en tropel, con pátina dorada, escapándose de sus hornacinas para saludar al fantasma que volvía.

Y mi querido Monseñor Fiallos que también salía al encuentro, con la misma sonrisa y la misma mano trémula con que, al caer de la tarde, al pasar por la calle, se posaba sobre la cabeza del niño que, sólo por eso, se sentía abrumado de felicidad...Monseñor, encorvado lirio, con su humildad de santo se apareció en la escena patética, repartiendo bendiciones.

El viajero había entrado de sorpresa en su ciudad natalicia, y le era fácil, vendado, entrar en casa, y preguntar por la niña Carlota y hasta pedir posada. Era la hora de convocar recuerdos y jazmines. Las muchachas que habían bailado con él, entre pinares y al son de las guitarras, o en los salones con espejos lunáticos, ahora eran abuelas. Sentada frente al piano, Camilita abría la fuente encantada de las perlas. En los ojos de Rosinda se había quedado inmóvil el luto. Y en el Parque de La Merced, continuaban en espera de la clarinada sobrenatural, a la sombra de las acacias en flor, los bustos del Padre

Reyes y el general Cabañas, el santo que encadenó muchas fieras y el caballero de la espada arcangélica.

Ya no pudo más. El viajero entró en la Catedral, para volver a ver el baptisterio en que le habían dado, bajo el signo del agua, el primer sabor de la sal. Volvieron a aparecérsele algunos otros conocidos y algunas cenizas en rescoldo: el sitio en que está el corazón del terrible Guardiola, el sepulcro del Padre Reyes, la nariz de ave de presa del constructor de la Catedral, el inquisidor José Simón de Zelaya, y la tumba del Vicepresidente Lazo, que, según lenguas feroces, fue envenenado deliberadamente. Y el púlpito, el bello púlpito, y el magnífico altar mayor con nubes y flores, oros y encajes de madera, churrigueresco entre los mejores altares andinos.

El viajero estaba anonadado. Durante la excursión por la Catedral, un santo se quedó mirándole, amorosamente: San Judas Tadeo, el que remacha las cadenas de los casados y protege a las novias.

Ya en el atrio volvió a encontrar amigos y apellidos geográficos: Raudales, Montes, Valladares; y otros como tallados en maderas preciosas: Salgado, Pineda, Blandón, Uclés. En el aire los recuerdos de la niñez se iban alzando, suavemente iluminados, como globos de colores...

ROSTROS

Una mañana, entre el brillo lúgubre de la cuaresma, comprendí en todo su horror la sorpresa de Leonardo da Vinci: el sublime pintor salió por las calles en busca del hombre más bello para trasuntar a Jesús en la última cena: Años después, buscando al hombre más feo, para representar a Judas, encontró al mismo que le sirvió de modelo para dejar en el lienzo el rostro del hijo del Hombre.

Aquella mañana encontré en una de las calles de Tegucigalpa a dos amigos que nunca olvidaré: al más joven no pude reconocerle de súbito; había pasado mucho tiempo sin ver aquella cara llena de felicidad, y ahora era la de un viejo entre las brumas del alcohol, que se deshizo en llanto al abrazarme. No pude articular palabra. No creo volver a verle más. Quiso decirme algo y nada pudo. Volví hacia atrás, mentalmente, la vista y tuve miedo de convertirme en sal frente a un terremoto.

MI PRIMA CARMEN

Los amigos me abruman con invitaciones. No podía evadirme. El Ministro de Guatemala y su esposa me instalaron en su residencia. En la casa de mis tías me ofrecieron un desayuno que me hizo recordar, por el número de cosas deliciosas que fueron servidas sobre manteles de azucena, las que en ciertas ciudades aparecen a la mesa cuando está de visita el Señor Presidente. Yo me senté en la silla más alta, como niño consentido, y mientras mis tías —que el tiempo guarde en su santa miel— se disputaban el gusto de agasajarme, sentí en mi alma el abrirse de todas las rosas al ver a mi prima Carmen con sus lindos ojos de paloma montés.

¡Así eran los de mi abuelita que está ahora, haciendo caramelos, en el cielo azul! Mi prima Carmen tiene un novio y yo quisiera ser su padrino con la aprobación de mis tías que llevan nombres bíblicos: doña María, doña Esther.

Aquella mañana, rodeado de sus hijos, mientras en el patio volvían a florecer las limonarias y la flor de la "bellísima" estrenaba sus más finos colores, me quedé mirando a cada uno de ellos, que sin saberlo me entregaban la sonrisa de tantos rostros queridos.

Hasta entonces pude comprender por qué todos, en aquella casa, llamaban "Jazmín" a mi abuelita doña Petronila.

COPA DE ORO Y COPA DE PLATA

Entré de repente en la casa de Carlota Membreño. Quería verla otra vez y, de súbito, me colé, duende preguntón.

—¿Hay caramelos?

—¿Cuántos?

—¡Una docena, pero que me los entregue la dueña de esta pulpería!

Y sin pedir permiso penetré hacia el patio y la dueña estaba sentada a la mesa, paladeando un bocadillo. No me reconoció.

—¡Insolente, atrevido!¿Por qué no ha pedido permiso para entrar?

—¡Yo soy el hijo pródigo que vuelve, y, cúmplase la profecía!

Un abrazo en silencio fue su mejor disculpa. Y, para melificar la bienvenida, me sirvió en la copa de oro y en la copa de plata el esplendor de un néctar frutal cuyo nombre ignoro.

HISTORIA DE UNA CANCIÓN

Emilia estaba en el Perú. Me acompañaba a cada momento, librándome de peligros, suavizándome recuerdos. En mi equipaje llevaba su canción; la canción que le envié desde Panamá, en carta aérea, cuando yo iba navegando en busca suya, hacia el Perú, a bordo de un barco constelado de luceros.

El poema cayó en garras de la censura, que lo hizo perdedizo:

> Una nube blanca
> y una nube azul,
> y en la nube un sueño
> y en el sueño tú.

> El mar, el amor,
> los temas eternos
> de la poesía y
> gaviotas al norte
> luceros al sur;
> sobre el mar el cielo
> y en el cielo tú.

Pasaron los días. El idilio que empezó en Washington se había sellado frente al mar de Miraflores. Volvimos a México. Ella tuvo que regresar al Perú. Yo me quedé, esperándola todos los días, en mi balcón de San Pedro de los Pinos. He aquí que Mario Talavera —uno de los genios musicales de México— me pidió una vez el texto de una canción. Le di el que ya tenía escrito y no volví a saber cuál había sido la suerte de mi lírica joya. De repente, cuando menos lo esperaba, me dijo

Mario mostrándome el texto:

—Aquí va, y la música ya la oiremos.

Otro día, Mario me dijo:

—Voy a tararearla, para que la vayas conociendo.

Se sentó al piano. La oyó Pedro Vargas. Era en el paréntesis de un radio—programa. Pedro aplaudió. Aplaudieron Todos.

317

—Todavía hay que hacerle unas correcciones. Y hay que suprimir una estrofa:

> Música de errantes
> cítaras de luz;
> y luz en el aire
> y en el aire tú.

Una noche, celebrándose tumultuosamente en casa de Julio Riquelme Inda, los cincuenta años de éste y de Mario, volvió a tararearla y dijo:

—Señoras y señores: declaro ante todo que no tengo voz de cantante. Ustedes disculparán...

Los aplausos fueron unánimes. La canción había echado alas.

—Este es mi público —me dijo Mario, al oído—. ¡Ya está! Pero les contaré un cuento, agregó:

—Un domingo, los locos representaron una comedia acuática en el estanque del Manicomio. Los periódicos hablaron maravillas al día siguiente; de las aptitudes estupendas de los locos cuando improvisan un ballet en el agua. ¡Qué paracaídas! ¡qué clavados fantásticos! El director del Manicomio, al leer las crónicas, les recriminó porque no le habían invitado. El Loco Mayor dijo sencillamente: "Señor Director, con todo gusto daremos esta tarde, una nueva fiesta en honor de Ud.; y creáme que ahora va a quedarnos mejor, porque vamos a ponerle agua al estanque...".

—¿Quién va a ponernos ahora el agua para esta canción?

—exclamó Mario—. ¡Que sea Pedro Vargas!

Y así fue como tres amigos se unieron para rendir homenaje a la mujer que descubrió ese poema cuando se lo leí, por primera vez, en nuestro palacio de rocío y de luna en la costa peruana.

Y al pasar por Tegucigalpa, quise que mis amigos la escucharan, y gracias a Camila de Guillén —la de las manos magas— y a su discípula, una niña canora de mis montañas, en una tarde de luz purísima conté esta historia desde la tribuna del aire a los que me concedieron la dicha de escuchar la canción.

SAN PEDRO SULA

De Tegucigalpa a San Pedro Sula el avión sigue un itinerario de montañas y de mar. Volamos sobre pinares y caseríos. Grandes masas verdes que, de lejos son hermosas, pero que hacen pensar en lo que sería la falla de un motor. Aquí un río, allá otro y otros, una vasta nervadura de esmeraldas. El avión se mece entre algodones de nubes. A cada instante el sol enciende su alegría. Descendemos en La Ceiba, luego en Tela, más tarde en Puerto Cortés. Camisas blancas, luz intensa, el mar espejeando en el vasto silencio. Alguien nos enseña el sitio en que estuvo Triunfo de la Cruz, donde Cristóbal de Olid izó banderas. Hemos llegado a San Pedro Sula, bajo la advocación de un mediodía que hacía brillar todas las cosas.

¡El Valle de Sula ¡qué esplendidez! ¡Cómo quisiera quedarme en él, sin pensar en nada, abandonado en sus brazos, para recibir, al caer la noche, la influencia de su blanda electricidad! ¡Cuánta luz en el día! ¡Qué estremecimiento sobre los ojos y la piel, una vez que se ha sosegado el fuego y van cayendo las manos suaves de la brisa!

El whiskey habla otro idioma en San Pedro Sula. Se diría que allí nació, a la sombra de los árboles encendidos, entre la corriente de la savia cálida .El whiskey tiene un fino temblor de oro en las copas de San Pedro Sula. Se le escancia y se le bebe con avidez gozosa, como si fuera miel que unta en las sienes su trémulo palpitar y que dice al oído palabras misteriosas.

Lo he bebido en la casa de Antonio Mata; una casa que refleja el estilo de vida del hombre tropical que, por su viajar asiduo, fuera de Honduras, sabe lo que son la comodidad, la pulcritud, la sencillez. La madera pintada, las salas abiertas, ventiladas, limpias, sin permitir acceso a los mosquitos, y eso que tienen las casas de campo que están en la ciudad, que tienen teléfono y música de radio y cierto decoro que es lujo comedido, risueña paz.

En las casas de Abraham Bueso, de Román Bográn, de Antonio Madrid, he disfrutado algunas de las horas más plácidas, entre el agasajo abundante de cordialidad y las frescuras iniciales del atardecer. La conversación, la copa de vino blanco, el ramo de orquídeas, la mantelería colmada de dones, todo perfecto. Ya no me cupo duda: Tegucigalpa es para el mediodía, San Pedro Sula para el atardecer; y la manera de vivir de sus gentes ¡qué diversa!

EL ÁRBOL DE SAN JUAN

El Valle del Sula es uno de los más hermosos del mundo, se entra por las puertas luminosas del aire, bajo el palio de oro de abril. Si se llega por la mañana, los ojos se refugian en la quietud de las montañas de suavísimo zafiro y lo que más se desea es salir al encuentro de ellas, en busca de aguas con sombra de árboles. A poco andar, surge el río Cristales, abriéndose las venas para aplacar la calentura azul del cielo. ¡Qué ganas de huir hacia el mar, sobre el dorso de la cordillera en que las nubes se agachan para beber ternura! La cumbre de Miramelinda se impone en la magnificencia del paisaje. ¡Qué hermoso valle para que se alce allí una de las ciudades del futuro!

Si en la tarde se llega, se siente el gran alivio de la brisa, que primero es una insinuación de alas sobre las sienes, luego acelera su frescura liviana, y poco a poco penetra poro a poro la epidermis del aire hasta hacer olvidar la crueldad del mediodía. El valle entonces parece el sitio más remoto del mundo, en cuyo centro se alza, como la expresión del silencio enamorado, el árbol de las grandes flores amarillas, parasol de oro en el crepúsculo: el árbol de San Juan.

José Inés Rápalo me llevó en su automóvil —a riesgo de cometer pecado, porque en San Pedro Sula está prohibido viajar en Jueves Santo— hacia un recodo en que el río Cristales hace reposar sus aguas en aquella huerta. La imaginación del trópico está ahí derrochando el oro que se cuaja en los pétalos y en las hojas y que se derrama en todos los rincones como en un banco floral. La paciencia del propietario de ese rincón edénico ha sido premiada con esplendidez.

Hacía más de veinte años, que desde el Potomac, no me bañaba en el agua corriente de un río. Por todas partes flores bermejas, áureas, purpúreas, como pájaros de fabulosa hermosura. Corimbos, cálices, diademas, símbolos, aquí, allá, abrevando frescor de torrentera, asomándose a curiosear entre las bardas.

Después del baño nuestro anfitrión me presentó al "mango de jade". Nunca había gozado fruta como esa. La palabra "delicia" no es capaz de calificar su ternura, su dulzura, sus milagrosos matices. Llegó hasta el Valle de Sula desde Curazao, y es el fruto de un injerto en el que han intervenido mágicas manos. Hay que gozarlo con los cinco sentidos, en el ámbito de las cuatro estaciones. Su epidermis está untada de iris, y cuando ya está maduro, se entrega con el sereno orgullo de una joya efímera que ha tenido el gusto de acendrar la ambrosía de la tierra y el aire para brindarla como una copa que, al abrirse, deja fluir su fragancia embrujadora.

VIERNES SANTO

Ver una procesión católica era otro de mis deseos al retornar a Honduras. Aunque los sampedranos no son devotos, como en otras ciudades, saben guardar severamente los días grandes de la Semana Santa y disfrutan en ellos de los pescados fluviales que tienen al alcance de la mano.

No me fue posible presenciar la procesión del Santo Sepulcro, que es una de las de más color en Tegucigalpa por la cantidad de imágenes y de ángeles de carne y hueso que toman parte en ella. Pero mi sorpresa fue abrumadora cuando en la madrugada del viernes me despertaron en San Pedro Sula las músicas fúnebres y el rumor del gentío que avanzaba a paso lento. Por el postigo atisbé hacia la calle.

A pesar del calor denso, aplastante, muchos hombres iban vestidos de luto riguroso. En medio, conducido en andas, pasó el Nazareno con su túnica morada, sus ojos terriblemente humanos, abrumado bajo la cruz. Apenas pude oír las preces. El silencio era morado, mortuorio, y sólo era interrumpido por aquella música que saturaba de muerte el aire, mientras las almas de los pecadores pedían misericordia. Sólo en la ciudad andina de Huancayo, en una alba del Domingo de Resurrección, había escuchado una música que subía en espirales, en ondas concéntricas, y que se derrumbaba de repente con su tempestad de lágrimas en el aire oscuro.

Aquella mañana de San Pedro Sula, con aquella vestidura morada y aquella banda de música, y las voces que más bien eran susurros, y la atmósfera rebrillante, pasando frente a mi infeliz carne mortal, era un horrendo simulacro de sangre, suplicio y luto.

Abril, 1946.

CUBA HECHICERA

I

Fue en mi primer libro de lectura, el de Mantilla,en donde vi por primera vez el rostro de Cuba.Nunca olvidaré aquella oración "Al pasar su cadáver" en homenaje a don José de la Luz y Caballero, ni los versos de Plácido. En mi casa oía hablar frecuentemente del viaje de María Ferrari a la Habana, como invitada de doña Genoveva Guardiola de Estrada Palma; y supe después que muchos cubanos eminentes habían vivido en Honduras, cuyas palmas y bohíos les regalaba, para su consolación en el exilio, la imagen geográfica de Cuba.

Más tarde, en la modesta biblioteca de mi abuelo —quien vivía en el fondo de las montañas hondureñas— encontré un ejemplar de la primera edición de los poemas de José Joaquín Palma; mi madre me regaló después un volumen de la revista "La Patria", del colombiano Adriano Páez, en que aparecía una correspondencia de José Martí sobre la muerte del Presidente Garfield y el prólogo a los versos de Palma por Ramón Rosa: "No he visto a Cuba; pero me la imagino...". Los versos del poeta de Bayamo me revelaron la existencia de un idioma misterioso, el de la Poesía, y también de muchos sitios de nombre musical: Yara, Yumurí. Decía Palma:

¡Oh Cuba, Cuba hechicera,
del mar adorada esposa!
¿Qué hiciste la estrella hermosa
que llevaba tu bandera?

En la casa de mi abuelo había cristales y manteles que había comprado en La Habana por intermedio del comerciante catalán don José Juliá, que en el puerto de Trujillo vendía a la plaza habanera el ganado que periódicamente le enviaba mi abuelo, y cuyo producto se convertía después en cargamentos de mercaderías que llevaban hasta la ciudad églogica de Yoro las recuas de treinta a cuarenta mulas.

II

Mi abuelo no conoció La Habana, pero en ella se surtía de vinos y tabacos. Tenía miedo horrendo al mar. "En el mar se van a pique muchos barcos" —dijo una vez—. Se refería al Mar Caribe, sobre todo, el mar que puso en el alma de Colón, en su cuarto viaje, más pánico que el que tuvo la primera vez cuando se metió en tres carabelas hacia lo desconocido. El Caribe, que el Almirante repasó tantas veces, una de ellas cuando detuvo en la Isla de los Pinos para bogar hacia el sur, en donde se halló una costa dorada de sol y suave de brisa.

No creo provocar una tempestad si afirmo que los primeros pavos que comieron los cubanos precolombinos o los contemporáneos de Diego Velázquez, fueron llevados de la Guanaja, y a buen seguro que por eso al pavo le llaman "guanajo" en Cuba. Que hay mucha sangre hondureña en la de los cubanos, ni duda cabe, si se recuerda que los primeros piratas del Caribe, españoles por cierto, salían con frecuencia en el siglo XV —muchos años antes del descubrimiento de México— hacia las islas y las costas de Honduras en busca de indios que se dejaban capturar con engaños, para llevárselos a trabajar en las plantaciones cubanas, en donde ya escaseaba la mano de obra indígena. No se trata, pues, de reclamar la devolución de aquellos indios, sino de anudar vínculos.

Más tarde, asomado a un horizonte más amplio, el de las letras hispanoamericanas, en nuestra aula y a través de las "Lecciones de Retórica y Poética" de Francisco Castañeda, se me aparecieron fragmentariamente algunos poetas y prosistas cubanos. Y luego me embriagué con los poemas de Julián del Casal y las prosas de Manuel de la Cruz. Hojeé con encanto y amor las páginas de "El Correo de Ultramar", en donde conocí grabados sobre hazañas y episodios de la guerra insular y no sé en cuál libro las estampas que reproduce el Teatro Tacón en sus días estentóreos, los cañaverales, los ingenios, y naturalmente, el Morro de La Habana, que es, con la estatua de la Libertad en Nueva York, una de nuestras imágenes familiares.

Al estudiar historia de Centro América aparecieron ante mi emoción: Cristóbal de Olid, el conquistador de Honduras que en su viaje desde Veracruz estuvo en La Habana, confabulándose con Diego

Velázquez en contra de Hernán Cortés; Alejandro Ramírez, uno de los gobernantes ejemplares que tuvo España en América y que en Honduras dejó huellas de civilizador; y en las primeras décadas del XIX el Arzobispo de Guatemala, señor Casaus y Torres, a quien expulsó Morazán apenas entró triunfalmente en Guatemala, obligándole a residir en la capital habanera muchos años.

III
LAS COMPARSAS

De pronto, más allá de la noche, sobre La Habana encendida, estalló un tumulto de voces que se derramaban como embriagadas de sí mismas. Grupos humanos izando farolas venían por la calle, no se sabía de dónde, hacia dónde. En el interior de un palacio, el Cuerpo Diplomático se apretujaba en un gran baile en que el embajador de la Arabia Feliz, a pesar del calor que hacía sudar a los mármoles, lucía sus gruesas ropas de algodón, y el Rey del Tabaco bailaba desesperadamente un danzón. El son de güiros y maracas en la calle, nos llamó la atención hacia uno de los espectáculos que nunca se olvidan. Songo, cosongo, rebambaramba, son de Senegambia, huracán, terremoto.

Eran las comparsas, las que había yo conocido en los relatos de Fernández de Castro—¿Has estado tú en La Habana?—y en un apunte de Miguel Covarrubias. A medida que avanzaban, con su ritmo ritual, en lenta procesión, la noche hacía lucir sus diademas airosas. Los negros lucían sus rostros solemnes, sus atavíos pomposos, cantaban, cantaban en un idioma que venía de Guinea, de Madagascar, de Mozambique; un idioma áureo, purpúreo, mágico. Era una sucesión de alaridos, como inefable morir de frenesíes hacia los confines del sueño.

El príncipe africano, el carabalí ululante, el Duque de la Polinesia, iban pasando con sus emblemas, sus sombreros de copa, sus levitas verdes, sus risas blancas, sus nostalgias azules. Eran diez, eran cien, eran todas las tribus refugiadas en la isla del azúcar y de luceros sobre las palmas. Se detenían, avanzaban, saludaban. Era la fiesta de los carnavales en delirio, algo así como la resaca de un mar en furor. Las altas farolas lucían en sus vidrios la llama de las fiestas milenarias.

Jamás podré olvidar el andante de aquella sinfonía humana en que toda la pasión caía sobre la danza, haciéndola crepitar, quemando en pebeteros invisibles la brasa y el aroma, la melancolía y el oro puro de la noche insular.

IV
LA HABANA

En los islarios, en las cartas de marear, en los libros sobre piratas, en la poesía, en los diarios de bitácora y en las estampas que el historiador de La Habana preserva en uno de los viejos edificios, está la fisonomía de la ciudad que, con Río de Janeiro, enciende sus faros en el aire lleno de áspero aroma de la rosa náutica.

Su más auténtico perfil centurial, cuando la noche se adensa sobre los miradores y Labrador Ruiz detiene sus fantasmas, está en la plaza de la Catedral. En un recodo se enseña aún al viajero alucinado, el balcón férreo en donde fue ahorcado un pirata. A pocos pasos está el museo de la ciudad, con reliquias que reconstruyen parte de su biografía, la cual tiene, entre otros relicarios, el libro de Irene A. Wright, y "San Cristóbal de la Habana" de Jorge Mañach.

Han pasado miles de viajeros ilustres —los de primer orden, Humboldt, Alfred de Valois, la Marquesa Calderón de la Barca, que escribió sus emociones—, pero ninguno ha podido trazar la semblanza de la ciudad embrujadora. Porque ella viaja constantemente y regresa con la inquietud cotidiana que recogen otras ciudades, para darse el orgullo de ser moderna y colonial, recatada y sibarita. Sus tiendas, sus avenidas, los sitios en donde el paladar goza y se enardece saboreando las aguas frutales más exquisitas, y los merenderos en donde en la noche se oyen músicas errantes, oceánicas, todo concurre a justificar el rango de La Habana entre las ciudades en que la vida canta y da la ilusión de que no hay problemas. En los cafés hay alborozo sin fin y el mar hace el servicio de ronda. El Mar Caribe, que en ciertos meses se enfurece y pone pavor en el pecho de los navegantes osados. El mismo por donde Colón pasó tantas veces, buscando el marfil y la canela, y de repente exclamó que era "la tierra más hermosa que mis ojos han visto".

La Habana es la sirena varada. Su hermosura histórica empieza en aquel día en que Hernán Cortés se hizo a la mar hacia Occidente, en busca de un imperio desconocido. En ella se dieron cita las gentes de todas las latitudes, las flotas henchidas de cosas disímiles, las maderas raras y los metales codiciados por el árabe y el judío, el flamenco y el genovés. En La Habana se siente el pulso de los cuatro puntos cardinales, el ritmo de todas las sangres, las palpitaciones del ébano y el marfil.

EL ENANO DEL NÍSPERO

(Para Eufemiano Claros)

Había una vez un enano tan pequeño, que cabía muy bien en uno de esos huecos que labra en el roble el pájaro carpintero. Era un enanito muy inquieto, que iba de aquí para allá, escabulléndose cuando veía un conejo. Era más bien un duende.

Tenía los ojos negros y bruñidos, como de obsidiana, nigérrimos, de terrible mirar. Ojos como espejos en miniatura, en los que en las brujas de Teupacenti podían leer los cambios del tiempo y los caprichos del amor. Los que conocían al Pájaro de Dulce Encanto aseguraban que éste no los tenía más llenos de noche profunda. Si se le acompañaban, era que llovería, y si no, que iba a hacer mucho sol y las gallinas pondrían un huevo en cada día, todo el año.

El enano cambiaba de casa en el bosque en donde los dioses tenían sus palacios de piedra bien labrada, entre montañas que en los mediodías claros podrían verse a muchas leguas. Uno de aquellos dioses, el más trabajador, era el que recibía como ofrenda de los indios de Copán-Calel miles de cántaros y de ollas que a la entrada del nuevo año renovaban los alfareros de Ojojona y Comayagua. Era el dios de la cerámica, el que teñía con los colores más raros las entrañas de la tierra y hacía brotar las aguas que tienen virtudes minerales para retener los brillos que untaban los ceramistas en los barros que serían cocidos. A veces el dios se entretenía escogiendo lodos para hacer hombres más obedientes y felices. Su taller estaba pletórico de figurillas humanas, y de rostros en que la sonrisa iba a nacer, y de brazos truncos.

Un día —aquel en que las guacamayas y las loras dicen los discursos más ruidosos desde las tribunas verdes— el enano ocioso entró de repente en el taller del dios trabajador. La víspera el dios se había embriagado con los zumos ardientes del maíz y la piñuela. Dio un traspiés y derribó la figura de una mujer que, enamorado, modeló en un sueño. Sobre el montón de barro, el enano profirió las palabras soeces que vomitan los hombres que, al hablar, provocan náuseas. La ira del dios fue despiadada. Ordenó que el intruso fuera despedazado por los gatos de monte. Al conocer la noticia todos los animales se escabulleron, refugiándose en sus guaridas, y el alcaraván se paró en dos patas, antes de emprender la fuga.

El enano entró en el bosque de las guanábanas y ninguna de éstas quiso esconderlo entre su pulpa de miel. Pero al subir al árbol del níspero (chicozapote) encontró que el dueño de éste había abandonado su casa, y el enano pudo aprovechar aquel segundo para ganar rápido asilo en el interior de la fruta sabrosa. Sin cerrar los ojos para poder vigilar a sus perseguidores, quedó instalado allí, en eterno silencio, y allí hasta la consumación de los siglos, hasta que se caiga de madura la última fruta del árbol de corazón melífero.

Es porque, al partir un níspero, encontramos los ojos de obsidiana rutilante del enano que es el personaje central de esta leyenda de Honduras, la tierra que da las más deliciosas frutas del trópico, la mayoría de ellas sin nombre, tranquilas en su encantado paraíso.

CORTÉS, ENFERMO Y TRISTE

Bernal Díaz llegó a Trujillo, después de pasar por los ríos hondos, a lo largo de unos esteros con lagartos. Las osamentas de siete caballos que habían comido yerba venenosa eran de los de Olid. Al pasar por Triunfo de la Cruz hallaron canoas rotas, hundidas deliberadamente. Los indios de aquella comarca eran muy bravos y llevaban grandes lanzas. Ya parpadeaba la tarde cuando llegaron a Trujillo y vieron cinco jinetes a caballo: eran Cortés y otros caballeros que paseaban por la costa, pero al verlos no sabían quiénes eran. Pero Cortés les reconoció y se apeó del caballo y con los ojos arrasados de lágrimas les abrazó y les dijo:

—¡Oh hermanos y compañeros míos, qué deseo tenía de veros qué tales estábales!

Había enflaquecido tanto que les daba pena verle así. Estuvo a punto de morir no sólo de calenturas sino también de tristeza. No pudo encontrar el paso interoceánico. Había pasado muchas dificultades. No tenía noticias de México; no eran buenas noticias. Le tenían hecho un hábito franciscano para amortajarle.

Luego se fue a pie con ellos y entraron en la villa; les hospedó y cenaron; y era tanta su penuria que no había a la mesa ni siquiera pan cazabe. Luego le contaron a qué iban y leyó las cartas en que Francisco Hernández de Córdova le pedía ayuda desde Nicaragua.

En el mar de Trujillo había dos naves pequeñas ,con mercaderías llegadas de Santo Domingo: armas viejas, camisas y cosas baratas.

Poco después dispuso regresar a México. El tiempo estaba muy peligroso, la mar embravecida. De repente se rompió el trinquete de la nave y tuvieron que regresar al puerto. Cortés seguía muy mal, y, sobre todo, estaba dolido por aquella aventura en el mar y temía volver a México por temor de que le apresaran. Desembarcó de nuevo en Trujillo y mandó rezar la misa del Espíritu Santo y hubo procesión y rogativas a Dios y a la Santa Virgen María, de la que era muy devoto.

LA SERPIENTE CUATRO NARICES

Ya se moría el sol en ultra montes cuando en la puerta de la Casa de los Misterios vibraron los saludos de dos visitantes que me entretienen los instantes de ocio con sus charlas entreveradas de risas épicas. Andrés Henestrosa y Alfredo Ibarra llegaron y se sentaron. Mientras se hacían lenguas iniciando un cuento de tierra caliente, yo era todo oídos.

Acababa de leerles una bella página de Carlos A. Bravo sobre la psicología del peligro en las tierras del trópico—toros bravos, serpientes con imaginación, tigres perfumados por orquídeas—, y entonces Ibarra comenzó su bárbaro relato:

—¡En Tabasco se ven cosas tan extraordinarias!...Por ejemplo, los lagartos de siete metros de largo, que salen del agua y persiguen al hombre en tierra... Un lagarto se comió hace poco, en uno de aquellos ríos, a un ingeniero que estaba bañándose. No volvieron a saber de él hasta que pusieron una trampa en el río. Verán ustedes lo que pasó... El lagarto fue atrapado a los dos días y para ponerlo a flote fue preciso traer dos yuntas de bueyes. Y es que el lagarto, cuando traga el anzuelo y se da cuenta de que lo quieren sacar a la playa, se pone tan pesado, tan difícil, que hay que tener mucha astucia para ganar la partida. Y es que se agarra con todas las garras a las piedras que hay en el fondo del agua: es un animal de mañas...

—¿Y qué pasó con el ingeniero? Nos preocupa la suerte que haya corrido, por más que estamos seguros de que se lo tragó el lagarto...

—Pues era lo que les iba a decir. Lo único que encontraron, después de abrirle el vientre al goloso animal, fueron dos botones de la camisa...

—¿Y es verdad que el lagarto se come a la culebra?

—Sobre el lagarto hay muchas historias, que yo he oído en las noches maravillosas de Tabasco. Hasta se dice que tiene amores ilícitos, que el profeta Moisés condenó expresamente. Y hay más todavía: hay la creencia de que la lagarta es la que transmite al hombre las manchas del "pinto". En cuanto a que tenga que vérselas con la culebra, nada sé a punto fijo. Yes que hay serpientes más astutas que cualquier habitante del agua; serpientes como "la cuatro narices", que llaman así porque tiene dos membranas sobre las fauces; o como la llamada "metate", que, a semejanza de la piedra de moler, se echa a rodar cerro abajo...

Henestroza habló, sin tocar madera, de la serpiente "vetecuba", como la nombran en zapoteco,en las tierras de Juchitán; pero no nos quiso referir la fábula vieja sobre el diabólico animal, porque ese será tema para un libro.

—Lo que yo les digo es que me consta que las mujeres encinta tienen la admirable virtud de adormecer, de anestesiar, a las serpientes más peligrosas. Me acuerdo de la criada Valeria, una vez, allá en mi casa. Y es que las mujeres en ese estado como que atraen a las serpientes, como que las llaman para aplacarlas. ¿Saben ustedes que hay víboras como la famosa "cascabel", que cuando uno las encuentra en el monte y les tira una rama, para el caso, la víbora se queda tan enojada que puede uno ir y volver y la encuentra entretenida, gastando su cólera, en torno a la rama?...

Ibarra agregó:

—Yo conozco una serpiente en el norte de México que llaman "ilamacoa". Es una serpiente juguetona, que cuida las casas, las milpas, y hasta juega con los niños. Todo es cuestión de educarlas. Parece mentira, pero la educación transforma los instintos de las bestias más temibles.

Y luego recordamos la habilidad con que el venado se defiende al poner un círculo de baba en torno a la serpiente, su enemiga, cuando por fortuna la encuentra durmiendo y de ese modo la hace desesperar, sin que pueda evadirse del círculo. Y las luchas del "guaco", el pájaro gritón que confrecuencia tiene que vérselas con las víboras más ricas en venenos que corren por la sangre con la velocidad de la luz. No es "aponderanza"... ¡En los serpentarios del trópico se ven tantas cosas increíbles! Y es que el trópico, por vivir en perpetua calentura, tiene excesiva imaginación.

LOS HERMANITOS DE FRANCISCO DE ASÍS

El santo de los ratones y los libros

Martín de Porres daba de comer a los ratones para que no se comieran los libros. Esto pasaba en Lima en 1639, según la prócer estampa que da pretexto para este comentario.

En la sacristía pavimentada de madera que fue desde Panamá en el barco perulero de cabotaje, retozaban los roedores consentidos, estirando las colas para dar gracias a Dios.

—Hermano Martín, ya está el chocolate...

Y el hermano Martín daba a toda prisa de comer a sus hermanos mínimos. Y mientras se gozaba viéndolos hacer piruetas en la canastilla donde hubo frutas, queso y miel, sostenía en el brazo a un ratón inválido, el más viejo de la numerosa familia.

—¡Venga para acá el picaruelo! ¿Verdad que hay páginas de libros que saben a queso?

Y el ratoncillo abría los ojos de topacio en llama y le temblaban de risa los bigotes. Sobre el anaquel del fondo y encima del ropero donde estaba ventilándose la casulla de oros marchitos, andaban buscando algo que se les había perdido, los otros enemigos del gato. De donde deducía el santo que si el gato es el diablo, los ratones son los ángeles que se quedaron ganándose el pan nuestro (y el suyo) entre las hendeduras de la tierra.

DOÑA ADELAIDA Y LAS HORMIGAS

Doña Adelaida Robles, a los 95 años, cuida las hormiguitas en el atrio de la Catedral de México.

—No me hacen nada. Ya me conocen, porque hace 30 años que les traigo de comer...

Y Arnulfo Rodríguez, que la sorprendió en tan divina faena, cuenta que les echaba migajas, y por su pierna subían y bajaban como criaturas huérfanas.

Las tiene negras, de un negror alucinante; las tiene rubias, como el oro inédito de la tierra. Y Doña Adelaida las reconoce a todas y al sacudir el pañuelo en que les lleva su ración matinal, sufre porque está pensando en los perros que no tienen médico, y que no tienen automóvil, ni alardean en la rúa rumbosa. Y sufre porque los gatos no tendrán zapatos en el próximo invierno...

—Nunca me hacen daño mis hormiguitas —exclama—. Y las quiero tanto, que rezo por ellas a San Lazarito, y le digo: "Ten piedad de los pobres animalitos, que no tienen quién les dé de comer".

Doña Adelaida merece un lugar aparte en el cielo franciscano. Yo le haría una estampa de madera y la pondría con sus hormigas de corazón agradecido. Porque el día que ella muera, ¿quién va a dar de comer a esas criaturas, aunque es cierto que para todos da Dios?

LOS GORRIONES DEL MONASTERIO

Cristóbal de Mendoza y Mendo antes de ir al refectorio se asomaba a la reja de su celda, y en el aire de la mañana se abrían las florecillas azuladas de su oración. Entonces los gorriones que vivían en la torre del monasterio, volaban hacia las manos del cenobita a comer los frutos de aquella huerta en que los monjes, con delectación íntegra, acentuaban la santidad de las cosechas.

Con sus manos languidecientes, el Padre Cristóbal evocaba las escenas de los antiguos textos, cuando el santo de las rocas era visitado por el cuervo que traía la rama de laurel, y por el chacal que en el hocico ofrendaba la frescura de los dátiles prietos. Acariciando la bandada, moviendo la tierra para transfigurarla con una flora de evangeliario y de oasis, el señor Rector del Convento de Tepotzotlán, tenía una testa reverenda que pedía la mitra y reclamaba el palimpsesto para entrar en las "Vidas de los Santos".

A los 95 años dormía en las esteras ásperas, se daba azotes en el calabozo penitenciario, ponía la frente en las baldosas, bendecía los desposorios de los pájaros ante el altar del firmamento.

Pedía al Señor la mies gazul, que es para la boca del malvado y para el mantel de la misa. Pedía la pureza de las alturas para su mentalidad y en su ánfora de arcilla exangüe se compendiaba el aroma de primavera de los salmos.

DON MIGUEL

En el viejo real de minas de Cedros vivía hace algunos años, siempre detrás de su mostrador de comerciante, un viejo gordo y sangría, de ojos verdes, hijo de un fraile renegado. Era el amo de la ciudad porque tenía una tienda en la que casi todos compraban manta y cañafístola, o hacia el fin de año adquirían gratis un ejemplar del Almanaque de Bristol, para saber con tiempo cuándo iba a llover y cuándo la luna estaría de canto para poder sembrar.

Aquel viejo era el gamonal de la comarca. Sin gritos y con mañas era el dueño de las bolsas de los campesinos en veinte leguas a la redonda, porque les vendía a precios altísimos y les cobraba con usura puntual. Era un encomendero de la época porque los infelices descalzos y con hambre se dejaban explotar sina misericordia por aquel señor de horca y cuchillo que cada domingo acudía, hipócrita, a encender velas en el altar del Señor del Buen Fin.

Era siempre amigo del señor cura, del señor alcalde y el juez, y con ellos gozaba de las indulgencias de la tierra y del cielo. De vez en cuando regalaba una botella de agua de Florida al señor de un rancho o un arete de similor a una señora de las que más acudía a su tienda o una cosa de pipiripao a la heredera de un monte con vacas.

Decía que él estaba contento porque el mundo marchaba a todo su gusto; es decir, porque la miseria de los infelices era interminable para que él siguiera quitándoles el pan de la boca vendiéndoles a los precios que les imponía.

—¡Sólo necesito que haya dos "pes" en este país!

—¿Cuáles, don Miguel?

—Paz y pencos.

Sobre todo aquella paz que de vez en cuando le facultaba para entrar sin permiso hasta la intimidad de las familias a quienes alquilaba míseras casuchas. Entre broma y veras se informaba hasta de lo que había en la olla, y así se regodeaba como si fuese un patriarca, no siendo más que un habilísimo ladrón. Un ladrón impune, a quien nadie podía castigar, porque él no tenía la culpa para quitar una onza de cada libra de azúcar que vendía.

—Señor del Buen Fin, tú que eres tan bueno ¿por qué no mandas un rayo sobre este viejo? Te lo pido desde el fondo de mi alma decía la señora Mariquita a la hora de su chocolate, matando pulga a pulga en el filo de la ventana.

Caían aguaceros sobre el viejo real de minas y don Miguel seguía llenando bien la hucha, sin moverse del asiento en que había criado nalgas. Tenía muchas hijas, cada una de ellas solícita para servirle y agasajarle. Una le limpiaba los espejuelos, otra le sacudía la caspa y todas se disputaban el gusto de prepararle la comida con mucha carne de puerco, gallina asada y frijoles bien fritos.

Un día la Muerte entró por la ventana más alta de la tienda de don Miguel y se lo llevó en medio de numerosos diablos que deseaban conducirlo desde hacía muchos días, a la más ardiente de las calderas del infierno.

EL MEXICANO EN ULTRAMAR

A caso sea Moctezuma uno de los mexicanos de esplendor, su nombre escrito de diversas maneras, su tragedia. Se desliza su nombre desde los códices hacia los horizontes antípodas; se le encuentra un penacho, en la Biblioteca Imperial a Viena; en un retrato de la Galería de los Oficios en Florencia (ahora en el Museo de Antropología de la ciudad eximia); surge en la Casa de Montezuma, entre las casas Grandes del Río Gila; en el libro LA HIJA DE MONTEZUMA de Riger Hagger; en el canto de guerra norteamericano del 1847; y en el cruel epíteto —Quisling— que le aplicó George C. Vaillant; en la danza LOS MONTEZUMA que recogió en Panamá J. Ernesto Castillero. Y también en una pieza teatral del siglo XVII (¿?) que posee en el Perú don Víctor Larco Hoyle, y en el que figuran Cortés y Pizarro, Atahualpa y el desdichado Señor de la Triple Alianza.

Moctezuma es el primer mexicano que ganó fama fuera de México. Y por algo se hizo llamar "general Moctezuma" un embaucador que en la guerra del Chaco agregaba a su nombre la mentira de haber sido uno de los dorados de Villa.

IMANES EN LONTANANZA

Los europeos del Siglo XVI, aficionados a la lectura de cronistas como Pedro Mártir de Anglería o López de Gómara, ubicaban a México en un país fabuloso en que Moctezuma era llevado en andas de oro, calzado con sandalias verdes. Después se imaginaban "el" Yucatán como una isla, y aquella metrópoli lacustre que deslumbró la imaginación de los cronistas mayores de Indias y más tarde la de los primeros turistas y de los geógrafos como Reclus o Rodolfo Cronau. Leían también el célebre libro en que el doctor Monardes proclamó las excelencias de la flora medicinal de México, especialmente las de la "raíz de Michoacán", el ruibarbo que le dió a conocer su paciente el genovés Pascual Cattaneo.

El doctor Guthrie tuvo a bien presentar al ilustre general Francisco Miranda, al doctor Duncan, de la Universidad de Edimburgo, con palabras que parecen de mitología:

—Permítame presentarle al viajero más liberal e ilustrado de una parte del mundo, de donde menos podría usted imaginarse; un noble mexicano (sic) quien, a pesar de la barrera gótica que contra el Saber ha erigido el Santo Tribunal de la Inquisición, etc., etc.

PISTOLAS DE CASTELLAC

Los mexicanos, el oro del Perú, los filibusteros de Sonora ("El Correo de Ultramar", París, 1864), los diamantes de Brasil; he aquí tres de los temas que circunscribían la atención de las gentes de ultramar. En el bello libro "Peregrinaciones de una Paria", de Flora Tristán, franco peruana, salta de pronto esta noticia: "M. de Castellac, después de haber permanecido seis años en México, en donde había acumulado una hermosa fortuna, fue a París en 1829. Confió todo su dinero a Vassel y Cía., pues pensaba que dicha casa bancaria era una de las que ofrecían más seguridad. Sobrevino la revolución de 1830. Esos señores quebraron y el doctor perdió, en solo un día, el fruto de seis años de trabajo".

Y agrega: "El doctor, habituado a viajar en México, en donde los caminos están infestados de bandidos, temía que sucediese lo mismo en el Perú. Se había armado de la cabeza a los pies, aunque el valor no era su fuerte. Esto era para asustar a los bandidos y no con la intención de servirse de sus armas. Esperaba ser un espantapájaros y no dejaba de parecerse en su vestimenta a Don Quijote, sin pretender en lo mínimo el heroico valor de ese noble caballero. Llevaba a la cintura un par de pistolas, encima un cinturón del que pendía un gran sable de acero, un tahalí en el cual estaba amarrado un cuchillo de caza, y, en fin, dos grandes pistolas en el arzón de su montura. Esas apariencias militares contrastaban de la manera más burlesca con su endeble persona y con su indumentaria casi mezquina. El doctor tenía un pantalón de cuero que había usado en un viaje a México, botas con largas espuelas provenientes igualmente de México, una casaquilla de caza, de paño verde, tan apretada, tan raída que podía uno temer que le reventara en cualquier momento".

Y, sin embargo, fue en ese siglo cuando el historiador William Prescott habló emocionadamente de "las doradas playas de México".

NIETZSCHE Y UNAMUNO

En su epistolario (febrero de 1883) escribió Federico Nietzsche: "En este invierno, el peor de mi vida, puedo considerarme una víctima de los trastornos de la naturaleza. La vieja Europa diluviana conseguirá acabar conmigo. Lo único que puedo esperar todavía es que alguien venga en mi ayuda y me arrastre a la meseta mexicana. Yo no puedo pensar en emprender solo tal viaje. Me lo prohíben mis ojos y otras varias razones".

Y así como los recuerdos de niñez del gran pintor español José Gutiérrez Solana se quedaron para siempre atados a San Luis Potosí, don Miguel de Unamuno sentía en lo hondo de su espíritu a Tepic: "En el álbum de familia de mi casa materna escribe —entre los retratos familiares— vi siempre, desde niño, dos de ciudadanos universales y eran los de Abraham Lincoln y Benito Juárez. Y de los libros de la modesta librería de mi padre, muchos eran de ediciones mexicanas... Tradiciones mexicanas encendieron mi imaginación infantil a lo que se añadían los relatos mexicanos que mi madre retenía de lo que a mi padre había oído. Y aún se guarda en mi casa un precioso sarape, que hacía de sobremesa y cuyos vivos colores —como de flores— revisten el tejido de aquellos mis recuerdos infantiles de la tradición mexicana paternal".

Si un sarape era para Unamuno una vívida presencia de México, un sombrero charro que usó en su viaje a Italia aparece en "El mexicanito" de Aldous Huxley. Tan sólo por llevarlo creyeron que era pintor y le encargaron que vendiese unos frescos; era —dice— "algo así como un gigante en medio de los sombreros".

IMAGINACIÓN DE MÉXICO

El mexicano precortesiano y el mexicano hispánico, más el de hoy, han demostrado que pertenecen a uno de los pueblos de imaginación creadora. Los sabios que lograron rescatar el tesoro de las leyendas del azteca y el maya —desde Sahagún hasta el alemán Humboldt— dieron vida al mexicano en ultramar. La Prosa de Hernán Cortés y las joyas del arte indígena que llevó a España, prolongaron el resplandor de los imagineros que trabajaron en códices y pinturas murales.

En cuatro siglos de mitologías y fabulaciones, han ido apareciendo: la Ciudad de los Palacios —epíteto atribuido a Humboldt—, un Morelos mencionado por Napoleón en Santa Elena, el origen mexicano de Edison, la mexicana que salvó a su esposo el mariscal francés Bazaine, el general Corona que "fue padre de un rey europeo", el mole de guajolote inventado por las monjas de Santa Rosa en Puebla, el barandal de plata que había en el Palacio y que un general manco vendió, el jugador de ajedrez que nació en Yucatán, la mexicana que fue confundida con la khediva del Egipto y la cabeza de Pancho Villa que alguien deseaba comprar para reducirla como las cabecitas de los jíbaros.

Es el mexicano que encarnó en la persona del general Sóstenes Rocha, tiroteando a un cochero en el Bosque de Bologne. El mismo que apareció con el nombre de Joaquín Murrieta en las historias sobre la fiebre de oro en California, y que, a la postre, se ha podido averiguar que antes había sido "caballero chileno".

Un hombre de espléndida cortesía como el general Riva Palacio en Madrid, derrochador hasta quedarse sin camisa, que no entrega su amistad al primero que llega, y que sabe ser amigo para siempre, misterioso como los rostros cubiertos por las máscaras de turquesas, enamorado de la belleza, el amor y la muerte.

EL TOMATE

¿Es el tomate originario de México? He aquí un hermoso tema que desarrolla en el capítulo sexto de su libro "Cream Hill" (The Viking Press, Nueva York), Lewis Ganett. Es un libro construido con el cuidado del horticultor que entrevera plantas florales a la numerosa familia de las legumbres. Noticias históricas, fechas curiosas, nombres de personas, experiencias de la vida rural, todo eso que el aire libre saca a flote cuando ha llegado el momento de escuchar recuerdos.

El libro comienza evocando a quien el 12 de octubre de 1762 enterró unas semillas de uva y de manzana en las colinas de Northwestern, Connecticut, es decir: Mr. Ezra Stiles. Habla del almanaque, un diario astronómico, que escribió Nathaniel Ames y fue publicado en Boston en 1757; y lo que dijo Benjamín Franklin sobre el maíz en 1785, mientras residía en Francia, y lo que sobre el mismo tema escribió dos años después Tomás Jefferson en la misma ciudad.

"Los indios adoraban a los dioses del maíz tomate". Mr. Stiles, retatarabuelo de Mr. Gannett, no conoció ese fruto escarlata. Fue necesario que transcurrieran algunos siglos para que miles de gentes hicieran a un lado el prejuicio de que el tomate era venenoso. Durante mucho tiempo se le consideraba uno de los demonios. Comenzaron a sembrarlo en los jardines, como planta ornamental, y no faltó quienes lo llamaran "manzana del amor". Eso sucedía hacia 1852.

Que los indios del Anáhuac lo comían ya no cabe duda, y basta hacer un viaje rápido a través de los cronistas y los viajeros. La palabra es "tomatl" en náhuatl. Afirma Mr. Gannett: "Jerónimo Cardón, que llegó con Cortés a México en 1519 vió tomates en los jardines aztecas y envió semillas a su hermana en Cádiz. Pero el hermano de Jerónimo se había trasladado a Tánger, y las semillas le siguieron hasta allá (¡Qué estupendo servicio postal!). De manera que los primeros tomates que crecieron en el Viejo Mundo fueron sembrados en Marruecos y de allíque tengamos otra linda historieta".

Mr. Gannett sigue diciendo: "Los italianos importaron desde Marruecos el fruto americano y naturalmente, lo nombraron "pomari more", es decir "la manzana de los moros". Un francés oyó la frase y la malentendió, creyendo que los italianos estaban diciendo "pomo d'amore", "manzana de amor", como lo haría un francés.

Pero Clifton Kroeber, de la Universidad de California, asegura— y con razón—que entre los compañeros de Cortés, no figura ningún Jerónimo Cardón (hay que ver las nóminas de conquistadores que redactó Orozco y Berra y las del libro de Francisco A. Icaza), y que la compañía de Jesús no fue fundada sino veinte años después de la llegada de Cortés a México. Y entonces se viene a la tierra lo que ha afirmado en su campaña de publicidad sobre el tomate la American Can Company.

Los alemanes lo llaman "liebesapfel", y los daneses le dan una denominación más tierna "appeltje der liefde", es decir, "manzanita de amor". Pero el término entre los mexicanos, a pesar de que es de origen náhuatl, es "jitomate", el tomate rojo, mientras el verde es en México —y sólo allí se le produce— el tomate.

En 1781, en sus "Notes on Virginia", registró Tomás Jefferson la presencia del tomate entre las legumbres más comunes en su hacienda, y en 1819 demostró a unos niños de apellido Owen, en Lynchburg, que los tomates no eran venenosos. No fue sino hasta 1843 cuando comenzó el tomate a tener un rango en la comida de los Estados Unidos, porque en el almanaque de Robert B. Thomas se le dedicó un artículo encomiástico.

Tal es el viaje de las supersticiones y también el de las palabras. La "pamplemouse" que figura en "Pablo y Virginia" de Saint Pierre, se ha convertido en "toronja" en algunos países hispanoamericanos; pero en algunos de ellos ya se le llama "grapefruit". Nuestro aguacate —la "palta" del Perú— es el "avocado" o el "alligator pear", de los norteamericanos. El "ayote" de Honduras es "huisquil" en Guatemala, "calabacita" en México, "sopayo" en el Perú. Y así la piña o ananás, el "cacahuate" o maní, la papaya o "fruta bomba" de Cuba.

EL HOMBRE DEL MOVIMIENTO CONTINUO

Este es el hombre a quien pude conocer en Belice —hace algunos años— una piedra maravillosa que fue quitada, según le dijo un indio, al cuerpo de un animal que vive en los hondones de la tierra.

Es el Ing. don José Hurtado de Mendoza, el mismo a quien le han robado el original del título de Conde del Valle de Orizaba y Marqués de Siria; que fue a la vez Vizconde de San Miguel y señor de Tecamachalco; pero que, asegura, nadie podrá robarle las investigaciones que ha podido llevar a cabo para resolver el problema del movimiento continuo.

—Fue en Santa Elena, la finca que yo había comprado en el territorio de Belice, en donde me contaron que existía una piedra maravillosa. En cierta ocasión se me presentó un indio diciéndome: "¡Aquí le traigo una virtud!", y acto continuo me enseñó una piedra más grande que un garbanzo y que tenía la peculiaridad de irradiar en la sombra.

—¿No sería rádium?

—No era eso, porque el rádium no puede ser enseñado así, sobre una mano desnuda... Parecía una estrellita...

—¿Y qué se hizo la piedra?

—Yo le dije que me la vendiera, que podía comprársela a quinientos dólares; pero él se sonrió, porque ni por mil que le diera...

—¿No le preguntó para qué servía?

—Me informó que cada vez que uno de su familia se iba a enfermar, la piedra lo anunciaba, opacándose. Era una luz azul, clarísima, como la de la soldadura autógena.

—¿Y en dónde se produce?

—La arrancó del cuerpo de un animal, según me dijo; un animal de piel blanca, muy fina, que nunca sale a la luz del sol. Era nada menos que la masa encefálica del animal.

—¿No recuerda usted el nombre del animal?

—No me dijo cómo se llama. Lo único que me aseguró es que el animal vive en los túneles de la tierra y que para hacerlo salir a la superficie hay que acosarlo con chorros de humo. Nunca se me olvidará su brillo, su consistencia de cristal. Cada vez que veo a Sirio en la noche, se me vuelve a aparecer.

—En cierta ocasión el Lic. Carpizo Berrón me contó que en una playa de Yucatán había encontrado unos cristales raros y que alguien le dijo que eran lágrimas de sirenas...

—No sé qué haya de cierto sobre eso. Lo que sí puedo asegurarle es que la comarca en que conocí la piedra maravillosa es tan rica que hasta petróleo tiene...Yo lo descubrí al ver manchas de aceite sobre el agua.

—Cuénteme algo de sus andanzas por el Sureste de México.

—Estuve en la campaña de Quintana Roo y me dieron la medalla, y mi primer despacho, en el servicio de la Marina, lo firmó el General Díaz el 27 de noviembre de 1890.

—¿Con que estuvo usted en la Marina?

—Por cierto que aquel despacho era como tercer maquinista de la Armada Nacional, con el sueldo de $ 722.70 a año.

—¿Y después?

—Estuve a bordo del "Xicoténcatl" y me separé de ese servicio después de 24 años. Navegué en muchos de los barcos de nuestra flotilla, desde el "Independencia" hasta el "Zaragoza". Había hecho estudios en el Colegio Militar, el general Ángeles fue mi maestro en la clase de máquinas de vapor aplicadas a la navegación. La Mecánica ha sido una de mis debilidades...

—¿Ha tratado de resolver algún problema de la Mecánica?

—Ya en otra ocasión he hablado algo sobre mis investigaciones en torno al movimiento continuo.

—¿Podría darme alguna idea concreta sobre sus resultados?

—Continúo guardando el secreto, hasta que no haya una posibilidad que me permita hacer la revelación y que pueda contar con el apoyo que tanto tiempo he esperado.

—Este problema del movimiento continuo tiene ya su larga historia.

—¡De eso no tenía noticias!

—Por cierto que don Maximino Río de la Loza, hijo del famoso sabio, aseguró en1884 que acababa de descubrir el movimiento continuo, es decir, una máquina que se movía sin cesar y sin motor alguno. Y más tarde, en 1895, un fotógrafo mexicano, don Jerónimo Ramírez, envió desde Matamoros un escrito al Congreso de la Unión en el que también hablaba de haber descubierto el movimiento continuo pero sus gastos de viaje al extranjero, para construir su máquina, exigían la suma de $ 25,000.

—De estos asuntos ya hablaremos más adelante, cuando el horizonte se despeje, porque no quiero que se hagan deducciones inconvenientes.

—¿Y ahora, ingeniero, a qué se dedica?

—Sigo trabajando en problemas de la Mecánica, con gran optimismo, a pesar de los años que ya tengo encima; pero los jóvenes todavía tienen mucho que aprender de los que no nos sentimos viejos y continuamos en la lucha.

Esto es cuanto me dijo el Marqués de Siria y Mariscal de Castilla, cuyo tío fue don Antonio Hurtado de Mendoza y Suárez de Peredo, chambelán de la Emperatriz Carlota, y cuyos hijos son Loreto, Ángela, Lupe, Concha, Ana, Agustina, José Emilio, Luis y Guillermo. ¡Buena cosecha!

(Manos traviesas han hecho perdedizo el original de uno de los títulos nobiliarios de México más antiguos, firmado por Felipe II: el del Conde del Valle de Orizaba y Marqués de Siria, que fue a la vez Vizconde de San Miguel y señor de Tecamachalco).

El Ingeniero Hurtado de Mendoza tiene entre sus antepasados, en línea recta, al Emperador Moctezuma, los virreyes don Antonio de Mendoza y don Luis de Velazco el I, doña Catalina Xuárez Marcayda y nada menos que el Almirante del Pacífico, don Rodrigo de Vivero, primer mexicano que fue oficialmente recibido en el Japón.

En esa familia de marinos y de matemáticos hay en estos momentos un contralmirante, don Luis Hurtado de Mendoza. Marinos, he dicho, porque hubo en el siglo XVI un Diego Hurtado de Mendoza, a quien Hernán Cortés comisionó para que dirigiese una de las expediciones que recorrieron el Pacífico en busca de las Islas de la Canela y de otras cosas exquisitas.

El título del Conde del Valle de Orizaba y Vizconde de San Miguel tiene mucho que ver con la famosa Casa de los Azulejos, que en esta capital es una de las más hermosas reliquias del arte y del pasado. El cuarto Conde del Valle de Orizaba casó con doña Isabel Francisca de Castilla, quien era descendiente del Rey don Pedro de Castilla y del Señor de México, Moctezuma II; y según refiere la tradición —lo dice Fernández del Castillo— uno de los herederos de dicho conde era casquivano, disipado y gastador y no hubo poder humano que le decidiera a dedicarse a útiles menesteres; y como el padre veía con tristeza lo insustancial de su carácter y que, de seguir así las cosas, no habría fortuna suficiente para sufragar sus gastos, pronto daría al traste con cuanto tuviera.

Agrega el cronista que a pesar de que todos los días lo sermoneaba, el futuro Conde ni siquiera se conturbaba al oír:

—¡Hijo, no harás casa con azulejos!

Y tanto y de tan diversos modos se lo decía, que poco a poco fue asentando la cabeza, ordenó su conducta, moderó sus gastos y tan pronto recibió su herencia, llamó a los principales maestros en el arte de la Arquitectura para que le hicieran un palacio de azulejos, que es el que hoy es admiración de propios y extraños en la Ciudad de México.

El Ing. Hurtado de Mendoza, agregó:

—A la muerte de mi hermano el lic. Don Agustín, que era el décimo segundo Conde del Valle de Orizaba, el heredero del título era su hijo don José, el número 13, que tuvo muerte súbita mientras tomaba un baño. Siendo yo el segundón, a mí me corresponde la herencia nobiliaria.

—¿Y qué es lo que ha pasado?

—El importantísimo documento se hallaba en mi poder y un buen día de éstos, manos pérfidas me lo pidieron prestado para tomar unas notas, y este es el momento en que no me lo devuelven.

—¿Y cómo era el título?

—El texto empezaba de este modo: "Don Felipe, por la gracia de Dios, Rey de Aragón, de las Dos Sicilias, de Cerdeña, de Bohemia, de Granada, de Toledo, de Valencia, de la Nueva España, etc., etc., por vos y por quien sois vos y por haber derramado vuestro oro y vuestra sangre por vuestro Rey, etc., etc." Y abajo la firma que decía: "Yo el Rey", con el sello real y el lacre correspondiente.

—¿Y cómo eran las armas?

—Sencillamente hay tres árboles sobre tres cerros, que están frente a las olas de plata y azul de mar.

—¿Y el otro título?

—El del Marqués de Siria es un poco complicado, pues tiene dos lobos que se disputan una barra de plata, y un león, un conejo, una media luna. La media luna de los árabes, porque mis antepasados lucharon contra ellos.

—¿Tiene usted ya algún indicio para seguir la averiguación?

—Claro que lo tengo, y de un momento a otro voy a poner las cosas en claro, pues no estoy dispuesto a que se me despoje así así... No respetaré pelo, color ni tamaño... Voy a tener en estos días una entrevista en la que todo se decidirá.

—¿Y cuáles deberían ser las propiedades del Marquesado, si las cosas no hubieran sido tan mal?

—Si hubiéramos conservado las propiedades que fueron del Conde del Valle de Orizaba y Vizconde de San Miguel, me corresponderían las de primera calidad en México, ya que sería poseedor de tierras en Orizaba, Córdoba, Tulancingo, Zacatlán, Apam, San Agustín del Palmar, San Andrés Chalchicomula y numerosas casas aquí en la capital. Créame que tengo mucha pena al no recibir su visita en la Casa de los Azulejos...

—¿Y a quién fue concedido el título por el Rey?

www.ingramcontent.com/pod-product-compliance
Lightning Source LLC
Chambersburg PA
CBHW061553120626
46550CB00004B/1466